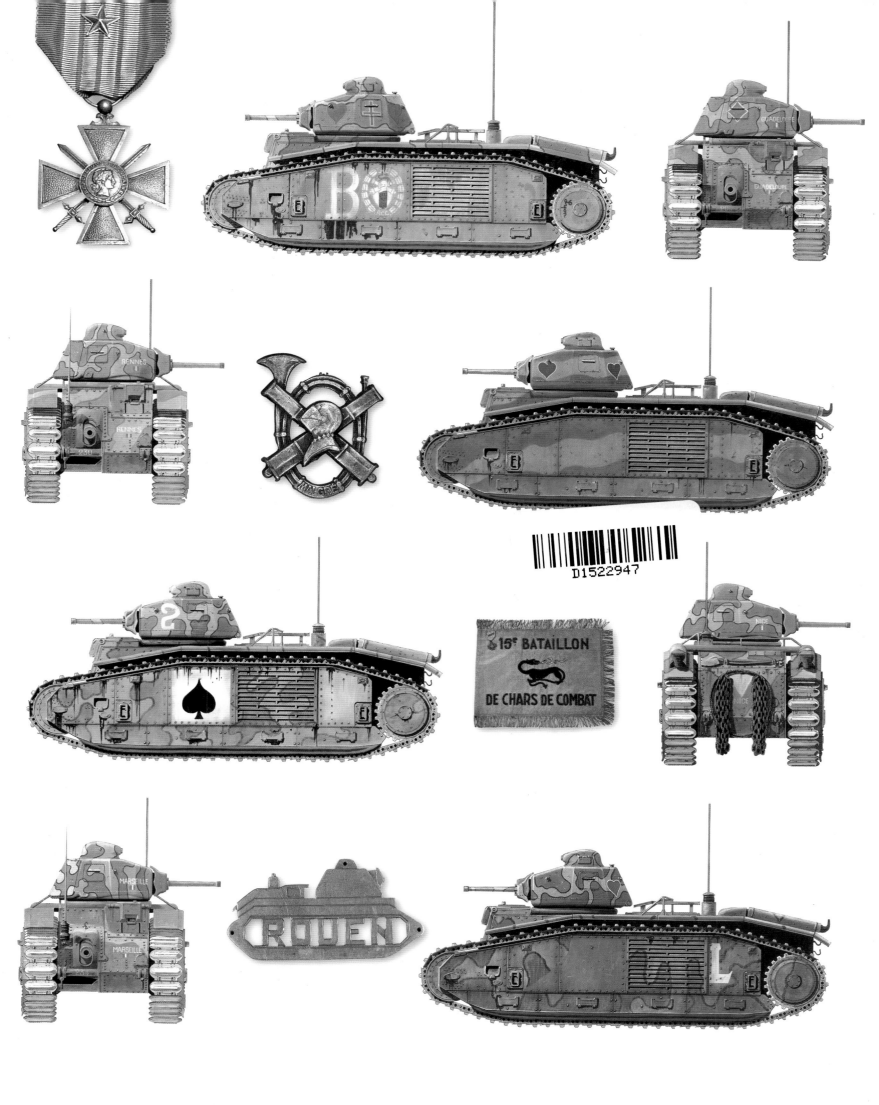

15e BATAILLON
DE CHARS DE COMBAT

ROUEN

D1522947

Il a été tiré de cet ouvrage

5 000 exemplaires

dont

50 exemplaires, réservés à l'Auteur
et à l'Éditeur, sont numérotés
et constituent l'édition originale *.

Cet exemplaire porte le

N°

L'ENCYCLOPÉDIE DE L'ARMÉE FRANÇAISE

sous la direction de François VAUVILLIER

HOMMES ET MATÉRIELS DU 15e BCC
CHARS B AU COMBAT

DOCUMENTS DE COUVERTURE.
En haut à gauche, le Madagascar
*(2ᵉ compagnie du 15ᵉ BCC), photographié
en couleurs par les Allemands après
son immobilisation sur la route de Ham
le 19 mai 1940 (détails, ➡ pp. 103-105).*
Photo DR

En haut à droite, le Paris *(2ᵉ compagnie
du 15ᵉ BCC jusqu'au 18 avril 1940),
photographié avec son équipage aux abords
du camp de Mourmelon (détails, ➡ p. 13).*
Coll. Anciens du 15ᵉ BCC

Insigne du 15ᵉ BCC.

Vue de profil du char Lyon, *appartenant
à la 1ʳᵉ compagnie du 15ᵉ BCC
(détails ➡ p. 97).*
Dessin Jean Restayn sur notice de François Vauvillier

*En bas de page, le capitaine Vaudremont,
commandant la 2ᵉ compagnie du 15ᵉ BCC
photographié le 16 mai 1940 au moment
de son retour du raid sur Montcornet
(détails, ➡ pp. 60 à 67).*
Coll. Anciens du 15ᵉ BCC

EN PAGES DE GARDE DE FIN DE VOLUME.
*Quelques-uns des officiers du 15ᵉ BCC
après la prise d'armes du 29 juin 1940
à Saint-Léonard-de-Noblat, présidée par
le général Weygand. De gauche à droite,
capitaine Vaudremont, aspirant Rollier,
sous-lieutenant Perré, lieutenant Détroyat,
X... tenant le fanion du bataillon, sergent
Jannin, lieutenant Pagnon et lieutenant
Kreiss.*
Coll. Anciens du 15ᵉ BCC

EN DOS DE COUVERTURE.
Le char B1 bis Paris *à Mourmelon
au printemps 1940.*
Coll. Anciens du 15ᵉ BCC

DANS LA MÊME COLLECTION

Les chasseurs d'Afrique,
par Jacques Sicard et François Vauvillier,
Histoire & Collections 1999.

Hommes et ouvrages de la ligne Maginot, Tome Un,
(la genèse de la fortification, l'infanterie de forteresse du Nord-Est)
par Jean-Yves Mary et Alain Hohnadel, avec le concours de Jacques Sicard,
Histoire & Collections 2000.

Hommes et ouvrages de la ligne Maginot, Tome Deux
(les formes techniques de la fortification, l'artillerie et le génie de forteresse du Nord-Est)
par Jean-Yves Mary et Alain Hohnadel, avec le concours de Jacques Sicard,
Histoire & Collections 2001.

Toute reproduction, même partielle,
de cet ouvrage est interdite sans autorisation
préalable et écrite des auteurs et de l'éditeur.

ISBN : 2-913903-42-8

Numéro d'éditeur : 2-913903

Dépot légal : 4ᵉ trimestre 2002

© Histoire & Collections 2002

SA au capital de 182 938,82 €

5, avenue de la République
F-75541 Paris Cédex 11

Téléphone : 01 40 21 18 20
Fax :   01 47 00 51 11

Cet ouvrage a été conçu, composé et réalisé
par Histoire & Collections, entièrement
sur stations informatiques intégrées.

Conception et maquette : François Vauvillier.

Achevé d'imprimer le 20 octobre 2002
sur les presses de Zure,
Espagne, Union européenne.

Hommes et matériels du 15e BCC
Chars B au combat

par STÉPHANE BONNAUD

avec le concours de
FRANÇOIS VAUVILLIER
pour l'organisation, le matériel, les marques et le camouflage

et la coopération des ANCIENS DU 15e BATAILLON DE CHARS DE COMBAT.

Infographies uniformologiques d'ANDRÉ JOUINEAU
Illustrations en couleurs de JEAN RESTAYN pour le matériel blindé

Notices, textes et légendes pour les uniformes et le camouflage
FRANÇOIS VAUVILLIER

HISTOIRE & COLLECTIONS - PARIS

*À René Bonnaud,
mon grand-père,
ancien du 14ᵉ BCC,
et à tous ses frères d'armes
de la campagne de France.*

PRÉFACE

Nous ? Qui sommes-nous en effet pour intervenir dans le choix et la passion qui marquent l'ouvrage de Stéphane Bonnaud ?

Un dernier carré de camarades qui avons servi jadis dans ce bataillon et combattu dans ses rangs. Je suis tenté de dire : le dernier équipage ! Pour une raison difficile à exprimer sinon comme un fait bien établi, nous trouvons toujours après soixante années plaisir à nous réunir, non comme anciens combattants, mais simplement comme de vieux amis.

Peut-être existe-t-il un lien entre le choix du 15ᵉ BCC par Stéphane Bonnaud et cette persistance d'amitié ? Au moins probablement, une incitation, un encouragement. Nous avons ressorti des tiroirs nos vieux souvenirs : petites photos jaunies, notes griffonnées un soir de bivouac. Nous avons fait remonter à la surface de notre mémoire des images fugitives de la guerre telle qu'elle a été, c'est à dire dure à vivre, à voir, à subir, pour les jeunes gens que nous étions avec les peurs et les horreurs. Ce passé a déjà été bien sûr souvent évoqué, faisant l'objet de plusieurs historiques du bataillon ou de ses trois compagnies, établis au lendemain de la guerre sur la base des journaux de marche et de témoignages. Stéphane Bonnaud a pu y trouver trace des opérations menées en mai-juin 1940. Mais je crois que le plus qui caractérise l'ouvrage actuel est qu'il a ouvert le champ de ses investigations aux aspects humains de cette histoire.

Une question se pose : qu'avait de plus spécial le cas du 15ᵉ BCC ? À mon avis, rien. Le sort des autres bataillons de même type, c'est à dire équipés du même char de bataille, le B1 bis, fut identique au sien. Ils appartenaient aux quatre divisions cuirassées, comme le 15ᵉ à la 2ᵉ DCr, qui avaient été constituées à partir de janvier 1940 pour devenir le fer de lance, la force de frappe pourrait-on dire, des réserves stratégiques des armées françaises susceptibles d'intervenir vers le Nord ou le Nord-Est. Formées, en dépit de nombreuses et graves lacunes techniques, pour cette mission, elles auraient dû, au moment crucial de la mi-mai 1940, devenir le facteur déterminant d'une contre-attaque. Tel n'a pas été le cas comme on le sait. Si chacune de ces divisions cuirassées connut des conditions différentes d'emploi, il reste que les terribles erreurs de conduite des opérations les ont menées à peu près simultanément, par des mesures improvisées, vers des batailles confuses et décousues, et en définitive vers leur anéantissement en détail.

C'est ainsi qu'à partir du 10 mai 1940, un beau bataillon, homogène, préparé pour intervenir en masse, se trouva fragmenté, dispersé, entre ses compagnies de combat coupées des échelons de soutien logistique, astreintes à s'engager char par char. C'est tout le problème de l'emploi des blindés, si méconnu et si sous-estimé par les plus hautes instances militaires depuis 1920, qui se trouva brusquement exposé dans toute sa réalité.

Pourtant aucun des membres du bataillon, quelle que fut sa place, prisonnier ou rescapé de l'encerclement et de la destruction, n'aura jamais eu le sentiment d'avoir démérité. L'esprit d'équipage, l'esprit char, a fortement contribué à maintenir, alors que tout se dissolvait autour, la cohésion morale, jusqu'à la dissolution du bataillon, comme l'imposait l'armistice à toute l'arme des chars, en juillet 1940.

C'est pourquoi je pense que le mérite de Stéphane Bonnaud est précisément d'avoir su discerner et suivre les sorts particuliers : combats singuliers des équipages, actions individuelles de chacun des membres de la communauté 15ᵉ bataillon, membres de toutes les équipes qui forment une unité et concourent, même très humblement, à la faire vivre et survivre.

Le 15ᵉ BCC n'a pas connu la gloire, mais il a servi loyalement. Je retire de l'œuvre de Stéphane Bonnaud et chacun d'entre nous en est bien d'accord, une valeur d'exemplarité et cette qualité d'actualité que l'histoire événementielle a la particularité d'exprimer de façon toujours vivante.

Au nom de mes camarades, merci à vous, Stéphane Bonnaud.

*Général (CR) Jean-Louis Guillot
Sous-lieutenant de 1940 à la 2ᵉ compagnie du 15ᵉ BCC*

TABLE DES MATIERES

NB : les planches 1 à 29 figurent dans le volume Les Chasseurs d'Afrique, *les planches 30 à 34 dans* Hommes et Ouvrages de la Ligne Maginot, Tome Un, *et les planches 31 à 38 dans* Hommes et Ouvrages de la Ligne Maginot, Tome Deux.

Archives F. Vauvillier

CHAPITRE PREMIER

SI VIS PACEM, PARA BELLUM
(24 AOUT - 30 NOVEMBRE 1939)

Avant de devenir le 15e bataillon de chars de combat (BCC), l'unité de chars B qui tient garnison à Nancy en temps de paix est le 2e bataillon du 510e régiment de chars de combat. Il compte trois compagnies — les 4e, 5e, et 6e — qui deviendront respectivement les 1re, 2e et 3e du 15e BCC.

LA MOBILISATION ET LA DÉCLARATION DE GUERRE

EN GARNISON À NANCY, le 510e RCC — qui compte un bataillon de chars légers R 35 et un bataillon de chars de bataille B1 *bis* — est commandé par le colonel Michoux, secondé par le lieutenant-colonel Taitot. Le régiment occupe, dans la partie haute de la ville, le médiocre quartier Donop à côté du parc Sainte-Marie. Les bâtiments, qui répondent aux conceptions les plus mornes du génie militaire, ont cependant l'avantage de comporter des hangars suffisants pour loger ces volumineuses bêtes d'acier que sont les chars B.

Le colonel Michoux, chef de corps du 510e RCC en 1939.

Le commandant Bourgin, ancien collaborateur de Lyautey, chef du II/510e RCC, conservera pendant toutes les opérations son bataillon, devenu le 15e BCC.

■ LA SITUATION À LA MOBILISATION

En août 1939, la 5e compagnie (future 2/15e BCC) est au camp de Suippes et doit revenir à Nancy au début de septembre, relevée par la 6e compagnie (future 3/15e). La 5e compagnie travaille alors au profit de l'École des chars de combat (ECC) de Versailles, elle-même en manœuvres. Avec la 5e compagnie se trouvent un élément d'atelier et des véhicules supplémentaires permettant à l'unité de vivre isolément.

La 4e compagnie (future 1/15e), quant à elle, est au quartier Donop à cette date.

La troupe comprend, outre le contingent normal de jeunes et d'anciens (classes 37 et 38), le contingent libéré en octobre 1938 et rappelé à Pâques 1939 (classe 36).

Le 22 août 1939, au camp de Suippes, le capitaine Vaudremont, chef de la 5e compagnie, est réveillé à 3 heures du matin et avisé par un premier télégramme officiel signé du colonel Michoux, d'avoir à revenir immédiatement avec son unité. Un deuxième télégramme émanant de l'état-major de la 6e RM (région militaire), où était stationnée la compagnie, confirme cet ordre.

La situation politique étant alors très tendue avec l'Allemagne, cet ordre ne surprend pas trop, et dès le matin, le capitaine téléphone au 4e bureau de la 6e RM pour avoir des précisions sur l'arrivée et la composition du train devant ramener les chars. Il lui est répondu que ce train est commandé et qu'il faut se tenir en relation constante avec la SNCF, ce qui est fait.

Alertée, la compagnie se prépare à partir.

Apprenant la *mesure 21* (mise sur pied des échelons A de mobilisation), le capitaine prend la décision, qui lui sera très profitable, d'envoyer de suite par la route le lieutenant Dumontier aidé du sergent comptable Lieblanc afin de préparer, à Nancy, la mobilisation de la compagnie.

Le train n'arrive à Suippes que le 23 août vers 22 heures. Aussitôt, sous un violent orage, sans lumière et dans de pénibles conditions, les chars, l'atelier, les véhicules lourds sont embarqués avec quelques convoyeurs, sans incident notable. À minuit, le personnel prend le départ par la route en utilisant les camionnettes, en direction de Nancy où il arrive à 8 heures le 24 août.

Vaudremont se présente au colonel Michoux dès son arrivée. Il apprend alors la mise en vigueur de la *mesure 81* (départ des échelons A aux cantonnements d'alerte) et est félicité de la célérité du retour qui était attendu avec impatience par tout le régiment. En effet la compagnie dispose de matériel de mobilisation appartenant à plusieurs unités élémentaires et son retour était indispensable à la mise sur pied de guerre du régiment.

Arrivé en gare de Nancy, le jeudi 24 août vers 14 heures, le train est débarqué de suite et chars et matériel rentrent au quartier Donop à 16 heures. La répartition du matériel entre les compagnies intéressées est immédiatement entreprise et les autres compagnies du bataillon quittent Nancy dès le 24 août dans la soirée pour Maron. Le vendredi 25, le 510ᵉ RCC occupe ses cantonnements d'alerte en forêt de Haye (personnel à Maron).

Seule la compagnie Vaudremont a été autorisée, pour terminer sa mise sur pied qui a été retardée par son retour du camp, à ne partir que le 26 août au matin. Toute la journée, elle perçoit son matériel de guerre, ses munitions, et charge les camions.

Un nouvel officier d'active venant de Saint-Cyr, le

Coll. Anciens du 15ᵉ BCC

sous-lieutenant Picard, affecté en renfort à l'unité, se présente au capitaine Vaudremont et est immédiatement pris en compte.

■ GRAND DÉPART POUR LA 2ᵉ COMPAGNIE

Le samedi 26 août 1939, vers 9 heures, la compagnie Vaudremont — on la désignera à partir d'ici sous son nouveau numéro 2 — quitte le quartier Donop qu'elle ne devait plus revoir, et s'installe en forêt de Haye avant midi aux emplacements prévus.

Le lieutenant Lahaye, commandant l'échelon B, reste à Nancy pour la mise sur pied de cet échelon.

Le 26 au soir, l'échelon A termine son cantonnement, le matériel en forêt de Haye et le personnel à Maron en billets de logement. Les camions sont déchargés pour ne pas fatiguer les ressorts, les chars sont camouflés soigneusement sous leurs bâches.

Le colonel, satisfait du travail accompli, fait savoir au régiment que des permissions de la journée peuvent être accordées le len- (suite p. 8)

Les insignes des régiments de chars de combat existant en 1939 sont basés sur les principes de sobriété des insignes de chasseurs à pied, dont les chars tirent une certaine parenté. Les insignes des RCC sont entièrement ou majoritairement en métal vieil argent et ont presque tous la même composition : une couronne de lauriers avec l'insigne général de l'arme (heaume et canons croisés) et le symbole initial de l'AS, la salamandre. L'insigne du 510ᵉ RCC se distingue par son écu aux armes de Nancy. Première fabrication de l'insigne, décembre 1935. (Arthus-Bertrand).

Le chef de bataillon Bourgin, commandant le 15ᵉ BCC, en tenue de cantonnement à Monneren à l'automne 1939. Le « patron » du 15ᵉ BCC est dépeint par ses officiers comme un homme sympathique, courtois, intelligent et fin, apprécié de ses subordonnés.

Page ci-contre.
Présentation de l'étendard du 510ᵉ régiment de chars de combat en 1938 à Nancy, quartier Donop par sa garde d'honneur. Au centre, le lieutenant Pompier, futur commandant de la 3ᵉ compagnie du 15ᵉ BCC. Un char léger Renault R 35 (des premières séries à diascopes Chrétien sur la tourelle) tient lieu de toile de fond.

Le B1 bis n° 217 Cantal fait office de char porte-étendard du 510ᵉ RCC à l'occasion du 11 novembre 1938, vingtième anniversaire de l'Armistice de 1918, célébré à Nancy. Les deux masques de tourelle ne sont pas encore installés.

Coll. R. Potié

Motos solo (➧ détails page 121)

Moto-side René-Gillet (➧ détails page 122)

Voiturette deux places Simca Cinq (➧ détails page 124)

CE QUE REPRÉSENTE UN BATAILLON DE CHARS B EN 1939-1940

Configuration théorique de la colonne sur route, automne 1939. Chaque compagnie de combat se déplace avec une dotation de onze chars (les dix qui lui sont propres plus l'un des trois chars de la compagnie d'échelon). Le 34ᵉ char du chef de bataillon n'est pas pris en compte sur ce schéma, traduction graphique fidèle des indications notées à l'époque par le lieutenant Devos, officier de renseignements du 15ᵉ BCC, sur ses carnets personnels de campagne.

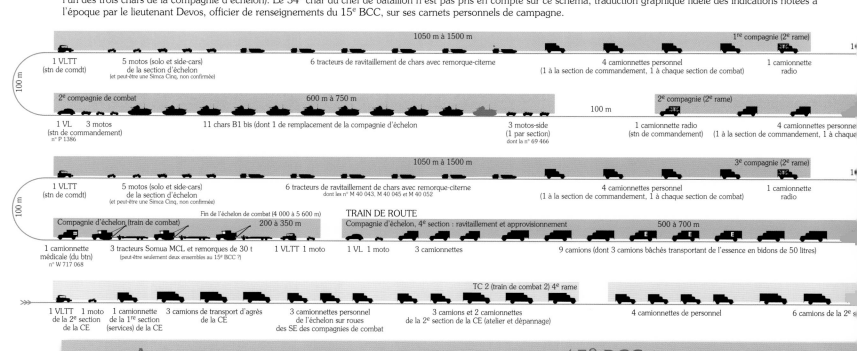

1050 m à 1500 m — 1ʳᵉ compagnie (2ᵉ rame)

100 m

1 VLTT (stn de comdt) — 5 motos (solo et side-cars) de la section d'échelon (et peut-être une Simca Cinq, non confirmée) — 6 tracteurs de ravitaillement de chars avec remorque-citerne — 4 camionnettes personnel (1 à la section de commandement, 1 à chaque section de combat) — 1 camionnette radio

2ᵉ compagnie de combat — 600 m à 750 m — 100 m — 2ᵉ compagnie (2ᵉ rame)

1 VL (stn de commandement) n° P 1386 — 3 motos — 11 chars B1 bis (dont 1 de remplacement de la compagnie d'échelon) — 3 motos-side (1 par section) dont la n° 69 466 — 1 camionnette radio (stn de commandement) — 4 camionnettes personnel (1 à la section de commandement, 1 à chaque

1050 m à 1500 m — 3ᵉ compagnie (2ᵉ rame)

100 m

1 VLTT (stn de comdt) — 5 motos (solo et side-cars) de la section d'échelon (et peut-être une Simca Cinq, non confirmée) — 6 tracteurs de ravitaillement de chars avec remorque-citerne dont les n° M 40 043, M 40 045 et M 40 052 — 4 camionnettes personnel (1 à la section de commandement, 1 à chaque section de combat) — 1 camionnette radio

Fin de l'échelon de combat (4 000 à 5 600 m) — TRAIN DE ROUTE

Compagnie d'échelon (train de combat) — 200 à 350 m — Compagnie d'échelon, 4ᵉ section : ravitaillement et approvisionnement — 500 à 700 m

1 camionnette médicale (du btn) n° W 717 068 — 3 tracteurs Somua MCL et remorques de 30 t (peut-être seulement deux ensembles au 15ᵉ BCC ?) — 1 VLTT 1 moto — 1 VL 1 moto — 3 camionnettes — 9 camions (dont 3 camions bâchés transportant de l'essence en bidons de 50 litres)

TC 2 (train de combat 2) 4ᵉ rame

1 VLTT 1 moto de la 2ᵉ section de la CE — 1 camionnette de la 1ʳᵉ section (services) de la CE — 3 camions de transport d'agrès de la CE — 3 camionnettes personnel de l'échelon sur roues des SE des compagnies de combat — 3 camions et 2 camionnettes de la 2ᵉ section de la CE (atelier et dépannage) — 4 camionnettes de personnel — 6 camions de la 2ᵉ s

AFFECTATION DES CHARS ET DES CHEFS DE CHARS AU 15ᵉ BCC À LA MOBILISATION

⬤ 1ʳᵉ COMPAGNIE

230 *Rennes* (capitaine Laurent, commandant la compagnie)

♠ 1ʳᵉ SECTION
225 *Grenoble* (lieutenant Kreiss, chef de section)
210 *Tonkin* (sous-lieutenant Yardin)
209 *Sénégal* (lieutenant Pignot)

♥ 2ᵉ SECTION
221 *Lyon* (sous-lieutenant Debionne, chef de section)
211 *Cochinchine* (sous-lieutenant Sauret) (➧ p. 46)
235 *Toulon* (sous-lieutenant Castagné)

♦ 3ᵉ SECTION
232 *Amiens* (lieutenant Sassi, chef de section) (➧ p. 46)
208 *Guadeloupe* (sous-lieutenant Riou)
227 *Bordeaux* (sous-lieutenant Fournier)

SECTION D'ÉCHELON : lieutenant Coquet

as bleus peints sur la tourelle

NB. Aucun cercle blanc n'a été repéré à la 1ʳᵉ compagnie.

⬜ 2ᵉ COMPAGNIE

6 212 Cambodge (capitaine Vaudremont, commandant la Cie)

♠ 1ʳᵉ SECTION
0 214 *Corse* (sous-lieutenant Pagnon, chef de section)
2 202 *Algérie* (adjudant-chef Simon)
1 222 *Rouen* (sous-lieutenant Sigros) (➧ p. 41)

♥ 2ᵉ SECTION
4 216 *Anjou* (sous-lieutenant Le Blanc, chef de section)
3 220 *Paris* (sous-lieutenant Platrier) (➧ p. 13)
5 226 *Toulouse* (adjudant-chef Barbier) (➧ p. 14)

♦ 3ᵉ SECTION
7 206 *Madagascar* (sous-lieutenant Dumontier, chef de section)
9 213 *Aquitaine* (sous-lieutenant Picard)
8 217 *Cantal* (sous-lieutenant Antoine)

SECTION D'ÉCHELON : lieutenant Lahaye

as (présumés noirs) et carrés peints sur les flancs

NB : le tableau nominatif du lieutenant Devos ne fait pas mention du 34ᵉ char du bataillon, le n° 201 *France*, affecté au commandant Bourgin.

Tous documents, coll. Anciens du 15e BCC

6

Véhicules divers de réquisition (➧ détails page 126)

Cuisine roulante (➧ p. 128)

Camion Panhard bâché réglementaire (➧ détails p. 126)

Voiture de liaison (VL) Citroën Traction avant (→ p. 125)   *Voiture de liaison tous terrains (VLTT) Citroën-Kégresse (→ p. 128)*

Voiture de liaison (VL) Peugeot 402 du chef de bataillon

ECHELON DE COMBAT (4 000 à 5 600 m au total. Chef de colonne : le chef de bataillon ; serre-file : le lieutenant commandant la 2e stn de la CE)

Etat-major   250 m à 400 m

3 voitures de liaison (VL)   1 véh. cdt YS   1 VLTT   2 camionnettes radio   2 camionnettes personnel   3 motos solo   1 moto-side
dont 2 à 4 pl., 1 à 6 pl.   (en fait P19)   radio   n° W 717 067 et W 717 081   n° W 717 088 et W 717 115   n° W 717 054, 717 073, 717 129   n° 69 464
n° 98 629, W 717 134, W 717 247   n° 80 719

600 m à 750 m   1re compagnie de combat

...motos-side   11 chars B1 bis (dont 1 de remplacement de la compagnie d'échelon   3 motos   1 VL
...ar section)   (stn de commandement)

1050 m à 1500 m

...t)   6 tracteurs de ravitaillement de chars avec remorque-citerne de la section d'échelon   5 motos (solo et side-cars)   1 Simca Cinq*   1 VLTT
dont les n° M 40 041 et M 40 051   de la section d'échelon   n° W 717 146   n° 80 726
                                                                                    *en plus ou en remplacement
                                                                                    d'une moto-side

600 m à 750 m   3e compagnie de combat

...motos-side   11 chars B1 bis (dont 1 de remplacement de la compagnie d'échelon   3 motos   1 VL
...ar section)   (stn de commandement)

TRAIN DE COMBAT (2 400 m au total. Chef de colonne : le capitaine commandant la CE)

TC 1 (train de combat 1) 1re rame

1 VLTT   1 moto   3 camions essence (citerne*) et 3 camions munitions (bâchés)   3 camionnettes radio   2 camionnettes radio
...la 2e section de la CE   des compagnies de combat   des compagnies de combat   de la CE (3e section)
                    * en principe, mais il semble que le 15e BCC ait utilisé plutôt des camions bâchés
                    pour le transport d'essence (en bidons de 50 litres) à l'échelon des compagnies.

Fourgonnette de réquisition aménagée en sanitaire (→ p. 125)

...2 (train de combat 2) 3e rame   TC 1 (train de combat 1) 2e rame

...(atelier et dépannage)   1 camion VB   1 camion   1 camionnette   4 camions à vivres et à bagages (VB)   3 motos-side des
    de la CE   essence   personnel   du btn (3,5 t)   des compagnies de combat (5 t)   comptables des Cies
    avec cuisine roulante-remorque   de la CE   de la CE   n° 82 201   avec cuisine roulante-remorque

Fourgonnette de réquisition, non spécialisée (→ p. 125)

Tableau nominatif établi sur la base du carnet du lieutenant Devos, officier de renseignements du bataillon. Seuls les huit chars qui feront l'objet d'une réaffectation au 8e BCC le 18 avril 1940 sont mentionnés ici avec leur renvoi de page. Pour tous les autres appareils, → pp. 52-53 (tableau de situation le 13 mai 1940).

▲ **3e COMPAGNIE**

219 *Ouessant* (lieutenant Pompier, commdt la Cie)   (→ p. 40)

♠ **1re SECTION**
203 *Maroc* (sous-lieutenant Pérouse, chef de section)
205 *Indochine* (sous-lieutenant Bourgeois)
229 *Brest* (adjudant-chef Belin)   (→ p. 43)

♥ **2e SECTION**
215 *Savoie* (sous-lieutenant Pavaud, chef de section)
224 *Besançon* (sous-lieutenant Ferry)
204 *Tunisie* (sous-lieutenant Gaudet), *antérieurement à la 3e section*

♣ **3e SECTION**
218 *Vosges* (lieutenant Willig, chef de section)
228 *Nantes* (aspirant Maxence)
223 *Lille* (sous-lieutenant Hamelin)   (→ p. 45)

SECTION D'ÉCHELON : lieutenant Détroyat

COMPAGNIE D'ÉCHELON

Capitaine Poudroux   Lieutenant adjoint : lieutenant Verré
1re SECTION : services (sous-lieutenant Lefranc)
2e SECTION : atelier dépannage (lieutenant chef de section Sallerin ;
    lieutenant adjoint : sous-lieutenant Aberlen)
3e SECTION : remplacement
▼ 233 *Nice* (lieutenant Mathieu, chef de section)
207 *Martinique* (lieutenant Vaucheret)
234 *Marseille* (adjudant-chef Guespin)
4e SECTION : ravitaillement et approvisionnement (lieutenant Roques, chef de section)
    1er groupe : ravitaillement (sergent Biscaut, ou Biscot)
    2e groupe : approvisionnement (adjudant Camby)

EFFECTIF CONNU DU BATAILLON À CETTE PÉRIODE
43 officiers, 1 aspirant, 87 sous-officiers, 531 caporaux-chefs, caporaux et chasseurs.

as rouges et triangles peints sur les flancs

LISTE numérique des chars n°s 201 à 235 (→ p. 153)

VL Renault Primaquatre (→ p. 125)   *Camion Rochet-Schneider bâché 5 t réglementaire (→ détails p. 127)*   *Tracteur lourd de dépannage Somua MCL et remorque de 30 t (→ détails p. 36)*

Le commandant Bourgin, de profil, et le capitaine Laurent (commandant la 1/15e BCC), qui porte encore l'insigne du 510e RCC.

Le commandant Bourgin, à gauche en manteau, avec une partie de son état-major devant la popote de Marson le 18 décembre 1939. De gauche à droite, lieutenant Laedlein (adjoint technique à l'état-major), lieutenant Sérot (officier de détails), et lieutenant Guillaume (responsable des transmissions).

L'ÉTAT-MAJOR

(suite de la p. 5) demain dimanche avec départ le 27 au matin. Les nouvelles politiques n'ayant pas empiré, tout paraît calme. Mais dans la soirée du 26, vers 22 heures, tous les capitaines sont réveillés et alertés que le régiment doit se tenir prêt à partir. Le départ est prévu pour le lendemain 27 à 1 heure du matin, soit dans trois heures à peine. Le bataillon doit se rendre dans la région de Delme, à 15 km au sud de Metz.

Cet ordre est pénible à exécuter. Avec du personnel très fatigué, il faut, en pleine nuit, dans la forêt, recharger les camions, mettre en route les chars, équiper les hommes (dont plusieurs, ayant trouvé une occupation personnelle, sont difficiles à retrouver) et prévoir un détachement de campement. Toutes les compagnies du régiment travaillent avec acharnement, mais cependant le départ réel qu'avec près de trois heures de retard et au milieu d'une grande confusion.

L'itinéraire prévu est Nancy, Champenoux, Moncel, Château-Salins, Delme. Le point exact de destination est inconnu. Le premier arrêt est fixé à la sortie de Nancy après le village d'Essey. Le deuxième arrêt, entre Moncel et Château-Salins. Le trajet commence fort mal dans la nuit. Toutes les compagnies débouchent à peu près simultanément sur la petite route de Maron dans un enchevêtrement indescriptible. Il faut attendre 3 h 30 du matin, soit six heures après l'alerte, pour que démarre la 1re compagnie du 15e BCC commandé par le capitaine Laurent en tête. Suivent dans l'ordre les 2e et 3e compagnies, puis le 22e BCC (ex-I/510e RCC, chars légers Renault R 35) et les compagnies d'échelon. La colonne s'ébranle et prend de la vitesse — trop — en pleine nuit, en direction de Nancy.

Les chars et tracteurs utilisés par les compagnies sont, dans leur très grande majorité, stockés avant l'alerte. Ce matériel de guerre est en excellent état mais cependant il nécessite quelques petites mises au point. D'autre part les équipages sont très fatigués par les travaux de la veille et de la nuit (il avait fallu charger des tonnes de munitions et de rechanges dans l'obscurité). Enfin jamais, en temps de paix, on n'avait exécuté de marches aussi importantes, en colonnes aussi longues, avec départ de nuit.

Le trajet de la forêt de Haye à l'arrêt d'Essey s'opère néan-moins sans difficulté. Le bataillon débouche dans Nancy au petit jour dans un grand fracas de chenilles, en cinquième vitesse. Les équipages sont fiers de se montrer, sur leur puissant matériel roulant à vive allure, aux habitants de Nancy qui, réveillés par un pareil vacarme, ouvrent leurs fenêtres au passage des chars. À l'arrêt d'Essey, tous les chars de la compagnie sont présents. Le lever du jour, par un soleil brillant, un ciel très pur et une forte température, inspire confiance.

Après une demi-heure de pause, la colonne s'ébranle de nouveau, défilant devant le colonel Michoux qui, en pleurant d'émotion, fait ses adieux à son régiment, divisé dès lors en deux bataillons formant corps.

Breveté d'état-major, Michoux est appelé aux délicates fonctions d'attaché militaire en Belgique et c'est avec tristesse qu'il voit partir le régiment qu'il commande depuis plus d'un an.

L'étape de Nancy à Château-Salins compte à peu près 26 km, au cours desquels les difficultés vont se succéder. Les pilotes commencent à ressentir les effets de la fatigue, de la chaleur et même de la faim (le départ a été si précipité qu'ils n'ont rien pris depuis la veille). Ils conduisent nerveusement, avec moins de souplesse. Faute d'avoir jamais accompli semblable étape en colonne, la discipline de route est très mal respectée. La vitesse de tête est trop rapide, les à-coups se multiplient, les distances entre chars sont mal observées.

Peu à peu, les uns après les autres, les chars tombent en panne. Les courroies Bombyx et Pieuvre et les chaînes Sebin [1] se mettent à sauter, provoquant des embouteillages. À l'arrivée à l'étape, les véhicules sont serrés les uns contre les autres. Lorsque les chars dépannés veulent reprendre leur place, celle-ci est déjà occupée. Ils doivent rester à côté de la colonne et obstruent la route ; un autocar et des véhicules venant en sens inverse achèvent l'embouteillage et la circulation est arrêtée. Des discussions dépourvues d'aménité sont échangées entre conducteurs civils et militaires.

La colonne présente un aspect lamentable. Les tracteurs de ravitaillement sont mélangés aux chars, sans ordre de compagnie ni même de bataillon, et le commandement est devenu

8

Le lieutenant Guillaume à Metzeresche le 22 septembre.

Le capitaine Damon, chef d'état-major du bataillon, en tenue de campagne devant le Renault YS, véhicule blindé radio de commandement du chef de bataillon qui ne quittera jamais le quartier Donop à Nancy.

Coll. Anciens du 15e BCC

Photographié à Metzeresche le 22 septembre 1939, le lieutenant Devos, officier de renseignements du bataillon, porte un képi au chiffre du 505e RCC de Vannes où il a effectué son service militaire. La mobilisation est encore proche, l'homogénéité des tenues des réservistes s'en ressent.

Coll. Anciens du 15e BCC

Coll. Anciens du 15e BCC

Le lieutenant Laedlein, en permission à Noël 1939 à Dieulefit, met en valeur l'insigne du bataillon qu'il porte juste au-dessus de la poche droite de sa vareuse.

NOTE

1. Éléments de transmission de la force motrice aux ventilateurs (courroie Bombyx) et à l'appareil servo-moteur de direction Naeder (chaîne Sebin).

impossible. Il faut se résoudre à attendre l'arrivée au cantonnement définitif pour remettre de l'ordre.

C'est dans ces conditions et par une grosse chaleur que commence la troisième et dernière étape, débutant par une montée de 10 km en direction de Delme. En haut de la côte, seuls quelques chars sont encore en état ; ils parcourent 1 ou 2 km puis s'arrêtent successivement pour des motifs variables (manque d'eau ou d'essence, pannes mécaniques diverses). Chacun porte secours à son camarade malchanceux à l'intérieur du bataillon car les sections d'échelon, submergées de travail, sont à 10 km en arrière et il n'est plus question de marche en convoi.

Sur un ordre du commandant Bourgin, le capitaine Vaudremont (2e compagnie) et le lieutenant Pompier (3e compagnie) quittent alors la colonne en voiture de liaison, peu après Delme, en laissant le commandement au capitaine Laurent (1re compagnie). On vient d'apprendre les lieux de stationnement définitifs : Solgne et Ancy-les-Solgne, et les deux officiers vont effectuer la reconnaissance de leurs cantonnements à quelques 10 km de là, et y préparer l'arrivée des unités.

Le bataillon sera ainsi réparti :
— chef de bataillon et son état-major : Solgne ;
— 1re compagnie à Ancy-les-Solgne ;
— 2e et 3e compagnies à Solgne ;
— CE à Moncheux, à 20 km au sud-est de Metz.

L'emplacement des chars de la 2e compagnie reconnu par Vaudremont est un bois situé à 2 km au sud-est de Solgne.

Les premiers chars de la 2e compagnie arrivent à 11 h 30,

après avoir parcouru environ 68 km en 8 heures. Mais seuls trois chars de la 2e compagnie sont présents : ceux du sous-lieutenant Platrier, de l'adjudant-chef Simon et de l'adjudant-chef Barbier. Les sept autres sont en panne, à des distances variant de 1 km à 40 km du but, pour des raisons diverses. Les autres compagnies sont dans une situation analogue.

Dès l'arrivée, les équipages sortis des chars se jettent par terre et dorment à même le sol. Les dépanneurs en motocyclette, sous les ordres du sous-lieutenant Le Blanc, se sont dévoués sans compter et arrivent couverts de graisse, de poussière, de sueur, les yeux abîmés par les vapeurs d'essence.

L'installation au cantonnement se fait péniblement. Pratiquement, les équipages et les dépanneurs seront indisponibles jusqu'au lendemain matin. Pendant deux jours et deux nuits, les dépanneurs s'acharnent à remettre en état les chars.

En plus des incidents matériels déjà signalés, cette pénible randonnée est marquée d'accidents graves dont l'un entraîne la mort d'un motocycliste du 22e BCC (ex-I/510e RCC). Plusieurs autres accidents qui eussent pu être encore plus meurtriers sont évités presque miraculeusement.

Mais si cette marche est la plus dure de toute la campagne, elle est aussi extrêmement instructive pour les jeunes équipages. Jamais par la suite, même dans des circonstances beaucoup plus dangereuses et à proximité de l'ennemi, on ne reverra de tels incidents dus à un manque d'instruction de la discipline de route. En revanche, jusqu'à la marche suivante, les équipages douteront fort de la faisabilité de pareilles étapes. (suite p. 14)

*Le B1 bis n° 220 Paris, char n° « 3 »
de la 2e compagnie du 15e BCC,
illustre toutes les photographies
d'extérieur sélectionnées pour cette
notice historique. Les trois clichés
de cette double page ont été pris
à Mourmelon au printemps 1940.*

LE CHAR DE BATAILLE B1 *BIS*

**La famille des chars B est issue
de la volonté du général Estienne
qui, dès 1921, a souhaité voir doter
l'armée française d'un « char de bataille ».**

IL S'AGIT D'UN MATÉRIEL destiné à tenir l'intermédiaire entre le char léger d'accompagnement d'infanterie — qui est alors le célèbre Renault FT disponible à plus de 3 000 exemplaires — et le char lourd ou « de rupture », représenté par les modèles anglais Mark V* et français FCM 2C de 70 tonnes.

L'emploi tactique du char de bataille sera, durant toute sa gestation, au centre d'une ambiguïté non résolue : officiellement, il devra rester lié, au plus près, à l'action de l'infanterie. Estienne pourtant, et d'autres après lui, voient en ce char la tête d'affiche d'une grande unité de type nouveau propre à révolutionner l'art de la guerre. Ainsi, dès 1930, Estienne se paie le luxe de décrire en détail [1] l'action de sa « *division mécanique* », dotée de chars B et d'infanterie sur autochenilles. Une telle division sera l'instrument « *de l'exploration, de la découverte, de la rupture en toutes circonstances, et de l'exploitation* ». La vision est complète et écarte les objections techniques : « *dans l'hypothèse même, toute improbable qu'elle soit, où le char de bataille actuel {c'est à dire le premier prototype B au moment où ce texte est écrit} répondrait incomplètement aux espoirs fondés sur lui, son frère y satisfera sûrement.* » Pour Estienne, c'est sûr : le char B permettra à la France non seulement de gagner la bataille, mais aussi de gagner la guerre.

■ UNE COOPÉRATION ENTRE INDUSTRIELS

Du point de vue industriel, la gestation du char de bataille s'appuie sur cinq constructeurs qui, réunis en 1921 au sein d'une commission, doivent tous participer, sans esprit de concurrence, au programme établi conjointement. Initialement, chacun propose ses propres solutions techniques sous la forme de cinq prototypes bien distincts les uns des autres : les chars Delaunay-Belleville (hors programme), FCM, FAMH (Saint-Chamond), SRA et SRB (projets conjoints de Renault et Schneider).

L'évaluation des quatre derniers cités fait évoluer le cahier des charges et l'on aboutit, en mars 1927, à la commande de trois prototypes qui, eux, seront d'un seul et même type et à la construction desquels participeront les différents industriels concernés. Le « char B »

est né, sa configuration à peu près définitive est arrêtée. Fruit d'une commission à laquelle chacun participe, il ne portera pas le nom d'un constructeur en particulier [2].

Le premier prototype B, sorti en mars 1929, reçoit le n° 101. Les deux autres prototypes, n° 102 et 103, deviendront les premiers B1 de série, tandis que 32 autres B1 seront commandés en trois lots successifs et réceptionnés de décembre 1935 à juillet 1937 (chars n° 104 à 135). Les 34 [3] chars B1 seront mis en service au 2e bataillon du 511e RCC de Verdun (futur 37e BCC), premier bataillon entièrement doté de chars B.

■ LE B1 *bis*, UN CHAR SURBLINDÉ

L'apparition de nouvelles armes antichars conduit, en 1935, à s'interroger sur la protection du char B1. Ainsi naît l'idée d'un type B1 surblindé, qui reçoit la désignation B1 *bis*. Mais la question fait l'objet de controverses car l'augmentation de poids qui en résultera (de 27 tonnes sur un B1 au blindage maximum de 40 mm à 31,5 t à vide sur un B1 *bis* au blindage de 60 mm), n'est pas sans

NOTES

1. Texte inédit, archives personnelles du commandant Balland.

2. La désignation « Renault B1 *bis* », souvent lue, est impropre. Billancourt fournit le moteur, la boîte de mécanisme et certains autres organes pour l'ensemble des chars B. Renault a aussi assuré le plus grand nombre de montages (182 chars sur 403 produits).

3. Transformé en B1 *ter* en 1937, le 101 n'est plus compté.

*Cette vue frontale met
en évidence le 75 de caisse, qui
est pointé avec le char grâce
à un appareil servo-moteur de
direction, le fameux Naeder.*

conséquences sur la suspension et sur les performances du char. En particulier, pour coller autant que possible au ratio poids/puissance fixé à 10 chevaux à la tonne, le moteur des B1 — un Renault 6 cylindres dit « de 250 chevaux » (développant en fait 272 ch) — devra être remplacé, sur les B1 *bis*, par un Renault poussé à 300 ch. Mais un tel moteur consommera plus, ce qui nécessitera, si l'on veut garder au char la même autonomie, l'augmentation de l'approvisionnement en essence [4].

En définitive, le premier marché de 35 chars B1 *bis*, notifié le 8 octobre 1936 (n° 1891 D/P), porte sur des chars surblindés à 60 mm mais dotés du moteur initial de 272 ch. Ce sont ces appareils, réceptionnés du 8 avril 1937 au 2 mars 1938, qui dotent le II/510ᵉ RCC de Nancy (futur 15ᵉ BCC), première unité à percevoir le type B1 *bis* (chars n° 201 à 233 montés par Renault, n° 234 et 235 montés par FCM). Les sous-ensembles permettant de porter la puissance à 300 ch (carburateur, collecteurs d'admission, etc.) sont commandés en septembre 1938, la transformation des moteurs devant être faite progressivement, au cours des révisions des chars en atelier de 3ᵉ degré [5]. En revanche, tous les B1 *bis* ultérieurs (à partir du n° 236), sortiront de montage avec un moteur poussé d'origine à 300 ch.

Les conséquences sur la consommation sont mises en évidence par le général Bruché, premier chef de la 2ᵉ DCR [6] : « *nos chars B1 bis […] avaient une puissance plus grande, mais le réservoir se vidait en cinq heures. Si bien que, lorsqu'on donnait une mission à un char B1 bis, il fallait se dire qu'au bout de deux heures et demi ou trois heures de marche, il faudrait prévoir un ravitaillement si l'on voulait qu'il revienne ou qu'il continue. La limite basse était de 180 litres d'essence.* »

---

4. Ce point primordial sera exposé en décembre 1935 par la Commission (qui préconise une augmentation de capacité de 100 litres), puis complètement perdu de vue. Et c'est seulement fin mai 1940, après les premières semaines de guerre active, que la question de l'autonomie revient à l'ordre du jour, pour être aussitôt résolue : en juin 1940, un char reçoit, à l'AMX, deux réservoirs supplémentaires plats (total 170 litres) placés sur le plancher du couloir de circulation et donnant au char une autonomie de 7 h 40. Mais il est trop tard, cette modification ne sera pas réalisée en série.

5. Cette opération est en cours en 1940 au PEB 101 de Mourmelon (→ pp. 42 et 40, note 2). Par exemple, le n° 202 *Algérie* a perçu son moteur de 300 chevaux seulement deux jours avant le départ en campagne (→ récit p. 62).

6. Audition du 3 août 1948 devant l'Assemblée nationale.

Le chef de char en position de route, assis sur la porte de tourelle.

Coll. Anciens du 15ᵉ BCC

Coll. R. Potié

Deux vues intérieures du n° 217 Cantal. *Photo de gauche : le sergent Leyendecker masque en partie le poste de pilotage. Au-dessus de sa tête, on aperçoit le chemin de roulement de la tourelle et ses dents d'engrenage. La rotation de la tourelle est électrique. Ci-dessous : le canon de 75, tirant dans l'axe du char sans débattement.*

Coll. R. Potié

■ LA VIE À BORD DU CHAR

À bord d'un B1 *bis* s'active un équipage de quatre hommes, répartis comme suit :

— en tourelle, un chef de char (officier, ou sous-officier titulaire du brevet de chef de section) qui assume le commandement de l'appareil avec les moyens de vision dont la tourelle est dotée. Il sert le canon de 47 mm et une mitrailleuse de 7,5 mm, à 360 ° ;

— un mécanicien pilote (usuellement un sous-officier), assis à

l'avant gauche, qui pointe le canon de 75 mm en dirigeant le char au moyen d'un appareil servo-moteur sophistiqué, le Naeder, lequel permet un réglage latéral fin en agissant sur la vitesse relative des deux chenilles. Le pilote dispose aussi d'une mitrailleuse de 7,5 mm fixe (placée au-dessous et à droite du canon) tirant dans l'axe du char ;

— un mécanicien aide-pilote (usuellement un caporal), assis à droite en arrière du canon de 75, notamment chargé d'alimenter le chef de char et le pilote en munitions ;

— un radio, assis à l'arrière, légèrement à gauche.

En outre, le char du capitaine, commandant de com-

Ci-dessus. Le lieutenant Sérot, de l'EM du 15ᵉ BCC (à gauche), en promenade avec son chien, et le sergent-chef Baudier, des transmissions à l'EM (à droite), se font photographier devant le Paris, *à Herméville, fin 1939, sa bâche de camouflage pliée sur la tourelle. Celle-ci arbore la croix de Lorraine distinctive du 15ᵉ BCC. Plus tard, cet insigne disparaîtra et le « 3 » passera de la caisse à la tourelle, dans un graphisme différent.*

Ci-dessous, le Paris *à Metzeresche, en septembre 1939.*

pagnie, dispose d'un second radio qui assure, avec un second poste récepteur, la liaison compagnie-bataillon.

À chaque char sont également affectés trois chasseurs mécaniciens (dits aussi « graisseurs ») qui peuvent éventuellement être transportés à bord.

Le lieutenant Pierre Mathieu (chef de char du *Nice,* ➡ p. 139) commente : « Bien sûr il ne règne pas un grand confort à l'intérieur du char. Chacun se cale comme il peut. Le bruit du moteur est considérable, aussi n'est-il guère possible de s'entendre, sinon en hurlant. En ce qui me concerne, je dirige mon pilote par de délicats coups

CARACTÉRISTIQUES DU CHAR B1 *bis*

Poids en ordre de marche : 32 tonnes
Longueur : 6,37 m
Largeur : 2,58 m (2,50 m sur le B1)
Hauteur : 2,79 m
Garde au sol : 0,48 m
Empattement : 5,23 m
Voie : 1,96 m (1,92 m sur le B1)
Armement de caisse : 75 mm et mitr. de 7,5 mm
Armement de tourelle : 47 mm et mitr. de 7,5 mm
Moteur : Renault 6 cylindres 140 x 180 vertical (demi-moteur d'aviation 12 cylindres en V).
Puissance : 300 ch à 1 800 t/mn (272 ch sur le B1 et provisoirement sur les 35 premiers B1 *bis*).
Consommation par heure : théoriquement 60 litres environ (55 litres environ pour le B1 à moteur de 272 ch). En pratique, 75 litres environ.
Autonomie : théoriquement 6 à 8 heures (8 à 10 heures pour le B1). En pratique, de 5 h à 5 h 30 d'autonomie selon les chars et le réglage des moteurs.
Consommation aux 100 km : 335 litres (289 litres pour le B1 à moteur de 272 ch).
Capacité des réservoirs : 400 litres (1 x 200 l + 2 x 100 l)
Vitesse instantanée : 27 à 28 km/h
Vitesse de route maximale : 25 km/h
Vitesse en terrain varié :
    moyennement accidenté : 21 km/h
    très acccidenté : 15 km/h
Pente maximale : 40 °

Coll. Anciens du 15e BCC

de pieds à droite et à gauche. La difficulté réelle est pour le chef de section, de communiquer avec les deux autres chars de sa section car la radio est assez imparfaite. De même, il n'est pas facile de recevoir des ordres du commandant de compagnie. Disons que, d'une façon générale, durant les opérations que j'eus à faire, tout se passait à vue et, comme nous nous déplacions toujours la nuit pour ne pas alerter l'ennemi, tous feux éteints, je me rappelle au début de juin 1940 m'être assis à l'extérieur sur le canon de 75, par une pluie battante. Le pilote ne pouvait en effet rien voir depuis l'intérieur et c'est avec ma main, qu'il devinait tout de même, que je pus le guider. »   FV ■

Le Paris et son équipage lors d'une pause, aux abords du camp de Mourmelon.

Le sous-lieutenant Platrier, chef de char du Paris, en tenue de travail.

La masse impressionnante du Paris, en manœuvres à Mourmelon, n'est pas sans rappeler, sous cet angle, l'imagerie populaire de la puissance du char d'assaut de la Grande Guerre. Le chiffre « 3 » sera repris par son successeur à la 2e compagnie, le Flamberge.

Coll. Anciens du 15e BCC

Coll. Anciens du 15e BCC

220 PARIS
(2e section, 2e compagnie du 15e BCC fin 1939)

Char muté au 8e BCC le 18 avril 1940, remplacé par le *Flamberge* qui passe à la 1re section (➡ p. 132).

13

Les compagnies du bataillon stationne à Solgne et ses environs du 27 août au dimanche 10 septembre. Les premiers jours sont employés à remettre en état le matériel. Faute de camions en nombre suffisant, il a fallu faire un second voyage à Maron, rechercher le matériel restant et les personnels de garde. Le manque d'exercices réels de mobilisation n'a pas permis de réaliser que la capacité des camions était inférieure au volume du matériel à transporter.

Les attributions du personnel sont étudiées avec soin à Solgne, ainsi que le chargement des véhicules et tracteurs. Les camions à essence et à munitions sont isolés et mis sur cale. L'expérience de Maron et la crainte d'un départ précipité justifient cette mesure.

Les gardes sont organisées avec le souci d'éviter la fatigue du personnel. Les premières gardes de nuit, dans un pays mal connu, avec des bruits d'ailleurs fantaisistes sur la présence d'espions, entraînent quelques incidents tragi-comiques, des sentinelles un peu émues ayant tiré sur des souches de bois phosphorescentes prises pour des ennemis.

Le 31 août, le lieutenant Lahaye arrive de Nancy avec le personnel et le matériel de l'échelon B (échelon sur roues), qui permet la constitution des compagnies sur le pied de guerre. Le matériel de l'échelon B comprend des camionnettes et des side-cars de réquisition, véhicules généralement d'une grande diversité et en fort mauvais état, ainsi qu'une Simca Cinq (➡ photo p. 124). Parmi les motos se trouve, par exemple, une Saroléa 650 cm^3 grand sport à culbuteurs, pouvant faire du 150 km/h (➡ pp. 122-123). Inutile de dire que ce matériel n'a pas vocation à faire la guerre et qu'il faut le réparer et l'aménager.

Les compagnies apprennent à vivre en cantonnement. L'installation matérielle se fait petit à petit. Les officiers des 2e et 3e compagnies vivent à la même popote, dirigée avec art par le sous-lieutenant Bourgeois assisté d'un chef cuisinier de grande classe. Les sous-officiers vivent en popote avec la nourriture de l'ordinaire, améliorée s'ils le désirent, mais à leurs frais. L'entente est excellente avec la population civile de cette Lorraine annexée à l'Allemagne entre 1870 et 1918.

C'est à Solgne que le bataillon apprend la mobilisation générale le 1er septembre, puis la guerre le dimanche 3 septembre, par la voix du président du Conseil, Édouard Daladier, qui l'annonce à la radio. La Pologne vient d'être envahie. Il n'y a plus d'espoir de trouver une solution pacifique.

Des tranchées de DCA sont creusées, sans trop d'enthousiasme. Mais une (fausse) alerte aérienne, le 3 septembre, a le mérite de redonner du tonus aux terrassiers improvisés.

Le bataillon, placé en réserve générale, stationne dans la zone de la 3e armée (général Condé) et c'est le colonel Bruneau (futur chef de la 1re DCR) qui commande les chars de l'armée.

Le 5 septembre, une brigade cuirassée comprenant les 15e et 8e BCC (tous deux sur chars B1 bis) et le 17e BCP (bataillon de chasseurs portés) est créée. Prenant le numéro 2, elle est placée sous le commandement du colonel Roche.

À Solgne, le passage de l'état de paix à la mobilisation générale, puis à la guerre, se fait sans heurt. Tout le personnel de la 2e compagnie peut bénéficier d'une liaison à Nancy pour mettre en ordre ses affaires personnelles ou de famille, car le départ a été, pour cette dernière, vraiment précipité.

Le courrier, après des débuts très pénibles, est enfin, au bout d'une dizaine de jours, distribué normalement. Les quelques réservistes reçus avec l'échelon B sont triés par l'ex-lieutenant en premier de la 2e compagnie, Jeandel, avec le plus grand soin. Ils proviennent de la classe 1935, ont un excellent esprit et se replongent très vite dans le cadre de leur ancienne compagnie.

Les quelques jours de répit sont utilisés, non seulement à l'entraînement à la vie en campagne mais aussi à la mise en ordre du personnel. À la 2e compagnie par exemple, le capitaine Vaudremont s'attache à mettre, dans la mesure du possible, chacun à la place qui lui convient et qui lui plaît le mieux, même si parfois les coutumes militaires ne sont pas exactement respectées. C'est ainsi par exemple que le sous-lieutenant Le

Blanc, ingénieur de l'École centrale, alors chef de section de combat, permute au commandement de l'échelon avec le lieutenant Lahaye que son ancienneté a désigné a priori à cet emploi.

Tous deux en sont très satisfaits. Le Blanc peut mettre à profit ses talents d'organisateur et de technicien, tandis que Lahaye, toujours volontaire pour le combat, se réjouit de commander trois chars B.

OPÉRATIONS DE GUERRE SUR LA LIGNE MAGINOT

■ 10 SEPTEMBRE : VERS LA LIGNE MAGINOT

Le dimanche 10 septembre à 15 heures, le bataillon reçoit un ordre de mouvement. Avec l'ensemble de la 2e brigade cuirassée, il doit se rendre dans la région est de Thionville.

Le départ du 15e BCC de Solgne a lieu à 20 heures, dans l'ordre suivant : 2e compagnie, 3e compagnie, 1re compagnie, compagnie d'échelon, avec Metzeresche comme première destination.

Malgré la nuit, la marche est bien réglée. Les enseignements de la randonnée de Maron à Solgne ont porté leurs fruits. En petite cinquième vitesse, à une allure de 10 à 15 km/h, tous feux éteints, les compagnies gagnent Metzeresche. Le sous-lieutenant Le Blanc, dépanneur parfait, responsable de l'atelier à la compagnie d'échelon, ne laisse rien derrière lui. L'itinéraire est accompli de la manière suivante :

1re halte : carrefour de la nationale 55 et de la route stratégique qui contourne Metz ;

2e halte : Avancy ;

3e halte : sortie sud de Luttange ;

4e halte : Metzeresche.

Arrêtée à ce dernier village de minuit à 1 heure du matin, la 2e compagnie reçoit l'ordre de se rendre à Lemestroff, alors que la 3e compagnie gagne Monneren.

La 1re compagnie reste à Metzeresche avec la compagnie d'échelon et l'état-major du bataillon.

Le trajet Metzeresche-Lemestroff est pénible pour la 2e compagnie, en raison de l'encombrement de la route par une longue colonne d'artillerie. Ce n'est qu'à 3 heures du matin que les équipages, après avoir franchi (sans la voir !) la ligne Maginot, arrivent fourbus à Lemestroff, après 67 km de marche.

Il n'y a pas eu d'incidents graves. Un seul char, le Cantal, est en panne de Naeder à quelques kilomètres, et un tracteur de ravitaillement dont le réservoir d'eau a eu une fuite soudaine et importante, a une bielle coulée. Mais le personnel est à la limite de ses forces. Après avoir mis à l'abri le matériel au nord du village, près du chemin qui va à Monneren par Sainte-Marguerite, les équipages s'endorment près de leurs chars, sans même regagner le village.

Coll. Anciens du 15e BCC

226 TOULOUSE

(2e section, 2e compagnie du 15e BCC fin 1939)

Char muté au 8e BCC le 18 avril 1940, remplacé par le Bombarde qui passe à la 3e section (➡ p. 143).

Le Toulouse de l'adjudant-chef Barbier, en cantonnement à Herméville, en novembre 1939. Malgré la boue et les coulures de graisse qui maculent ses flancs, on lit assez distinctement le chiffre « 5 » derrière le persiennage blindé d'aération du moteur. Le Toulouse sera remplacé, le 18 avril 1940, par le Bombarde qui reprendra, au sein de la 2e compagnie, le chiffre « 5 », malgré son changement de section (➡ notice p. 143).

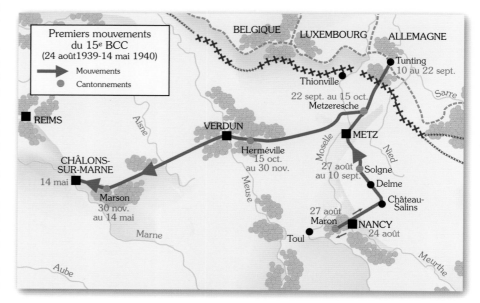

Premiers mouvements du 15e BCC
(24 août 1939-14 mai 1940)

→ Mouvements
● Cantonnements

BELGIQUE — LUXEMBOURG — ALLEMAGNE

Tunting 10 au 22 sept.

Thionville

22 sept. au 15 oct. Metzeresche

REIMS

VERDUN

Herméville 15 oct. au 30 nov.

CHÂLONS-SUR-MARNE 14 mai

METZ

27 août Solgne au 10 sept.

Delme

Château-Salins

Marson 30 nov. au 14 mai

27 août Maron

NANCY 24 août

Toul

À 6 heures du matin, le commandant arrive et fait répartir les chars en deux groupes :

— les 1re et 2e sections près de la maison forestière gardent les issues du village face à l'est ;

— la 3e section de combat est installée sur les hauteurs à l'est de la route Lemestroff-Kerling.

La section d'échelon demeure à Lemestroff même. Le groupe de ravitaillement, qui reste à Metzeresche, sera rappelé le lendemain à Lemestroff. La remise en état des chars est aussitôt entreprise. Le village, qui a été très sérieusement pillé par des prédécesseurs, est remis en ordre.

Le 12 septembre, le bataillon quitte la 2e brigade pour être mis à la disposition du GBC 511 en vue de son emploi dans des contre-attaques dans les intervalles de la ligne fortifiée. Le même jour, le 150e RI de Verdun, puis le 106e RI de Châlons, traversent le village, se dirigeant vers la frontière toute proche.

Le capitaine de la 2e compagnie prend contact avec les deux colonels pour signaler sa présence et la possibilité de leur prêter main forte. Un autre contact est pris avec le personnel de la ligne Maginot qui passe à 1 km à l'ouest.

D'après le capitaine adjoint au colonel commandant le 106e RI, la situation est la suivante : les Allemands auraient franchi la frontière et auraient occupé la partie du territoire français comprise entre le territoire d'Apach et la frontière. La 12e DIM comprenant notamment les 106e et 150e RI, le 8e zouaves, le 3e GRDI et les 25e et 225e RA, doit reprendre cette portion de terrain.

LA 1re COMPAGNIE

*Quelques portraits pris
à la popote de la 1re compagnie
vers Noël 1939.*

*Une partie des officiers de la 1re compagnie à l'automne 1939. De gauche à droite : sous-lieutenant Castagné (Toulon à cette époque),
lieutenant Pignot ? (Sénégal à cette époque, puis muté au 41e BCC où il sera tué pendant la campagne), sous-lieutenant Yardin (Tonkin),
lieutenant Coquet (SE à cette époque), capitaine Laurent (Rennes, commandant la compagnie), sous-lieutenant Fournier (Bordeaux)
présentant le fanion de la 1re compagnie (➡ dessin p. 95), lieutenant Kreiss (Grenoble), sous-lieutenant Riou (Guadeloupe à cette époque).*

*Sous-lieutenant Chardon ?
(section d'échelon).*

*Lieutenant Debionne (Lyon
à cette époque, puis muté).*

*Sous-lieutenant Riou
(Guadeloupe à cette époque,
puis section d'échelon).*

Dès le 13, le capitaine Vaudremont (2e compagnie) se rend en side-car avec le sous-lieutenant Le Blanc à Kerling, Obernaumen et Ritzing, à la recherche des éléments français les plus avancés, à l'arrêt et déployés en tirailleurs.

Il les trouve et se renseigne auprès d'eux. Ils ne savent pas où est l'ennemi. Le capitaine se décide alors, ne voyant rien devant, à progresser en side-car au-delà de ces éléments avancés. Il arrive ainsi, sans voir sur son parcours ni Français, ni Allemands, à Manderen, et y rencontre un douanier français absolument seul qui lui spécifie que l'attaque allemande dont parlait le 106e RI se réduisait à une simple patrouille, laquelle était retournée au-delà de la frontière. La reconnaissance se poursuit alors à Kitzing, Sierk et Apach, ces trois localités étant absolument vides d'habitants et de troupes. Le retour se fait par Montenach.

Un épisode montre bien la nervosité des troupes en contact : à peine la présence d'éléments allemands (et ce n'était qu'une patrouille) avait-elle été signalée en deçà de la frontière, un lieutenant de garde républicaine mobile avait fait sauter une mine de destruction coupant la route de Lesmestroff à Kerling. Il croyait à une attaque en force. Il fallut une compagnie du génie et 24 heures d'efforts pour réparer cette route.

■ 10-17 SEPTEMBRE : LA 2e COMPAGNIE EN PREMIERE LIGNE : LEMESTROFF PUIS TUNTING

À Lemestroff, la 2e compagnie est isolée, une popote commune d'officiers et de sous-officiers y est organisée avec les vivres de la troupe améliorés des ressources du village qui ne sont pas négligeables. Évacués précipitamment, les habitants ont laissé pigeons, poules, lapins, cochons, veaux, vaches et quelques chevaux. Il est autorisé et même conseillé d'utiliser ces bêtes pour la nourriture des troupes. Seuls les vaches et les chevaux sont ramenés à l'arrière avec d'ailleurs beaucoup trop de retard, et les corvées d'enterrement de bêtes crevées sont nombreuses, désagréables et exténuantes : pour ensevelir convenablement un cheval, le trou à creuser est énorme.

Ainsi la nourriture est-elle plus que suffisante en viande, en légumes et en boissons. Jardins et champs fournissent les légumes, tandis que les caves sont bien garnies, même en eau de vie qui ne manque pas. De nombreuses voitures viennent de l'arrière pour chercher du ravitaillement.

Des tranchées de DCA sont creusées en exécution des ordres reçus. De nombreux avions allemands survolent la région, surtout la nuit. Ils volent très haut, ne bombardant pas.

Les habitations ont été évacuées par la population dans les plus courts délais. Ces pauvres gens ont tout abandonné et il n'est pas rare de trouver les maisons dans l'état où elles étaient à leur départ, du linge séchant dans les jardins par exemple.

Malheureusement, en peu de temps, les troupes de passage ont vite fait de semer le désordre dans les logis.

Les troncs de l'église ont été dévalisés, la plupart des maisons fouillées et pillées et il est navrant de penser que ce sont des Français qui sont responsables de ce vandalisme. De même, un régiment de passage vole à la 2e compagnie une bâche de char qui ne peut être récupérée qu'à grand-peine et après force discussions.

La compagnie Vaudremont accueille deux lieutenants de réserve : Le Morzellec, ingénieur aéronautique, et Adelmans, ingénieur électricien. Elle est en état d'alerte et doit pouvoir être engagée très rapidement. Les canons sont donc réglés, le grand entretien des chars effectué.

Jeudi 14 septembre au matin, vers 10 heures, la 2e compagnie reçoit un message du colonel Sandrier — qui commande l'autre brigade cuirassée, la 1re (28e et 37e BCC, 5e BCP) — lui enjoignant de se tenir prête à partir. Étonné par l'origine de ce message, Vaudremont envoie un motocycliste au PC du général Bruneau à Kerling pour avoir confirmation. Au retour de ce motocycliste, l'ordre est précisé, la 2e compagnie doit partir de suite en position de contre-attaque dans la région nord de Ritzing. La compagnie étant dispersée pour garder les issues de Lemestroff, le lieutenant Lahaye reçoit l'ordre de la rassembler

Coll. Anciens du 15e BCC

2e ET 1re COMPAGNIES

tandis que le capitaine se rend à Kerling pour y rencontrer le général Bruneau qui lui communique le détail des ordres.

La compagnie ne doit être engagée au combat que sur ordre du général et seulement en cas d'attaque d'engins blindés ennemis, ceci pour ne pas dévoiler le matériel moderne que constituent les chars B1 bis. La compagnie ne pourra partir qu'à 14 heures et sans avoir déjeuné. Tout n'est pas encore rodé et le temps d'alerte d'une demi-heure de préparation est beaucoup trop court. Bruneau précise à Vaudremont qu'il lui laisse toute initiative pour organiser seul sa compagnie. Il lui promet une visite sur les lignes.

Dès le début du trajet, deux chars tombent en panne dont le Cambodge, char du capitaine (fuite d'huile au Naeder) et le Paris à la suite d'une panne grave au pont arrière. Vaudremont part alors sur le Madagascar avec le sous-lieutenant Dumontier, tandis que le lieutenant Vaucheret (section de remplacement) est désigné avec son char Martinique en remplacement du Paris.

Le déplacement Lemestroff, Obernauden, bois de Ritzing s'effectue sans difficulté de 14 heures à 15 h 30.

Vaudremont part en reconnaissance avec le lieutenant Lahaye à Manderen, au village de Tunting et au bois de Tunting sur la frontière même. Ils reçoivent là leur baptême du feu de la part des mitrailleuses de l'infanterie allemande.

Ils prennent contact avec le colonel commandant le 150e RI à Manderen. Après reconnaissance, le déploiement suivant est adopté : la section Lahaye, volontaire, en pointe au bois de Tunting avec les avant-postes d'infanterie, les deux autres sections dans les bois à 500 m à l'est de Ritzing. Point d'échange au cimetière de Ritzing.

Les sections occupent leurs emplacements mais, le soir, la section Lahaye jugée trop près de l'ennemi (à moins de 300 m) se replie pour éviter un coup de main, les chars ne pouvant être défendus efficacement de nuit.

Le lendemain, Vaudremont ayant rendu compte de sa position au général Bruneau, ce dernier décide de faire porter toute la 2e compagnie au bois de Tunting, près de l'emplacement où se trouve le lieutenant Lahaye, en pointe à proximité de l'ennemi. Bien qu'il paraisse un peu osé, cet ordre est exécuté de suite et le dispositif suivant est réalisé :

1) Chars : section Lahaye à l'extrémité nord-ouest du bois de

Tunting, en territoire allemand ; section Pagnon au centre ; section Dumontier au sud-est du bois ; char du capitaine près de Pagnon.

2) Échelon sur chenilles : sous-lieutenant Le Blanc et ses tracteurs près de Dumontier, assurant la liaison au point d'échange (cimetière de Ritzing).

3) Échelon sur roues : adjudant Mouton à Lemestroff assurant le ravitaillement de l'avant.

4) Liaisons avec l'infanterie : lieutenant Le Morzellec à l'échelon le plus avancé pour prévenir la compagnie d'une attaque éventuelle de blindés ennemis.

5) Liaisons avec la division : lieutenant Adelmans au PC à Kerling (une liaison radio est assurée entre Kerling et la 2e compagnie, malheureusement l'écoute est très faible et il y a 12 km de distance).

Très actifs à l'échelon, le sous-lieutenant Le Blanc, le sergent-chef Ackermann, le sergent Benel et leurs hommes réparent dans la nuit du 14 au 15 le char du capitaine Vaudremont, le Cambodge, qui est amené en ligne. Le Blanc fait revenir le char du lieutenant Vaucheret de la compagnie d'échelon, (suite p. 20)

Manœuvre conjointe de la 1re et de la 2e compagnie au camp de la Haute-Moivre en avril 1940. De gauche à droite, trois officiers de la 2e compagnie : sous-lieutenant Picard, lieutenant Dumontier et capitaine Vaudremont. Puis quatre officiers de la 1re compagnie : capitaine Laurent, lieutenant Coquet, lieutenant Sassi et lieutenant Kreiss.

Chasseurs de la 2e compagnie, cantonnant dans les bois de Tunting. On reconnaît à gauche un motocycliste (le chasseur Cavillon) à son « sous-vêtement en peau fourrée » modèle 1938.

Coll. Anciens du 15e BCC

(suite p. 20)

L'ARMEMENT DES CHARS B

Avec son double armement principal de caisse (canon de 75) et de tourelle (canon de 47), le char B est, de tous les engins blindés de combat en service en 1939-1940, celui qui possède la plus grande puissance de feu.

À L'ORIGINE, le char de bataille voulu par le général Estienne est conçu comme la plate-forme de tir d'un canon puissant, situé par postulat en casemate dans la caisse [1] et tirant en chasse, dans l'axe du char. Dans l'esprit de son promoteur, cette organisation permet d'affranchir le chef de char de la contrainte de servir l'arme principale.

Pour le général Estienne, la tourelle du char de bataille, habitacle du chef de char, doit être avant tout un organe de commandement — les yeux et le cerveau de l'appareil. Pour cette raison, la tourelle, de petite taille, ne comporte donc, sur les quatre prototypes de 1922-1924 puis sur les trois prototypes du char B de 1929-1931, qu'un armement secondaire, deux mitrailleuses jumelées. C'est un peu plus tard que l'on envisage d'accroître sérieusement la puissance de feu du char B en le dotant d'un second canon, en tourelle, un 47 mm antichar. Ce faisant, on renonce à l'idée initiale du strict char-casemate pour arriver à la solution de deux armements principaux ayant chacun une vocation distincte : antichar en tourelle, anti-défenses fixes en caisse. Dès lors, le chef de char n'a plus l'esprit et les mains libres ; il est devenu le servant d'une des deux armes principales car la tourelle, bien qu'agrandie, demeure monoplace. Dans toutes ses versions ultérieures, réalisées ou seulement envisagées, la famille des chars B restera prisonnière de la formule du double armement qui, malgré une certaine séduction exercée chez les Alliés occidentaux jusqu'en 1941 [2], sera finalement condamnée sans appel par l'expérience de la guerre.

■ LA TOURELLE ET SON ARMEMENT

Après les tourelles prototypes Schneider à deux mitrailleuses, on essaie sur les prototypes du char B la tourelle ST 2 (section technique) avant de se fixer sur la tourelle APX 1 (atelier de Puteaux) blindée à 40 mm, abritant un canon de 47 mm modèle 1934 à culasse

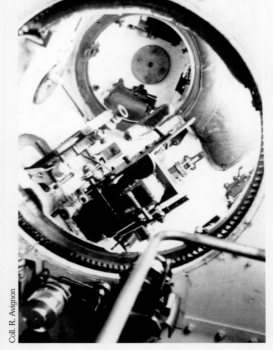

Vue intérieure de la tourelle APX 1 du char B1, dans sa version initiale armée du canon de 47 SA 34 (masse 160 kg, Vo de 450 à 490 m/s selon obus). Un moteur électrique assure la rotation de la tourelle.

Trois des quatre armes du B1 bis sont visibles sous cet angle : le 75 de caisse (ici à son maximum de + 25 °), le 47 antichar de tourelle et la mitrailleuse de tourelle. La lunette de pointage commune de tourelle est montée sur le masque de mitrailleuse. Pour le tir à courte distance, la MAC 31 de tourelle possède un débattement latéral de 10° de part et d'autre.

semi-automatique (SA) et une mitrailleuse de 7,5 mm à chargeur à gauche. C'est la première tourelle de série, qui équipe les 34 chars B1 du II/511e RCC. La tourelle APX 1 est équipée, sur les côtés, d'épiscopes Chrétien proéminents (➡ photographies pp. 47 à 49).

En 1936, dans le cadre du B1 surblindé (futur B1 bis), la tourelle est retouchée. Conservant sa forme générale, elle est désormais coulée en acier de 60 mm et munie d'épiscopes plats PPL type RX 160. Parallèlement son armement se perfectionne, avec l'adoption du canon de 47 SA 35 offrant une vitesse initiale et une capacité de pénétration bien supérieures. La nouvelle tourelle, qui prend la désignation d'APX 4, équipe en série les chars B1 bis à compter du premier d'entre eux, le n° 201. À partir de l'été 1940, l'APX 4 devait à son tour être remplacée par un nouveau modèle ARL 2, conçue par l'atelier de Rueil, dotée du même armement mais réalisée plus simplement en plaques d'acier soudées.

Par ailleurs, les chars B1 sont réarmés, au plus tard en 1939, avec le nouveau canon de 47 SA 35, mais ils conservent leur tourelle APX 1 et les épiscopes Chrétien proéminents.

■ L'ARMEMENT DE CAISSE

Le canon en casemate est, depuis l'origine du programme du char de bataille, une pièce de 75 mm [3]. Plusieurs matériels de ce calibre sont essayés avant que l'on adopte, en 1935, un modèle à culasse semi-automatique proposé par l'ABS (atelier de Bourges) : le 75 SA 35. Ce canon, qui dispose d'un débattement latéral limité à 1° de part et d'autre, est pointé par le pilote du char grâce à son appareil de direction Naeder (➡ détails p. 11). Sur la version B1 ter (et éventuellement aussi sur les derniers B1 bis appelés à sortir fin 1940), la pièce devait disposer d'un débattement manuel de 6°, le pointage en direction par les chenilles devant dès lors se limiter à un dégrossissement.

À côté du canon existe une mitrailleuse de 7,5 mm fixe montée en chasse à l'horizontale, alimentée par chargeur à droite et actionnée par le pilote au moyen d'un cable (dit cable Boudeu). Il s'agit d'une arme essentiellement dissuasive.

■ LA DÉFENSE ANTIAÉRIENNE

Cette question était en cours de résolution en 1940 pour les chars B. Ainsi peut-on signaler les dispositions réglementaires pour la colonne de route au sein du groupement cuirassé (printemps 1940) : « assurée à l'aide des mitrailleuses de deux chars

---

1. Car on ne peut alors réaliser un canon puissant en tourelle sur un char de tonnage limité.
2. Citons le Churchill I qui est, au départ, un « B anglais » avec armement positionné comme sur le char français, et le Lee/Grant américain avec 75 en casemate latérale.
3. Le programme de 1921 avait toutefois envisagé un 47 puissant en casemate (prototype Schneider SRB). Plus tard, il sera aussi question d'un 105 court en casemate (projet du « char de bataille futur » du 15 décembre 1939).

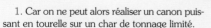

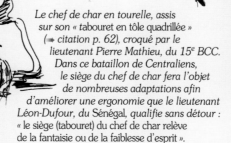

Le chef de char en tourelle, assis sur son « tabouret en tôle quadrillée » (➡ citation p. 62), croqué par le lieutenant Pierre Mathieu, du 15e BCC. Dans ce bataillon de Centraliens, le siège du chef de char fera l'objet de nombreuses adaptations afin d'améliorer une ergonomie que le lieutenant Léon-Dufour, du Sénégal, qualifie sans détour : « le siège (tabouret) du chef de char relève de la fantaisie ou de la faiblesse d'esprit ».

Le canon de 47 SA 35 est construit par l'atelier de construction de Puteaux (APX).

Entre le 75 de caisse et la chenille droite, on distingue sous cet angle le petit masque qui protège l'extrémité de la mitrailleuse fixe tirant en chasse dans l'axe du char.

Coll. R. Avignon

Coll. R. Potié

Coll. Anciens du 15e BCC

par section, placées en position de tir à l'aide de supports spéciaux. Moitié des mitrailleuses étant dirigée vers l'avant, et moitié vers l'arrière. » (carnet du lieutenant Devos). En pratique, le 15ᵉ BCC a bien eu « *une jolie virole* » soudée sur chaque char au début de 1940, mais aucun support spécial ne lui a jamais été distribué (➡ lire p. 154).

■ L'APPROVISIONNEMENT EN MUNITIONS

L'approvisionnement en munitions évolue avec le temps. Les B1 ont 80 obus de 75 mm, dont six dans trois capots de toit qui seront supprimés sur le B1 *bis*. Ce dernier possède un approvisionnement de 74 coups dont 7 obus de rupture et 6 obus amorcés.

Pour le 47 mm de tourelle, les B1 et les 105 premiers B1 *bis* (chars n° 201 à 305) ont 50 obus dont 20 explosifs. Cet approvisionnement est porté à 62 cartouches sur les chars n° 306 à 340, et enfin à 72 cartouches sur les nouveaux matériels produits à partir d'octobre 1939 (n° 341 et suivants).

Quant aux deux mitrailleuses de 7,5 mm, elles sont alimentées par 32 chargeurs (portés à 35 sur les chars à partir du n° 341) de 150 cartouches, soit 4 800 (puis 5 250) coups.   FV ■

Coll. R. Avignon

Cette vue intérieure d'un char B1 non surblindé, prise du couloir et regardant vers l'avant, montre non seulement le canon de 75 SA 35 (➡ voir aussi p. 11) mais aussi la « mitrailleuse de capot » fixe, placée au-dessous et à droite du canon. On voit également deux chargeurs ronds de 150 coups de 7,5 mm sur leurs supports le long de la paroi du char. Enfin, en haut à gauche, on aperçoit le circulaire denté de la tourelle.

CARACTÉRISTIQUES DE L'ARMEMENT PRINCIPAL		
	47 SA 35	75 SA 35
Poids de la masse oscillante :	340 kg	1 000 kg
Champ de tir en hauteur :	+18 [1] à –18°	+25 à –15°
Nombre de calibres/longueur :	27,6	
Cadence de tir :	30 cps/mn	
Vitesse initiale :	660 m/s	470 m/s
Grossissement de la lunette :	x 4	

1. + 20 ° sur la tourelle APX 1

Au 15ᵉ BCC durant l'hiver 1939-40 à Dampierre-sur-Moivre, la manœuvre de dépose du canon de 75 (ici sur le Paris) nécessite l'intervention d'un tracteur Somua MCL 5 de dépannage (➡ pp. 36-37).

Tous documents, coll. Anciens du 15ᵉ BCC

Quelques officiers de la 2e compagnie devant leur popote. De gauche à droite : lieutenant Lahaye (SE puis Anjou), sous-lieutenant Sigros (Rouen), sous-lieutenant Dumontier (Madagascar), capitaine Vaudremont (Cambodge, commandant la compagnie), sous-lieutenant Picard (Aquitaine), sous-lieutenant Le Blanc (Anjou puis SE). Aux deux extrémités, Lahaye et Le Blanc semblent se mesurer du regard : cela tient-t-il à leur permutation au sein de la compagnie ?

Sous-lieutenant Naegel (SE en remplacement de Le Blanc, qui à cette date a rejoint la CE).

Sous-lieutenant Dumontier (Madagascar).

Sous-lieutenant Pagnon (Corse).

Capitaine Vaudremont, (Cambodge).

Sous-lieutenant Picard (Aquitaine).

Lieutenant Lahaye (Anjou à cette date).

Sous-lieutenant Antoine (Cantal)

LA 2e COMPAGNIE

Le sous-lieutenant Platrier, féru de technique et photographe attitré de la 2e compagnie. Les soutaches de ses pattes de collet sont brodées de longueur réduite, selon une fantaisie notoire.

(suite de la p. 17) section de remplacement. De l'essence et des munitions sont apportées. Quant au ravitaillement en vivres, assuré d'abord par la roulante, il est transporté ensuite en camion de Lemestroff au point d'échange, puis en tracteurs Lorraine jusqu'aux chars, les chemins trop mauvais abîmant la cuisine roulante.

Le séjour à Tunting laisse aux équipages de chars de la 2e compagnie une profonde impression. Ils entendent là les premières et longues rafales des mitrailleuses allemandes, ainsi que les coups très secs des 75 français. Ils voient arriver près d'eux les premiers obus ennemis. C'est leur premier bivouac en position avancée et ils doivent monter la garde à proximité immédiate de l'ennemi. Ils apprennent à vivre avec peu de moyens, dans un inconfort accru par des pluies assez violentes. Là, les équipages se soudent véritablement. Rendant visite aux toutes premières lignes, à leurs camarades fantassins, les chasseurs de la 2/15e BCC peuvent observer les Allemands à vue directe à 300 m et, mieux encore, à la lunette.

Leurs chars se trouvent à moins de 400 m des éléments les plus avancés, sous bois humide rendant les transmissions radio déplorables et le démarrage des moteurs problématique avec le gonfleur Viet, ou même par les accus. Ce qui contrarie grandement les équipages, conscients du caractère instantané d'un éventuel engagement avec l'ennemi.

Au nord-ouest du bois se trouve une compagnie de chars légers R 35 (la 3/23e BCC du capitaine Odienne), imprudemment déployée en colonne de sections, les chars bien alignés sans camouflage dans une vallée dégagée. Son emplacement est invraisemblablement mal choisi et il est heureux que les avions allemands survolant le secteur soient inoffensifs. En outre, les équipages de cette unité, vivant en char toute la journée, doivent être sérieusement fatigués et mal à l'aise [2].

Le 15 septembre à 18 heures a lieu une petite attaque avec infanterie, chars légers et artillerie dans le périmètre de la 2e compagnie. Vaudremont assiste à la préparation d'artillerie dans un

Coll. Anciens du 15e BCC

Printemps 1940, quelques officiers de la 2e compagnie à Dampierre-sur-Moivre autour du lieutenant Bibes, muté au 46e BCC comme commandant de la 1re compagnie. De gauche à droite : sous-lieutenant Vieux (Anjou), sous-lieutenant Le Blanc (CE), sous-lieutenant Naegel (SE), sous-lieutenant Picard, lieutenant Bibes (en manteau de cuir et béret), sous-lieutenants Antoine et Pagnon, lieutenant Dumontier, sous-lieutenant Hans (Bombarde), capitaine Vaudremont.

Au repos à Herméville en septembre 1939, gradés et chasseurs de la 2e section de la 2e compagnie exhibent avec fierté leur trophée, un panneau « frontière du Reich ». Curiosité, le chasseur au chien arbore au béret une version réduite de l'insigne général des troupes motorisées.

Coll. Anciens du 15e BCC

trou d'obus allemand, près du général Bruneau venu là pour la circonstance. L'objectif est un ouvrage ennemi situé en Allemagne, sur la côte 421 entre Eft et Büschdorf. Aux premiers obus de la préparation, la garnison allemande quitte l'ouvrage et l'on voit distinctement une quinzaine d'hommes partant vers l'arrière, courbés, au pas de gymnastique.

Après la préparation, le général Bruneau pose des questions sur la vie de la compagnie aux avants-postes. Il se montre très satisfait, bien que trouvant un peu lent le départ de Lemestroff le 14. Il recommande aux équipages de B1 *bis* de ne pas participer à l'attaque, au grand dam des jeunes chefs de chars qui aimeraient bien essayer leurs armes « pour de vrai ».

L'attaque a lieu, menée par les fantassins du I/150e RI (2e et 7e compagnies) et les chars légers de la 3e compagnie du 23e BCC. Elle réussit sans difficulté, l'ennemi ayant quitté l'objectif. Mais

les troupes françaises, en arrivant au sommet de la côte 421, sont soumises à un tir de concentration allemand et le char Renault R 35 n° 50 772, arrivé à environ 150 m au nord-est du blockhaus, est atteint de plein fouet au-dessus du capot de conduite, et transpercé. Son équipage (sergent Barbier et chasseur Bouyer) trouve la mort.

Le général Bruneau a exigé que tous les équipages de B soient dans leur char, prêts à contre-attaquer des blindés allemands qui ne se présenteront pas (ordre confirmé par de Villeneuve).

Le soir, le commandant Bourgin vient voir la 2e compagnie et demande aux équipages s'ils désirent être relevés de suite, mais les équipages sont volontaires pour rester.

Le 17 au matin, le colonel Sandrier fait à son tour une petite visite et, le 17 en soirée, ordre est donné à la 2e compagnie de se replier sur Monneren. *(suite p. 24)*

NOTE

2. Ce témoignage des hommes de Vaudremont est confirmé par le lieutenant-colonel de Villeneuve dans son historique du 23e BCC. Depuis la veille à 5 heures, les petits chars Renault sont postés à contre-pente, à 300 m en arrière de la ligne principale de résistance, au nord-ouest du bois de Tunting ; ils sont déployés en ligne de section, bien alignés mais sans aucun camouflage, la végétation étant absente à cet endroit.

LA RADIO DANS LES BATAILLONS DE CHARS B

La radio apparaît dans les chars français
à la fin de 1918, avec le char léger
Renault FT TSF. Mais celui-ci ne remplit
que cet usage, à l'exclusion du combat,
et encore de manière très imparfaite.

L E BUT QUI SERA ENSUITE RECHERCHÉ est de munir
directement chaque char de combat de moyens de transmissions sans fil sans avoir recours à un char spécifiquement
dédié à cette mission. C'est le rôle assigné au « poste radiotélégraphique pour chars de combat » inclus dans le programme d'ensemble
du 2 février 1925 établi sous l'égide du général Ferrié, le père des
transmissions radio.

Cependant, la mise au point de ce poste se heurte à de sérieuses
limitations techniques : dans un char, l'émetteur a un très mauvais
rendement du fait que la masse métallique du véhicule absorbe une
grande partie de l'énergie rayonnée. Il faut donc un appareil puissant (et de ce fait fortement consommateur d'énergie, celle-ci pro-

NOTES

1. Ou grâce à un groupe électrogène. En théorie, il existe en
1940 dans les bataillons B une
remorque-groupe électrogène par
compagnie de combat.

2. Les prototypes du char de
bataille du programme de 1921,
sur lesquels la radio n'est pas prévue, n'ont que trois hommes d'équipage.

3. Auditions devant la commission d'enquête de l'Assemblée nationale, 6 juillet, 3 et 5 août 1948.

4. Assertion curieuse car, à l'appui
de son audition, Bruneau communique une lettre mentionnant
les postes radio ER 51 modèle
1938 (autorisant la phonie) perçus
en avril 1940 par le 37e BCC.

venant d'accumulateurs qui eux-mêmes ne se rechargent que par
le fonctionnement du moteur du char [1]), mais point trop volumi-
neux pour pouvoir trouver place à bord. Quant au récepteur, il est
troublé par les parasites qu'engendrent les organes électriques nombreux à l'intérieur du char.

Le choix, pour les chars, d'un poste radiotélégraphique (c'est-à-
dire utilisant le morse) est partiellement la conséquence de ces limitations : sa consommation est moindre que celle de la radiotélé-
phonie, le bruit ambiant à bord du char n'a plus la même inciden-
ce et, d'autre part, la portée est nettement accrue. En revanche, la
radiotélégraphie implique un opérateur spécialisé qui, dans le char
de bataille, sera le « quatrième homme » d'équipage [2]. Par ailleurs,
l'emploi de la radiotélégraphie répond au souci permanent de la
Direction de l'infanterie d'éviter l'interception des messages par
l'ennemi : les signaux sont non seulement émis en morse — conden-
sés suivant un code-type — mais ils sont également chiffrés.

■ LE POSTE ER 53 (graphie uniquement)

Les premiers essais de liaison radio, en 1931 et 1932, se sol-
dent par des échecs et c'est seulement en été 1933 que le matériel
commence à fonctionner. Le poste retenu pour le char B, proche
dérivé du type ER 52/52 bis mis au point pour le D1, reçoit la désignation d'ER 53. Sa longueur d'ondes est de 40 à 100 m, son poids
de 165 kg, sa portée théorique de 20 km. Il s'accompagne d'un
récepteur R 15 puis R 61 (1934).

À bord du char B, le poste est installé le long du flanc gauche,
en face de la porte, dans l'angle de la cloison moteur. L'antenne

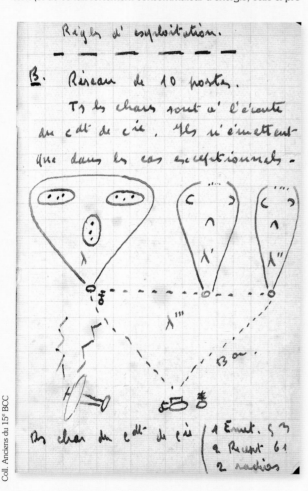

Coll. Anciens du 15e BCC

*Cet extrait d'un carnet de notes du lieutenant Devos, officier de
renseignements du 15e BCC, schématise les règles d'exploitation
de la radio. La compagnie dispose d'un réseau de 10 postes
(un par char) ; tous les chars sont à l'écoute du commandant
de compagnie et n'émettent que dans les cas exceptionnels.
Le char du commandant de compagnie (symbole ⊖), est doté de
deux radiotélégraphistes (au lieu d'un) utilisant un émetteur E 53
et deux récepteurs R 61. Le chef de bataillon (⊖) communique
avec les chars des trois capitaines au moyen des appareils installés
en principe sur un véhicule de commandement blindé Renault YS
(➜ photo p. 9), en pratique sur une VLTT semi-chenillée Citroën-
Kégresse P 19, correctement représentée ici par Devos.*

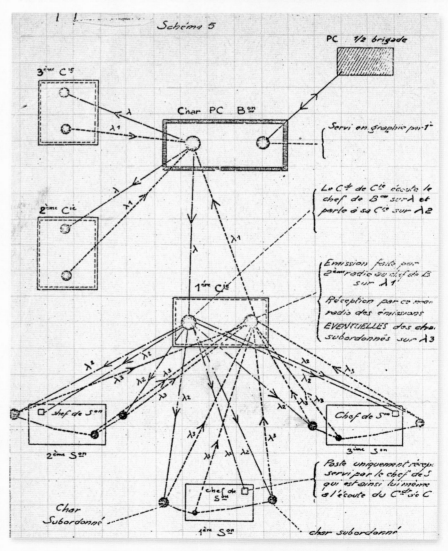

Archives R. Avignon

*Ce second schéma montre plus en détail les transmissions radio dans un bataillon de chars B au sein
de la DCR et correspond à l'époque du remplacement des postes ER 53 par le nouveau modèle
ER 51 modèle 1938. Le schéma a quelque peu évolué : le chef de bataillon dispose d'un char PC qui
communique non seulement avec les commandants de compagnie, mais aussi avec le PC de la demi-
brigade. Dans le cadre d'une DCR, les dotations d'un bataillon de chars B en postes nouveau modèle
sont ainsi projetées, en avril 1940 : 34 postes ER 51 sur chars (rigoureusement un par char),
3 sur voitures et 5 en réserve, soit au total 42, nombre qui devait être porté sous un mois à 48 postes.*

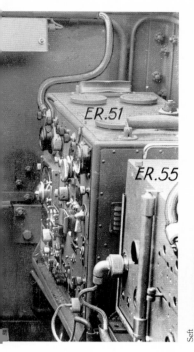

Nous ne connaissons aucune photo du poste ER 53. Celui visible sur ces deux documents est l'ER 51 modèle 1938 qui lui succède à bord des chars B, à partir de début 1940. Il est ici installé à bord d'un tracteur Lorraine de chef de bataillon de BCP porté, accolé à un ER 55 (liaisons internes des chasseurs portés). Ce montage permet au commandant du BCP d'être en liaison avec ses homologues des bataillons de chars B de la DCR.

retenue pour la série, verticale, est rigide (l'antenne fouet ou fleuret pouvant, par son simple balancement, modifier la fréquence de travail). Mais les chars B ne sont pas convenablement déparasités et le fonctionnement des postes reste médiocre. L'ER 53 sera réalisé à seulement 100 exemplaires.

■ LE POSTE ER 51 MODÈLE 1938 (graphie et phonie)

L'idée des divisions cuirassées faisant son chemin, et la technique évoluant, l'ER 53 peu satisfaisant est remplacé en série, à partir du début de 1940, par un modèle dit « de la deuxième génération », l'ER 51 modèle 1938, fonctionnant en phonie comme en graphie. Sa gamme de longueur d'ondes est la même, sa portée entre chars est de 10 km en graphie (2 ou 3 km seulement en phonie) et son encombrement réduit (50 kg).

La production des postes ER 51 pour divisions cuirassées (soit 42 postes par BCC, plus 4 à la demi-brigade et 1 à la division) est prévue à hauteur de 650 postes jusqu'en mai 1940, puis 600 de mai à octobre 1940 et 620 d'octobre 1940 à juin 1941.

À la 2e DCR, la distribution des nouveaux postes est effective avant le 10 mai 1940.

■ L'EMPLOI DE LA RADIO AU COMBAT

Lorsque le 15e BCC monte en ligne le 14 mai 1940, ses opérateurs radio, absents des chars, se trouvent dans la colonne routière (➡ p. 121). Cependant, « *chaque équipage arrive à se compléter d'un quatrième membre connaissant les rudiments du code* » (➡ p. 74). Dès lors, l'emploi de la phonie prend tout son intérêt. Elle est utilisée dès la première action sur Montcornet, le 16 mai. Le lendemain, gardant les ponts de Saint-Simon, la 2e compagnie l'utilise à nouveau (➡ p. 95), dans des conditions satisfaisantes. À la 1re compagnie le même jour, 17 mai, le *Sénégal* utilise les signaux au fanion pour communiquer avec des H 39 dépourvus de radio (➡ p. 100). Le lieutenant Léon-Dufour, chef de char du *Sénégal*, indiquera d'ailleurs dans un rapport ultérieur que les liaisons radio char-char et char-PC n'ont été, en ce qui le concerne, « *d'aucune utilité, parce qu'insuffisamment au point, et pratiquement inemployées* ».

À un échelon supérieur, les généraux commandant les DCR ont témoigné de leur expérience après la guerre [3].

Pour le général Bruneau (1re DCR), « *le matériel n'était pas mauvais : il pouvait fonctionner et il a fonctionné. Entre les mains de ceux qui s'en servaient depuis un certain temps, il a même bien fonctionné* ». Et Bruneau donne une description saisissante de la transmission en graphie : « *À l'échelon exécutants, les malheureux équipages ont été très handicapés par rapport à leurs adversaires parce qu'ils ne pouvaient correspondre qu'en graphie* [4]. *Et l'usage de la graphie, en plein combat, à la lueur d'un petit lumignon électrique, n'est pas facile. Le chef de char doit chercher les signaux dans un code, les inscrire sur un papier*

avec des mains pleines d'huile, et les passer à un radio qui n'entend rien à cause du bruit du char et de ses écouteurs. »

Pour la 2e DCR, le général Bruché confirme au contraire que ses chars « *pouvaient communiquer, soit par graphie, soit par phonie. La phonie d'ailleurs, n'avait comme portée que deux ou trois kilomètres au maximum. De plus, elle usait énormément la batterie d'accus qui était dans le char. La graphie consomme, mais la phonie consomme encore beaucoup plus. En phonie normale, une batterie d'accus se trouvait épuisée, si l'on faisait pas mal de communications phoniques, alternant avec des graphiques, au bout de 36 heures environ au grand maximum. Or, pour ravitailler une batterie d'accus, il fallait mettre le moteur en marche. Pour mettre le moteur en marche, il fallait brûler de l'essence, et il fallait sept à huit heures au minimum pour recharger la batterie d'accus. [Si bien qu'] on hésitait à employer la phonie, d'autant plus que, comme pour l'employer il était nécessaire que le moteur tourne, il y avait des bruits de moteur qui empêchaient de l'entendre distinctement [...]. On n'entendait presque rien du tout, on entendait mal, ou même des choses fausses. Par conséquent, la phonie au combat n'était pas un moyen pratique, il fallait s'en tenir à la graphie* ».

FV ■

Cette photographie du Ouessant (➡ p. 40) en forêt de Tunting en septembre 1939 sous son camouflage naturel présente l'antenne avant (de type fleuret) qui caractérise les chars des commandants de compagnie (la 1/15e BCC en l'occurrence), équipés de deux récepteurs R 61.

L'embase de l'antenne avant est parfaitement visible sur cette vue magnifique du Cambodge, char du capitaine Vaudremont, commandant la 2/15e BCC. L'antenne fleuret n'est pas installée ici mais une autre photo de ce char la met en évidence (➡ p. 107).

23

Coll. Anciens du 15e BCC

Lors du séjour à Tunting (17-24 septembre 1939), quelques officiers de la 3e compagnie en discussion avec leur chef le lieutenant Pompier (au centre, regardant le photographe). De gauche à droite : sous-lieutenant Hamelin (Lille à cette date), sous-lieutenant Pavaud (Savoie) qui a noué son chèche d'une façon élaborée, lieutenant Pompier, sous-lieutenants Bourgeois et Raiffaud de profil. Ces derniers vont se succéder sur l'Indochine.

Coll. Anciens du 15e BCC

Six cadres de la 3e compagnie lors du séjour en première ligne à Tunting (17-24 septembre 1939). De gauche à droite, aspirant Maxence (Nantes à cette date, 3e section), sous-lieutenant Bourgeois (Indochine à cette date, 1re section), sous-lieutenant Hamelin (Lille à cette date, 3e section), lieutenant Pompier, lieutenant Pérouse (Maroc, 1re section) plus haut derrière Pompier, et enfin lieutenant Willig (Vosges, 3e section, chef de section), seul en képi.

■ 17 SEPTEMBRE : LA 3e COMPAGNIE RELEVE LA 2e AU BOIS DE TUNTING

La 3e compagnie, commandée par le lieutenant Pompier, doit venir la relever vers 20 heures. Elle arrive effectivement, les équipages se passent les consignes et la 2e compagnie prend le départ dans la nuit pour Monneren à environ 25 km.

Aucune reconnaissance n'a pu être faite, faute de connaître à temps le point de destination. Le trajet est assez pénible, particulièrement en raison du croisement à Obernaumen avec une colonne d'artillerie venant de Fontainebleau et montant en ligne. Leurs camions s'embourbent et les chars sont d'un précieux secours pour les dépanner. Les artilleurs remercient les chasseurs de leur aide, et sont rassurés par eux sur la situation. De fausses nouvelles alarmistes, comme souvent, les avaient plus ou moins inquiétés.

Après un embouteillage d'une heure, la marche se poursuit par Obernaumen, Kirchnaumen, Halstroff, Hargarten, Monneren. La pluie est violente et, après cinq heures de trajet, le convoi arrive vers 1 heure du matin, sans aucune panne.

Faute de campement, il y a quelques difficultés pour l'installation, qui seront résolues le lendemain matin. Le reste des échelons arrive de Lemestroff le 18 au matin.

Le séjour de la 2e compagnie à Monneren, qui s'achève le vendredi 22 septembre, est très agréable. Les équipages travaillent aux chars. Selon l'habitude, ils creusent des tranchées de DCA et effectuent des corvées de ravitaillement en légumes (très nombreux dans la région). Ils assistent aussi en spectateurs à de nombreux combats aériens et constatent encore de tristes scènes de pillage.

Quant à la 3e compagnie qui leur a succédé en première ligne, l'un de ses officiers, le lieutenant Maurice Pérouse, chef de char du *Maroc*, se souvient de cette période : « *Rien ne se passait. Nous vivions dans un monde en quelque sorte irréel. Nous étions en guerre certes, comme suffisait à le montrer le fait que sur nos arrières immédiats les villages, au demeurant très germanophones, de cette région frontalière située au-delà de la ligne Maginot, semblaient avoir été intégralement évacués. Seuls y erraient quelques porcs abandonnés, cependant que dans les prés voisins, des vaches restées temporairement sans maîtres, clamaient leur souffrance de n'être plus traites. Mais, nous-mêmes, sous la douce lumière de septembre, restions en attente d'événements qui ne survenaient pas. Les journées étaient parfaitement paisibles. Motos et chenillettes [3] faisaient des allées et venues entre les arrières du bataillon et ses éléments avancés. Nous échangions nos vues sur la situation et nettoyions nos armes. La nuit, peut-être pour montrer que l'on était bien en guerre, les choses étaient un peu*

---

3. Appellation souvent utilisée pour désigner le TRC Lorraine (➔ p. 30). En principe, le terme *chenillette* est réservé au véhicule de ravitaillement d'infanterie Renault UE modèles 1931 ou 1937.

moins calmes, mais si peu. Quelques patrouilles circulaient d'un côté comme de l'autre. Le bois où nous nous trouvions reçut des obus tirés de l'autre côté. Nous n'y répondions pas pour ne pas risquer de nous faire repérer. Étrange baptême du feu.

Après plusieurs jours de cette situation absurde, cependant, il fut, dans quelque état-major, enfin décidé d'y mettre un terme et de confier la garde de ces bois à des unités dont c'était plus la vocation que la nôtre de l'assurer ».

Le bataillon étant relevé de ses missions, le 22 septembre, la 2ᵉ compagnie reçoit l'ordre de gagner Metzeresche. Il en est de même pour la 1ʳᵉ compagnie qui, mise en alerte dans l'après-midi du 15 septembre, s'était portée en position d'attente à Kirschnaumen. Les deux compagnies rejoignent ainsi la CE et l'état-major du bataillon, tandis que la 3ᵉ compagnie remplace la 1ʳᵉ sur ses emplacements.

Le mouvement se fait sans difficulté, bien qu'une unité de cavalerie veuille s'opposer au passage de la 2ᵉ compagnie, faute d'un ordre de mission du général de division. Le capitaine Vaudremont fait passer outre.

Partie à 22 heures, la compagnie arrive à 23 heures, après être passée par Kemplich, Klang et Kedange. Les chars sont garés au Stolbush, bois situé à 1 km au nord de Metzeresche.

■ 22 SEPTEMBRE-15 OCTOBRE : À METZERESCHE

Entrecoupé de nombreuses alertes sans suite, le séjour à Metzeresche — où tout le monde parle allemand et où les troupes françaises ne sont pas toujours bien accueillies — est le théâtre d'activités routinières : creusement de tranchées de DCA, entretien du matériel, ravitaillement dans la région de Monneren, quelques

liaisons à Nancy, Thionville et Metz... Pas d'exercice en chars mais, dans l'hypothèse de contre-attaques ennemies, on effectue des reconnaissances, notamment dans la région de Bouzonville et de Mondorff-les-Bains, près du Luxembourg.

Le calme ambiant laisse beaucoup de loisirs qui sont consacrés à la pêche et surtout à la chasse où le lieutenant Adelmans brille tout particulièrement, approvisionnant la popote de force lièvres, perdrix et faisans.

D'autres genres de volatiles étant plus à craindre, la 2ᵉ compagnie reçoit l'ordre de mettre en place une équipe de mitrailleuse de DCA positionnée au sol, à proximité des chars. Se succédant à tour de rôle, le personnel est posté au matin et libéré en fin de soirée, au coucher du soleil. Cette méthode par roulement, préjudiciable au matériel de tir antiaérien, est aussi vécue comme une corvée par les hommes des chars. Plus tard sera adoptée la solution, beaucoup plus heureuse, d'une équipe spécialisée et permanente (➡ détails p. 50).

Quatre officiers de la 3ᵉ compagnie, de gauche à droite : sous-lieutenant Ferry (Besançon, 2ᵉ section) portant un veston de cuir noir ancien modèle de 1920 et un poignard de tranchée, sous-lieutenant Hamelin (Lille à cette date, 3ᵉ section), sous-lieutenant Pavaud (Savoie, 2ᵉ section), lieutenant Willig (Vosges, 3ᵉ section). Trois d'entre eux portent l'insigne nominatif en silhouette de char (➡ p. 173) cousu sur le côté droit de leur veston de cuir.

Quelques officiers de la 3ᵉ compagnie devant leur popote à Herméville (15 octobre-30 novembre 1939). De gauche à droite : lieutenant Pompier, lieutenant Robinet, lieutenant Willig, lieutenant Détroyat (SE) qui amuse la galerie, sous-lieutenant Gaudet (Tunisie, 2ᵉ section), sous-lieutenant Raiffaud (Indochine en remplacement de Bourgeois), sous-lieutenant Pavaud.

Le village d'Herméville abrite la 2e compagnie en novembre 1939. Sur la première photographie, on aperçoit dans le fond le char B1 bis Paris du sous-lieutenant Platrier.

TELLERMINE : UN ESSAI TRAGIQUE

Durant cette période, le général Bruneau fait procéder, dans une carrière près de Hombourg, à un essai de destruction de Tellermines par le tir de char B au canon et à la mitrailleuse. Résultats non probants : seul un coup heureux sur le détonateur fait sauter la mine. Sinon, même un obus de 75 peut la projeter en l'air à une vingtaine de mètres mais elle retombe sans éclater.

La démonstration a lieu devant un aréopage d'officiers, en particulier tout l'état-major de la 3e armée. Après chaque coup de canon, ces officiers vont constater l'effet sur la Tellermine, puis se remettent à l'abri tandis que deux artificiers replacent la mine. C'est alors que, au moment où l'un des deux remet en place le détonateur, la mine éclate entre ses mains, tuant les deux artificiers et le sous-lieutenant chef de char qui se tient à quelques mètres. L'équipage, à l'intérieur du char, n'est pas touché.

■ DIRECTION ÉTAIN ET LA 2e ARMÉE

À Metzeresche, plusieurs fausses alertes de départ sont données, avant que la véritable n'intervienne le 12 octobre 1939 : le 15e BCC doit rejoindre la région d'Étain sur le territoire de la 2e armée (général Huntziger).

Le bataillon sera acheminé en quatre fractions, trois par voie ferrée (les 1re, 2e et 3e compagnies — chars et personnels des sections de combat), une quatrième par la route : les échelons des trois compagnies et la CE.

La 2e compagnie doit partir la dernière du bataillon. Le lieutenant Lahaye organise le campement sous les ordres du capitaine Damon. Le détachement sur roues est commandé par le sous-lieutenant Le Blanc et les chars sont sous les ordres du capitaine Vaudremont. Départ des chars à 7 heures du matin le 15 octobre par l'itinéraire Kirsch, Rurange, Bousse, Mondelange, Hagondange. Une seule panne est à signaler.

L'embarquement sur voie ferrée s'opère aisément par quai en bout. Le général Bruneau vient jeter un coup d'œil sur l'opération qui, débutée à 9 h 30, est terminée à 11 h 30.

Le trajet en chemin de fer s'achève à Jeandelize, à l'ouest de Conflans-Jarny, à 14 heures. Utilisant sa voiture, Vaudremont gagne Jeandelize par Rombas, Moyeuvre et Conflans.

Le débarquement à Jeandelize s'effectue de 14 h à 15 h sans incident. Les chars gagnent Herméville sur chenilles par Olley, Saint-Jean, Buzy et Warcq. Ils sont parqués dans une allée du bois d'Herméville sur un sol spongieux et gorgé d'eau, ce qui procurera de sérieuses difficultés pour l'entretien.

■ 15 OCTOBRE-30 NOVEMBRE : À HERMÉVILLE

À Herméville, le cantonnement est très supérieur à celui de Metzeresche. Le pays est vaste et propre, les habitants accueillants.

Les équipages entretiennent leurs chars : il faut remplacer l'huile de ricin dont le ravitaillement est aléatoire par de l'huile minérale, ce qui nécessite une opération assez délicate. Les inévitables tranchées de DCA sont creusées dans un sol mouillé qui s'effondre rapidement. Les cadres effectuent des reconnaissances dans la région de Longuyon et Audun-le-Roman.

Le général Keller, inspecteur des chars, fait organiser des exercices avec chars utilisant la radio, d'abord à l'échelon compagnie puis à l'échelon bataillon et demi-brigade.

Seuls les chars semblent hanter le village, déserté par ses habitants évacués. Sur le second document plus rapproché, nous retrouvons au premier plan le Paris et en arrière plan, le Toulouse de l'adjudant-chef Barbier (à cette date), tous deux de la 2e section de la 2e compagnie.

NOTE

4. Parti à son corps défendant, Le Morzellec réussira à revenir dans une compagnie de chars en mai 1940, comme volontaire au moment de la bataille, donnant ainsi une belle preuve de patriotisme.

Coll. Anciens du 15e BCC

La DCA active est installée : un seul poste doit en principe protéger tout le bataillon cantonné dans le même village.

Le séjour à Herméville est agréable, mais le terrain détrempé fait obstacle à tout déplacement de chars. Il est même malaisé d'accéder au parc des engins et la plupart des équipages achètent dans ce but des bottes en caoutchouc.

Une escadrille anglaise d'avions de chasse Hurricane est stationnée à Rouvres, à l'est d'Étain. Après leur avoir rendu visite, les officiers français de la 2e compagnie invitent les officiers pilotes britanniques à la popote d'Herméville où un agréable repas leur est servi. Parmi les invités se trouve le pilote de chasse néo-zélandais E. J. « Cobber » Kain qui vient d'abattre son premier avion allemand et s'en montre particulièrement heureux.

À l'issue de ce repas très enjoué, les aviateurs britanniques veulent absolument conduire à leur popote vers minuit les officiers français qui doivent absorber force whisky et gin. Les Anglais sont tout heureux de fraterniser, la vie à Rouvres étant pleine d'ennui et l'activité peu fournie. Selon eux, RAF signifie simplement « rien à faire », en français of course.

Des déplacements à Verdun sont organisés ainsi que quelques liaisons à Nancy. À la fin du séjour, les premières permissions sont accordées : dix jours, voyage non compris. L'adjudant-chef Simon, le plus ancien de la 2e compagnie, peut ainsi se rendre chez lui en Bretagne.

Le général Huntziger, commandant la 2e armée, vient inspecter le bataillon et est accueilli par la fanfare du 17e BCP.

Le bataillon est vacciné contre la typhoïde, ce qui crée quelques indisponibilités passagères dans le personnel.

D'une façon générale, la vie en campagne s'organise et tout commence à tourner rond. Une amélioration est apportée dans le camouflage du matériel qui est exécuté rationnellement par des équipes du parc de chars d'armée. Jusqu'alors, il a été fait maladroitement par le soin des unités. Une innovation très appréciée de tout le bataillon est l'organisation, par le génial sous-lieutenant Le Blanc, d'un atelier photographique de campagne.

Avec des moyens de fortune et sans aide, Le Blanc monte un laboratoire de développement de campagne qui prospère rapidement. Un mois après sa création, l'atelier sert à toute la division et, malgré le prix très modique des travaux (prix très inférieurs à ceux du commerce), il dégage de substantiels bénéfices qui permettent à leur tour d'acheter des agrandisseurs et tout un laboratoire. Une centaine de milliers de francs sont brassés dans cet atelier en quelques mois.

La 2e compagnie a le regret de voir partir d'Herméville deux de ses cadres : le lieutenant Adelmans affecté à une unité en for-

Les sous-lieutenants Antoine et Fournier, en garde des chars à Herméville. Derrière eux au second plan, se profile un appareil de la 1re section (as de pique) de la 2e compagnie (carré blanc).

mation, le 41e BCC du commandant Malagutti, puis le lieutenant Le Morzellec, ingénieur aéronautique, rappelé par télégramme officiel à l'usine Bréguet à Toulouse [4]. En contrepartie, la compagnie s'enrichit du sous-lieutenant Naegel, jeune saint-maixentais alsacien dont l'instruction sur char B commence sur le champ et qui rend à l'unité les plus précieux services.

Après avoir failli être déplacé dans la région d'Eix près de Verdun, le bataillon quitte Herméville le jeudi 30 novembre, pour être envoyé aux environs de Châlons. Le déplacement s'organise comme le précédent : par voie ferrée pour les chars, tracteurs et gros véhicules, par la route pour les échelons sur roues.

Pour la 2e compagnie, le sous-lieutenant Picard assure le commandement du détachement précurseur. Après s'être rendus de 7 h à 8 h de Herméville à Étain, les chars sont embarqués sur trucks de 12 h à 14 h, derrière ceux de la 1re compagnie.

Le train arrive à Châlons-sur-Marne à 17 h et les chars débarquent de 17 h à 19 h. De là, par une nuit très noire, la 2e compagnie gagne, à 21 h, le petit village de Dampierre-sur-Moivre en passant par Châlons et Marson.

Les chars sont placés à 1 km au nord du village dans une carrière abandonnée. Par la suite, ils seront camouflés dans le village, à l'intérieur de granges inutilisées. ∎

Ci-dessous.
Le 15e BCC en visite au camp d'aviation anglais voisin de Rouvres, devant un Hurricane en cours de ravitaillement en essence. Sur la photographie du bas, le pilote en bonnet de police et blouson de vol, de profil à droite à côté du lieutenant Pérouse (Maroc, 3e compagnie) en képi, est probablement le néo-zélandais E. J. « Cobber » Kain. Il deviendra le premier as de la RAF de la Seconde Guerre mondiale, avant de se tuer en effectuant des tonneaux à basse altitude au-dessus du terrain d'Échemines le 7 juin 1940.

Coll. Anciens du 15e BCC

Coll. Anciens du 15e BCC

Tous documents, coll. Anciens du 15ᵉ BCC

Le 23 novembre 1939,
la fanfare du 17ᵉ BCP accueille
à Herméville le général
Huntziger, commandant
la 2ᵉ armée, lors d'une
inspection du 15ᵉ BCC.
Sur le perron de ce qui semble
être l'hôtel de ville faisant
office de PC, le commandant
Bourgin et ses officiers
attendent son arrivée.
(ci-dessus en gros-plan,
on reconnaît Bourgin à gauche
sur le perron avec les sous-
lieutenants Pagnon, du Corse,
et Antoine, du Cantal).

Malgré la saison, la fanfare
du 17ᵉ BCP joue en vareuse,
afin de découvrir entièrement
sa tenue bleue (➡ p. 44).
En temps de paix, les RCC
disposent de petites fanfares
mais celles-ci disparaissent
au moment de l'éclatement
des RCC en BCC formant
corps. Au sein des brigades
(puis des divisions) cuirassées,
les fanfares des chasseurs
portés sont donc seules
en mesure d'assurer la partie
sonore du cérémonial militaire.

LA QUESTION DU RAVITAILLEMENT DES CHARS B ET LE TRACTEUR (TRC) LORRAINE 37 L

La toute première remorque de ravitaillement Schneider pour char de bataille, celle accompagnant le prototype SRB de 1924, ne transporte que 600 litres et comporte en outre deux banquettes pour chacune quatre hommes.

Les trois premiers prototypes de char B (ici le n° 101) sont dotés de remorques analogues, mais pour 800 litres d'esssence et les ingrédients d'entretien correspondants, plus « six hommes avec leurs paquetages ainsi que ceux de l'équipage. Les remorques sont organisées pour être attelées en train de deux ou trois remorques derrière un char haut le pied pendant le combat ». Jugées inutiles, les banquettes seront supprimées à la suite d'essais conduits en octobre 1931.

Les remorques Schneider accompagnant les chars B1 de série sont munies de pneumatiques increvables, une formule essayée à partir de fin 1935.

Ci-dessous, deux d'entre elles en position de route dans la cour du quartier du 511ᵉ RCC à Verdun.

À droite, au camp de Suippes en 1937, trois remorques pour chars B1 sont visibles, surchargées de bidons réglementaires de 50 litres et de divers impedimenta.

Dès le début des années vingt sont adoptés des véhicules spéciaux capables de ravitailler les chars, à proximité immédiate du champ de bataille, en essence et en ingrédients.

LA SOLUTION INITIALE a consisté à doter les chars de combat de remorques. Les premières, commandées à 229 exemplaires chez Renault, sont destinées au petit char FT mais, dès le lancement du programme du char de bataille, l'idée est développée sous l'impulsion du général Estienne qui entend bien donner à ce char la plus grande autonomie possible : le prototype du SRB (marché Schneider) est présenté avec une remorque comprenant non seulement du ravitaillement mais aussi deux banquettes pour le transport de combattants. La formule est poursuivie sur les trois prototypes de char B.

Puis une « *remorque de ravitaillement pour char B1* », transportant essence et ingrédients (mais pas de personnel), est construite en série sur roues à pneumatiques. Avec une capacité de 800 litres d'essence, la remorque-citerne apporte au char B1 de 21 h à 30 h d'autonomie, au lieu de 8 h à 10 h sans remorque.

Cette solution, qui avait d'abord semblé s'imposer à l'issue des exercices combinés de l'automne 1932 auxquels participèrent les trois prototypes du char B [1], soulève d'autres questions qui seront

réglées par le colonel Bruneau, premier utilisateur de ces chars à l'échelle du bataillon, peu avant guerre :

« *Lorsqu'une unité est dotée de remorques [...], il y a lieu de prévoir, avant l'engagement, le mode d'utilisation et de récupération de ces remorques après le départ des chars :*

— soit : traction de toutes les remorques par une compagnie réservée ;

— soit : regroupement des remorques en un point fixé par le chef de bataillon, au moyen des tracteurs de la compagnie d'échelon [tracteurs lourds Somua MCL, NDLA] *;*

— soit : récupération en fin de combat, des remorques laissées sur place, par quelques chars de chaque compagnie : un char par section. »

En fait, deux ans *avant* que cette note ait été écrite, la lourdeur des contraintes tactiques liées à la remorque de char en a déjà fait abandonner le principe : en 1936, les premiers B1 *bis* sont commandés sans remorque (et donc sans crochet arrière). Cependant, Bruneau émettra ultérieurement un avis nuancé au sujet de cette suppression : « *il est hors de doute que, dans la vie courante, ces*

---

1. La composition de la future compagnie de chars B avait été arrêtée à dix appareils plus divers véhicules de servitude dont une « *voiture tous terrains pour remorquage des remorques lorsque les chars sont engagés* ». Lorsque le II/511ᵉ RCC (futur 37ᵉ BCC) sera complet à 34 chars, il aura sa dotation normale de 10 remorques par compagnie.

LA CHAÎNE DU RAVITAILLEMENT EN CARBURANT AU SEIN DU BATAILLON

Au niveau du bataillon de chars B, l'approvisionnement est constitué en 1940 pour quatre « jours d'essence » [1] :

— le premier est celui existant dans les réservoirs des chars (soit 4 000 litres par compagnie de 10 appareils) ;

— le deuxième, dans les remorques des tracteurs de ravitaillement (6 fois 565 litres, soit 3 390 litres par compagnie), est susceptible de ravitailler les chars en tous terrains ;

— le troisième, placé dans le camion citerne (ou camion de bidons d'essence) de la compagnie, est de l'ordre de 3 600 litres et constitue un jour d'essence de réserve ;

— le quatrième, transporté en bidons par les camions bâchés de la compagnie d'échelon du bataillon, est censé remplacer le deuxième, ou éventuellement passer directement dans les chars si les conditions opérationnelles le permettent, ceci afin d'éviter au maximum les transbordements.

_____

1. Notion toute théorique, basée sur la donnée initiale d'une consommation du char B de la totalité de ses réservoirs (400 litres) en 8 heures. En pratique, le « jour d'essence » ainsi calculé s'est trouvé réduit à environ 5 h 30 de moteur (➡ détails pp. 10-11). C'est ce que l'on a appelé par la suite le « drame du rayon d'action ».

Les TRC font, à leur tour, leurs pleins de ravitaillement, soit auprès du camion citerne de compagnie (uniquement en cas d'urgence absolue), soit de préférence auprès des camions d'essence de la CE du bataillon (des 5 t bâchés) sur lesquels le carburant est transporté en bidons de 50 litres. La présence ici d'une citerne sur le tracteur est peut-être une erreur du dessinateur mais on ne saurait exclure qu'un chef de section d'échelon ingénieux du 15e BCC ait fait aménager une citerne supplémentaire sur tracteur Lorraine.

remorques sont aussi gênantes que le sac du fantassin, mais si dans la bataille de mai 1940 mes bataillons de chars avaient eu ces remorques qu'ils auraient pu parquer avant d'arriver dans la zone de combat pour constituer un centre de ravitaillement, je crois que ma division [1re DCR] aurait eu un bien meilleur rendement » [2].

■ L'APPARITION DU TRACTEUR DE RAVITAILLEMENT

Si l'idée de la remorque pour chars est marquée au sceau du général Estienne, la solution qui prévaudra finalement est d'une autre inspiration : elle vient de l'équipe chargée de l'étude du char D1, matériel qui n'avait pas la faveur du Père des Chars.

Au tout début des années trente, dans le cadre des futurs bataillons de chars D, le Ministère met en commande une cinquantaine de tracteurs de ravitaillement semi-chenillés Citroën-Kégresse P 17

_____

2. Audition devant l'Assemblée nationale, 6 juillet 1948.
3. Construit à 260 exemplaires. Les retards à la production seront tels que les premiers TRC 36 R de série ne sortiront qu'en août 1939.

munis d'une citerne. Puis, ces véhicules ne donnant guère satisfaction, il est prévu de les remplacer par le « tracteur de ravitaillement pour char D1 » Renault ACD 1 dont le prototype, sorti en 1934 et dérivé de la chenillette de ravitaillement d'infanterie UE, est acheté par l'armée en 1935.

En avril 1936, « pour parer au besoin urgent de donner aux unités de chars [modernes de tous types, et non plus seulement les chars D1] les moyens de ravitaillement qui leur sont indispensables », il est décidé, d'une part de passer une première commande à Renault — son modèle ACD 1 étant adopté sous le nom de tracteur de ravitaillement de chars (TRC) modèle 36 R [3] — et d'autre

Pour preuve du système D régnant un peu partout aux armées, ce TRC 37 L n° M 40 0... de la 3/15e BCC, photographié à Herméville le 25 novembre 1939 avec du personnel de la 2e section, a été doté d'une chèvre de fortune réalisée en rondins. Ce dispositif autorise certaines manœuvres de force sans devoir recourir aux lourds tracteurs de dépannage Somua MCL (➡ pp 36-37) de la compagnie d'échelon.

Sur ce splendide document, le sous-lieutenant Jacques Le Blanc, chef de la section d'échelon de la 2/15e BCC, pose sur l'aile du tracteur n° M 40 051, l'un des six TRC de sa SE. La « chenillette » (c'est ainsi que le personnel désigne usuellement les TRC) Lorraine 37 L arbore un fanion dont la signification nous est inconnue et, à l'arrière de la benne, le triangle de remorque réglementaire jaune sur carré bleu.
Même en plein village — ici à Herméville —, la boue est impressionnante.

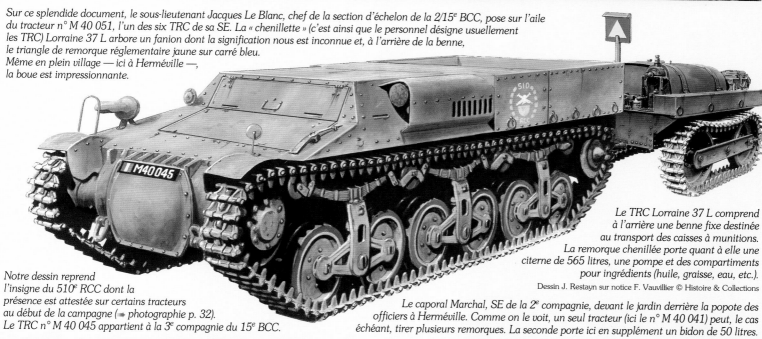

Le TRC Lorraine 37 L comprend à l'arrière une benne fixe destinée au transport des caisses à munitions. La remorque chenillée porte quant à elle une citerne de 565 litres, une pompe et des compartiments pour ingrédients (huile, graisse, eau, etc.).

Dessin J. Restayn sur notice F. Vauvillier © Histoire & Collections

Notre dessin reprend l'insigne du 510e RCC dont la présence est attestée sur certains tracteurs au début de la campagne (➡ photographie p. 32).
Le TRC n° M 40 045 appartient à la 3e compagnie du 15e BCC.

Le caporal Marchal, SE de la 2e compagnie, devant le jardin derrière la popote des officiers à Herméville. Comme on le voit, un seul tracteur (ici le n° M 40 041) peut, le cas échéant, tirer plusieurs remorques. La seconde porte ici en supplément un bidon de 50 litres.

*Personnel de la section d'échelon de la 2/15ᵉ BCC à Dampierre-sur-Moivre
devant un de leurs tracteurs Lorraine 37 L, passablement enneigé.*

part de poursuivre la réalisation de prototypes dérivés des nouvelles chenillettes d'infanterie envisagées dans le cadre du remplacement de la Renault UE, et qui répondraient « *mieux que le tracteur Renault aux exigences particulières du ravitaillement des chars modernes* ». Le programme de spécifications des tracteurs de ravitaillement de chars futurs est arrêté le 17 avril 1936.

■ LE TRC LORRAINE 37 L

Des cinq concurrents en lice pour la chenillette d'infanterie nouveau modèle (Berliet, Fouga, Hotchkiss, Lorraine et Renault), le constructeur de Lunéville est le premier à se manifester, et il sera le seul à offrir la double solution pressentie : sur la même base structurelle et mécanique, Lorraine présente, le 23 avril 1937, une chenillette de ravitaillement d'infanterie et, le 9 juillet, un tracteur de ravitaillement de chars.

Les deux prototypes Lorraine, blindés à 6 mm sur les parois horizontales et à 9 mm sur les verticales, diffèrent essentiellement par leur longueur : la chenillette d'infanterie, plus courte, ne comporte

de chaque côté que deux chariots (quatre galets), tandis que le TRC est à trois chariots (six galets). D'emblée, ils font la preuve de leurs qualités et sont adoptés tous deux fin 1937 [4], sous réserve de modifications mineures à apporter aux engins de série. Pour la version qui nous intéresse ici, le TRC modèle 37 L, les trois premiers marchés, notifiés en 1938, portent sur un total de 278 exemplaires, suivis de 174 autres, en deux marchés en 1939, auxquels s'ajoutera en septembre 1939 un marché additionnel de 100 TRC [4]. Ces importantes commandes, suivies à terme d'une production de régime de 70 exemplaires/mois dont 20 à 30 à construire par les établissements Fouga à Béziers, visent à assurer les dotations de toutes les unités de chars modernes, de l'infanterie et de la cavalerie.

---

4. La version courte de ravitaillement d'infanterie est commandée à 100 ex. début 1939 mais, afin de limiter les modèles différents dans chaque emploi, cette commande est transformée, à la mobilisation, en un marché complémentaire de 100 TRC.

Le chasseur Cornillon et son TRC Lorraine 37 L, de la 3/15ᵉ BCC, le 20 septembre 1939 dans la forêt de Tunting. On voit très clairement l'insigne du 510ᵉ RCC peint sur son flanc droit. Cet insigne disparaîtra sans doute assez rapidement, comme ce sera le cas sur les chars qui l'ont un moment arboré (Aquitaine ➡ p. 63 et Lyon ➡ pp. 96-97, entre autres). Au premier plan, la grande bâche du tracteur, camouflée par du feuillage, fait office de tente-abri pour l'équipage.

■ DOTATION ET EMPLOI

Pour les bataillons dotés de chars B, il est prévu 18 TRC par BCC à raison de six tracteurs par compagnie de combat, c'est-à-dire deux par section « *permettant de faire le plein des trois chars en quelques minutes, grâce aux pompes dont étaient munis les tracteurs* »[5]. Mais cette dotation théorique est jugée notoirement insuffisante par le GQG : « *Lorsqu'arrivèrent les tracteurs destinés à la 3e DCR* [à la veille de l'attaque allemande ; il n'y en avait alors que 12], *le GQG donna l'ordre de réaliser immédiatement, dans les deux premières divisions cuirassées, la dotation qu'il avait décidée (trois tracteurs à chaque section, augmentant ainsi de 50 % des besoins que ne couvrait aucune commande en usine).* »[6]

Cette mesure exceptionnelle s'explique par le fait que la 3e DCR n'était pas, à ce moment, considérée comme utilisable, mais aussi et surtout par la véritable hantise du commandement de voir les chars B engagés tomber en panne d'essence.

En service, le TRC Lorraine sera apprécié : protection correcte, possibilités tous terrains suffisantes, l'engin « *se déplaçant généralement dans une formation en colonne, sur itinéraire reconnu. Il s'écarte peu des chemins lorsqu'il se porte en avant, généralement de nuit, pour ravitailler les chars* ». L'auteur de ce rapport, le colonel breveté François, préconise d'armer le TRC d'une 7,5 mm et de porter sa vitesse à 50 km/h « *pour lui permettre de suivre sans difficulté, en formation de route, les trains de combat sur roues* [et] *lui ménager la possibilité de se protéger par sa vitesse, en cherchant à échapper aux chars ennemis qu'il peut rencontrer. Étant moins armé, il doit être plus rapide qu'eux.* »

On verra, à la 3/15e BCC, le montage *ad hoc*, le 16 mai 1940, d'un jumelage de deux mitrailleuses monté en DCA — probablement des Hotchkiss de 8 mm dont chaque compagnie est dotée pour cet usage — sur un tracteur Lorraine (➧ lire p. 74). De manière plus prosaïque, relevons aussi le 17 juin alors qu'il n'existe plus que deux chars B au bataillon, l'emploi de TRC Lorraine avec des MAC 31 de chars « *tenues à la main car il n'y a pas d'affût* » (➧ lire p. 152).

FV ■

Ce très rare document montre le ravitaillement en campagne d'un char B1 bis par un TRC Lorraine 37 L (ici le n° M 40 052), tous deux de la 3/15e BCC. Juché sur le tracteur, le sous-lieutenant Bourgeois, chef de char de l'Indochine à la mobilisation (avant sa mutation dans un autre bataillon), surveille les opérations. La tourelle de son char (➧ détails pages 80-81) offre ici une vue parfaite de sa croix de Lorraine et de son camouflage tracé avec application.

5. Général Devaux, ancien chef d'état-major de la 3e DCR, audition du 23 décembre 1948 devant l'Assemblée nationale. Sa formule est très optimiste : les essais effectués à Vincennes en octobre 1937 indiquent un remplissage des 565 l de la remorque en un peu moins de 15 mn, avec la pompe Vulcano équipant la remorque. Et, selon le général Bruché, il fallait de 40 à 60 mn à un TRC pour remplir un char vide.

6. *Ibid.* Le général Devaux ajoute plus loin que les 12 TRC existants à la 3e DCR le 10 mai 1940 ont été effectivement passés à la 1re DCR, et aucun à la 2e. La dotation modifiée par le GQG, si elle n'a pu être que très partiellement mise en place, est confirmée par un petit carnet de notes du lieutenant Devos, officier de renseignements du 15e BCC, qui indique, dans l'organisation-type de la compagnie de chars B, la présence de neuf tracteurs dont six à la section d'échelon et un (en théorie, dotation non réalisée) à chaque section de combat.

CARACTÉRISTIQUES DU TRC LORRAINE 37 L

	Tracteur	Remorque
Poids mort en ordre de marche :	5 240 kg	1 200 kg
Charge utile	810 kg	690 kg
Longueur :	4,20 m	2,70 m
Largeur :	1,57 m	1,55 m
Hauteur :	1,215 m	1,30 m
Garde au sol :	0,30 m	0,30 m
Voie :	1,33 m	1,33 m
Moteur : Delahaye 135, 6 cylindres de 3 556 cm³		
Puissance : 70 ch à 2 800 t/mn		
Vitesse maximale : 35 km/h		
Franchissement de coupure à bors francs : 1,30 m		
Franchissement d'un gué : 0,60 m		
Gravissement : rampe maximum de 50 %		

Au besoin, la benne du tracteur permet le transport d'hommes assis (jusqu'à sept). Ici, le médecin lieutenant Royer, du 15e BCC, noté pour sa corpulence, se risque à embarquer « dans le taxi », selon la légende originale du sous-lieutenant Platrier.

Coll. Anciens du 15e BCC

CHAPITRE DEUX

L'ATTENTE
(30 NOVEMBRE 1939 - 9 MAI 1940)

Le Madagascar à Dampierre-sur-Moivre devant la grange d'une scierie, lui servant probablement d'abri au besoin.

Du 30 novembre 1939 jusqu'à l'attaque allemande, le 15e BCC cantonne dans le département de la Marne, à proximité des camps de Suippes et Mourmelon où se constituent progressivement les grandes unités cuirassées.

DURANT TOUTE CETTE PÉRIODE, et jusqu'à son départ en campagne le 14 mai 1940, le stationnement du 15e BCC est le suivant :
— état-major et compagnie d'échelon à Marson ;
— 1re compagnie de combat à Francheville ;
— 2e compagnie de combat à Dampierre-sur-Moivre ;
— 3e compagnie de combat à Saint-Jean-sur-Moivre.
Son homologue le 8e BCC est à Coupeville, Moivre et Poix, tandis que les chasseurs portés du 17e BCP stationnent à Courtisols.
L'hiver 1939-1940 est marqué par divers événements.
Tout d'abord, il est mis à profit pour l'instruction de détail de la troupe et des cadres. Il donne lieu à des manœuvres de section et de compagnie, et une campagne de tirs réels à Suippes.
Le 16 janvier 1940, la 2e brigade cuirassée est complétée et transformée pour former la 2e division cuirassée (2e DCR) [1] sous les ordres du général Bruché, ancien commandant de l'École des chars de Versailles, secondé par le colonel Perré.

___
1. Le sigle officiellement retenu pour les divisions cuirassées comporte la troisième lettre R uniquement pour éviter la confusion avec les DC (divisions de cavalerie). On rencontre parfois la forme DCu ou la forme DCr. La transcription « *division cuirassée de réserve* » très souvent rencontrée dans les écrits postérieurs aux événements, est impropre.

Coll. Anciens du 15e BCC

Le général Bruché commandant la 2e DCR à sa création le 16 janvier 1940.

La 2e DCR se compose, outre des 8e et 15e BCC équipés de chars B1 *bis*, des 14e et 27e BCC sur chars légers Hotchkiss H 39 (bataillons à recrutement majoritairement breton et vendéen issus du 505e RCC de Vannes), des chasseurs portés du 17e BCP, des artilleurs du 309e RATTT de Strasbourg, et d'éléments du génie, du train, des transmissions et des services.

■ INSTRUCTION ET PRÉPARATION AU COMBAT

Mais revenons au 15e BCC. Stationnés initialement à l'extérieur des villages (la 2e compagnie est à 1 km au nord de Dampierre), les chars sont ramenés, à la demande des commandants de compagnie, dans les localités mêmes. Ils sont camouflés dans les granges inoccupées et sous des hangars existants ou improvisés. Cela simplifie la garde si impopulaire et les déplacements, et permet de combattre plus facilement le froid : il fait entre − 20° et − 30° au plus bas.
À la 2e compagnie, des terrains auxiliaires de manœuvre sont recherchés avec le maire de Dampierre sur le territoire de la commune. Pour l'ensemble de la 2e DCR, un camp est organisé dans les terrains de la Haute-Moivre où ont lieu des exercices de sections, de compagnies, de bataillons et de division. Cette instruction profite tout particulièrement à la formation de nouvelles unités de chars B.
La 2e compagnie par exemple, en arrivant à Dampierre, possédait dix à douze pilotes, autant de radios et de chefs de chars. Durant la période d'attente, de nombreux membres du bataillon sont mutés dans les unités en formation (en tout, sept chefs de char ou de section, neuf pilotes, trois aides-pilotes, deux radios, un dépanneur), ce qui n'empêche pas le développement du niveau de formation : toujours à la 2e compagnie, le 10 mai 1940, tous les aides-pilotes peuvent remplacer les pilotes, les chefs de chars savent conduire l'appareil et bien des pilotes et aides-pilotes connaissent la radio.

Coll. Anciens du 15e BCC

Coll. Anciens du 15e BCC

Parmi les nombreux personnels expérimentés du 15e BCC versés avant mai 1940 dans des bataillons de nouvelle formation, voici trois cadres de la 2e compagnie. À gauche, le sergent Mathis et l'adjudant-chef Simon (Algérie à cette époque), mutés au 49e BCC, périront dans le Gaillac. À droite, le lieutenant Lahaye, après avoir commandé la SE 2 puis la 2e section de combat sur l'Anjou, sera également muté. Peut-être cette photo-souvenir est-elle prise peu avant ou le jour même de leur départ du bataillon ?

L'église de Marson, où cantonnent l'état-major et la compagnie d'échelon du 15e BCC jusqu'au 14 mai 1940.

La 2e DCR est la seule des divisions cuirassées à disposer effectivement du groupe aérien d'observation qui lui est organiquement attribué. Son groupe, le GAO 546 basé à Sézanne, compte neuf appareils dont six triplaces Potez 63/11 (seulement quatre disponibles) et trois appareils anciens Bréguet 27. Le GAO 546 perdra deux appareils au cours de la campagne : les Potez 63/11 n° 584 (photo ci-dessous) abattu en combat aérien le 15 mai avec deux blessés, et le n° 229, abattu par la Flak le 25 mai, équipage indemne.

Le sous-lieutenant Picard, de la 2/15e BCC, lors de son baptême de l'air effectué le 21 mars 1940 à bord d'un Potez 63/11.

Coll. Anciens du 15e BCC

Coll. Anciens du 15e BCC

L'instruction de la section va croissant : au début de la campagne, un chef de section est simplement un chef de char auquel on a accolé deux autres appareils. Par la suite, il prend conscience de son rôle et devient responsable de ses subordonnés, de leur instruction, de son matériel. Il doit prendre des initiatives. Au combat malheureusement, le manque de chars de remplacement bouleversera l'organisation et empêchera les sections de fonctionner normalement.

Une émulation bien comprise pousse les chefs de chars à aménager l'habitacle du char B, en particulier le siège du chef de char (➠ croquis p. 18). Certains le confectionnent en bois ; le

sous-lieutenant Picard le relie à la tourelle ; d'autres utilisent un nouveau modèle, mais aucun ne conserve le siège qui a été donné au départ en campagne à Nancy.

D'autres aménagements intéressants sont apportés par l'inventif Platrier (passé lieutenant), un centralien qui inscrit à son actif :

— une méthode de pointage du 75 qui est généralisée dans les chars ;

— une méthode de pointage du 47 par le chef de char en position dans le tourelleau ;

— un système de mise en route du char utilisant une bouteille d'air comprimé destinée à un autre usage. La bou- *(suite p. 38)*

Le commandant Saget, patron du GAO 546 de la 2e DCR et pilote de Potez 63/11, en tenue de vol, également le 21 mars 1940.

35

LE DÉPANNAGE DES CHARS B ET LE TRACTEUR SOMUA MCL 5

28 mars 1940 : le Tunisie du sous-lieutenant Michel Gaudet, (2e section de la 3e compagnie) s'embarque pour Mourmelon, en vue de sa révision complète. Le déplacement par route s'effectuera sur une remorque de dépannage de 30 tonnes traînée par un Somua MCL dont le numéro est hélas illisible. Au second plan se profile une camionnette bâchée 1,5 t Citroën type 23 toute neuve dont le bataillon vient de percevoir un lot, en remplacement de ses pauvres fourgonnettes provenant de la réquisition.

Dans les bataillons de chars B, le véhicule de dépannage est un tracteur tous terrains qui doit être suffisamment puissant pour pouvoir haler un appareil en panne et le tracter sur remorque.

D ANS CETTE PERSPECTIVE, le prototype du tracteur semi-chenillé lourd Somua M 22 CL 5 présenté en septembre 1934 à l'artillerie, est acheté au printemps 1935 au titre des chars, comme véhicule de dépannage. C'est le premier d'une série qui sera poursuivie jusqu'en 1940.

Mécaniquement, les MCL 5 connaissent une certaine évolution, affectant principalement le propulseur et le moteur. Pour le premier, la chenille souple Kégresse équipant les prototypes est jugée trop faible pour des véhicules de ce tonnage. On lui substitue fin 1935 une chenille à patins métalliques reliés par des axes en acier cémenté et garnis de blocs de roulement caoutchoutés. Quant au moteur, Somua en obtient d'abord 80 ch, puis 85 ch pour 6 250 cm^3 (moteur M 22), et enfin 90 ch pour 6 558 cm^3, par réalésage.

Matériel standard de 1939-1940 à raison de trois tracteurs par

Le lieutenant Willig (Vosges), à gauche en képi, devant une remorque de dépannage de 30 tonnes. Il s'agit d'un gros plateau genre ferroviaire sur roues d'acier à bandages caoutchouc, muni à l'avant de deux cabestans, d'un rouleau de treuillage et de deux manettes de frein. En position de route, les rampes de chargement sont placées l'une derrière l'autre (comme on le voit ici) entre les chenilles du char. Ces remorques sont construites par la CGCEM (Titan) et par la société Coder, cette dernière ayant attaché son nom au modèle car elle en a réalisé le prototype.

Cette vue arrière de l'un des tracteurs Somua MCL 5 du 15ᵉ BCC (garage de la compagnie d'échelon à Marson en hiver 1939-1940) met bien en évidence le détail de la bâche, qui est à demi-ôtée. Cette disposition permet de se livrer aux manœuvres sans être gêné, tout en protégeant partiellement matériel et dépanneurs. Sur la partie du plancher ici protégée sous la bâche se trouve le treuil, d'une force de 7,5 t. Le tracteur est muni, à l'avant droit du plateau, d'une grue de chargement Gauthier repliable (ici déployée) de 1,5 t, et à l'arrière d'une chèvre démontable de 2 t et 4 m de portée. Ces différents agrès permettent de déposer tous les organes pesant jusqu'à 2 tonnes : canon de 75 et son affût (➡ photo p. 19), plaques de blindage de toit, appareil Naëder, moteur, boîte de mécanisme, radiateur.

Coll. Anciens du 15ᵉ BCC

bataillon B (dotation théorique), le Somua MCL est, cependant, nettement insuffisant pour le dépannage et l'entretien en campagne d'un char dépassant 30 tonnes, comme le B1 bis. C'est pourquoi il devait être remplacé par des tracteurs plus puissants, à roues multiples : à titre transitoire, le Laffly S 45 T (six roues, 110 ch, une douzaine sortie en mai 1940 pour affectations diverses), et à terme, l'impressionnant Latil M4 TX (huit roues, 140 ch, au stade de prototype en 1940), capable de remorquer aisément 100 tonnes et seul en mesure de tracter un char B1 bis en panne, même chenilles bloquées.

■ LA REMORQUE DE 30 TONNES

Cette remorque porte-char lourde, dont la construction en série a débuté peu avant la guerre, est spécifiquement destinée au dépannage, c'est-à-dire au transport de chars incapables de se mouvoir par leurs propres moyens. En effet, la question du « porte-char » à vocation stratégique (déplacement rapide sur route d'unités de chars), qui avait été résolue dès le début des années vingt pour les chars légers Renault FT très lents, ne se posait pas pour les chars B puisque ceux-ci devaient posséder, au moment du programme de 1926, la vitesse du camion sur route (à l'époque, environ 20 km/h). Quinze ans plus tard, la mobilité des armées avait considérablement évolué, mais pas celle des unités de chars B [1]. En 1940, chaque bataillon B est doté de trois remorques de 30 t.   FV ■

1. Il avait été cependant envisagé, en 1931, de transporter par route sur longue distance le prototype du char B sur une remorque L&G de 25 t munie de pneumatiques basse pression Michelin avec tracteur FAR X4 TN, (30 km/h de moyenne), l'ancêtre de nos « maxi-codes » routiers modernes.

CARACTÉRISTIQUES DE L'ENSEMBLE DE DÉPANNAGE		
	Somua MCL5	Remorque 30 t
Poids mort en ordre de marche :	10 900 kg	10 500 kg
Charge utile	2 500 kg	30 000 kg
Longueur :	5,48 m	9,15 m
Largeur :	2,10 m	2,68 m
Hauteur (avec grue) :	3,00 m	0,83 m
Voie :	1,63 m	1,18 m AR
Moteur : Somua M 23, 4 cylindres de 6 558 cm³		
Puissance : 90 ch à 2 000 t/mn		
Vitesse maximale :	31 km/h*	20 km/h

* Tracteur haut le pied

Le Tunisie sur sa remorque de 30 t. Le tracteur Somua MCL, masqué par le panneau d'entrée du village de Saint-Jean-sur-Moivre où cantonne la 3ᵉ compagnie, s'apprête à prendre l'ensemble en remorque.

Coll. Anciens du 15ᵉ BCC

Tous documents, coll. Anciens du 15ᵉ BCC

Le Maroc du lieutenant Pérouse en facheuse posture, antenne brisée, aile droite arrachée. On voit sur la tourelle l'as de carreau (3ᵉ section), probablement rouge (3ᵉ compagnie). Le Maroc est détaillé p. 89.

(suite de la p. 35) teille du Viet est trop faible et donne des déboires ;

— un casier additionnel de cinq obus de 47 dans la tourelle, prêt à être utilisé rapidement.

La révision systématique des chars est organisée à Mourmelon par le lieutenant-colonel Bru, commandant le parc d'engins blindés (PEB) 101 et successivement tous les chefs de chars et tous les équipages y partent pour faire réviser leurs appareils. Le séjour moyen dure environ un mois. Durant ce temps, les équipages sont logés au camp et, tous les jours, vont aux ateliers suivre et aider les spécialistes à démonter et remonter entièrement le char.

■ LES DANGERS DU GRAND FROID

Cette instruction est très profitable, mais certains voyages par − 20° dans la nuit, de Dampierre à Mourmelon, resteront gravés dans les mémoires, de même que les glissades des chars sur la route... et jusque dans les maisons.

Voilà ce qui arriva, par exemple, au lieutenant Pérouse de la 3ᵉ compagnie (char *Maroc*) : « l'entraînement se poursuivait, notamment sous la forme de fréquents exercices. Il se fallut de peu que l'un de ceux-ci ne mette fin d'une manière assez horrible à ma carrière aussi bien civile que militaire. Le froid cet hiver, singulièrement dans cette région, était particulièrement vif. Nous ne nous déplacions pas moins.

C'est ainsi qu'un certain matin nous faisions route en file indienne, mon char, le fidèle *Maroc* en tête, sur une petite route de campagne. Suivant le règlement, j'étais assis sur la porte de ma tourelle.

Soudain mon pilote s'arrête, la chaussée verglacée à cet endroit lui paraît trop glissante pour un engin tel que le nôtre. Bien entendu, je descends de ma tourelle, et nous nous concertons. Le demi-tour paraissant impossible et la route à la limite praticable, il n'est, semble-t-il, d'autre solution, que d'aller de l'avant, à très petite vitesse. C'est ce qui est décidé, et j'entreprends de guider à pied la progression du char. Sur les premiers mètres tout se passe bien, mais après quelque temps la déclivité transversale devenant un peu plus forte, les trente tonnes du *Maroc* se mettent d'abord imperceptiblement, puis plus vite, à glisser latéralement vers le bord de la route. Rien malheureusement ne les y retenant, la glissade de côté se poursuit inexorablement sur le talus qui descend en pente douce vers un pré situé quelque peu en contrebas. Quelques instants plus tard, entraîné par sa lourde tourelle, mon pauvre *Maroc* se retrouve les chenilles en l'air. L'on imagine mon émotion. Grâce au ciel, le moteur ayant été arrêté immédiatement, aucun incendie ne se déclare. Le basculement s'est produit en douceur, personne n'est blessé à l'intérieur du char et après un beau travail de dépannage, nous rejoignons le reste de la colonne. Je songe à ce qui me fût arrivé si notre pilote n'avait pas arrêté le char à temps et, avant que je n'ai pu descendre de ma tourelle, je m'étais trouvé sous ces trente tonnes d'acier. »

Les équipages sont entraînés plus à fond à vivre en campagne et en bivouac. Ils le sont déjà depuis le début de la guerre mais les expériences s'accentuent : par exemple, le sous-lieutenant Picard (2/15ᵉ BCC), fait bivouaquer sa section une journée entière (nuit incluse) en plein hiver par − 15°.

Des corvées de bois sont organisées, car il fait un froid extrême et la quantité de charbon touchée est insignifiante. Les hommes qui couchent au début dans les granges peuvent finalement tous être logés dans des chambres abandonnées du village. Ils se construisent alors des lits sommaires et ne doivent pas ainsi garder un trop mauvais souvenir de leur hiver 1939-1940. Il y a même des distractions : fête du bataillon et de la division, dont l'une, au camp de Suippes, est organisée par le commandant Larzul avec le concours de grands artistes français : Madeleine Renaud, Blanche Montel, Jaboune, Bordas, Charpini et Brancato, etc.

Des équipages de la 3e compagnie affairés autour de caisses à munitions. À l'extrême gauche, on reconnaît le sous-lieutenant Raiffaud (Indochine).

À la 2e compagnie, de gauche à droite : sous-lieutenant Platrier, capitaine Vaudremont, sous-lieutenant Picard, doté lui aussi de très sérieuses moufles en peau fourrée.

Le lieutenant Dumontier de la 2e compagnie, porte une splendide combinaison de toile d'achat personnel, recouvrant et protégeant ses effets de drap et de cuir, et une paire de moufles en peau fourrée. L'élégant Dumontier a particulièrement soigné son paquetage de guerre, à base d'effets aussi éloignés que possible des modèles réglementaires (➡ photographie p. 103).

ÉQUIPAGES DANS LA NEIGE

À la 3e compagnie, les sous-lieutenants Raiffaud (Indochine) à gauche et Ferry (Besançon) à droite, lors d'une pause cigarette.

Le Paris du sous-lieutenant Platrier et deux membres de son équipage, à Dampierre-sur-Moivre, en stage de survie par grand froid.

Tous documents, coll. Anciens du 15e BCC

219
OUESSANT
(Char du commandant de la 3ᵉ compagnie du 15ᵉ BCC fin 1939)

Char muté au 8ᵉ BCC le 18 avril 1940, remplacé par le *Mistral* (➡ p. 91).

Coll. Anciens du 15ᵉ BCC

Le Ouessant, tapi dans la forêt de Tunting sous un camouflage naturel, entre le 17 et le 24 septembre 1939. À gauche, sergent-chef Colment (pilote) et à droite en képi, le sergent Ducret. Sur le glacis avant du char, on lit distinctement un second nom de baptême rajouté, Redoutable. Il existe, simultanément, un autre char baptisé Redoutable, le n° 247, au 8ᵉ BCC.

Coll. S. Bonnaud

Coll. S. Bonnaud

Vareuse en toile kaki (effet facultatif de tenue d'été) d'un capitaine du 510ᵉ RCC, confectionnée suivant la coupe de 1939. Les écussons, en forme de pentagone à pointe circonflexe, sont amovibles par agrafes à ressorts, comme le sont également les galons, cousus sur une patte de drap bleu foncé/noir, et les boutons fixés par anneaux fendus. Cette vareuse est typique des derniers jours de la paix. On la verra encore portée çà et là en septembre 1939, puis occasionnellement en 1940 au retour du printemps (mais à ce moment-là avec, plus généralement, les écussons du bataillon).

■ PERMISSIONS ET MUTATIONS

Les tours de permission marchent correctement, bien qu'interrompus quelques jours à la mi-janvier en raison de la fameuse alerte, restée sans suite.

Le premier tour est épuisé intégralement, le deuxième tour allait l'être au 10 mai, et seule une dizaine de gradés et chasseurs ne pourra en profiter. À la 2ᵉ compagnie, le tour de départ est organisé par le capitaine Vaudremont. Il ne fait respecter l'ordre démagogique de la note ministérielle que dans la mesure où le service peut être assuré. Par exemple pour chaque char, un seul membre de l'équipage peut se trouver en permission à un moment donné, même si d'autres du même équipage eussent dû, par leur âge et leur situation de famille, partir avec lui. Heureusement d'ailleurs, car le 10 mai surprend tout le monde et le personnel en permission ne peut rejoindre l'unité.

Des marraines de guerre prodiguent les envois aux soldats nécessiteux ; en particulier les deux filles du préfet de la Marne, M. Jozon, grâce à l'obligeance du sous-lieutenant Sigros (2ᵉ compagnie), ami de la famille.

La 2ᵉ compagnie reçoit l'appoint de nouveaux officiers : le lieutenant Bibes (qui prendra par la suite le commandement de la 1ʳᵉ compagnie du 46ᵉ BCC affecté à la 4ᵉ DCR en création), les sous-lieutenants Lauvin (centralien, réserve), Vieux et Hans (saint-maixentais, active), Guillot (saint-cyrien, active). Elle perd en revanche le lieutenant Lahaye, l'officier le plus ancien présent à la compagnie, qui reçoit une affectation dans une autre unité.

L'atmosphère en région champenoise est très agréable. Une excellente entente existe entre les compagnies du bataillon et la population civile. Des chasseurs sont prêtés aux agriculteurs pour leurs travaux. Les camions militaires rendent quelques services aux habitants pour leur transport de blé.

En contrepartie, l'aide apportée par la population fran-

çaise aux militaires est considérable et même un peu exagérée pendant l'hiver 1939-1940. Les soldats ne sont pas malheureux et certains reçoivent jusqu'à cinq ou six chandails dans l'hiver, sans parler des multiples colis. Un groupe de Sud-Américaines amies de la France, envoient des colis depuis leur lointain continent à l'unité au profit des chasseurs les plus défavorisés.

Le 18 avril 1940 intervient une permutation de chars entre les 8ᵉ et 15ᵉ BCC [2] :

257 *Bourrasque* passe du 8ᵉ BCC au 15ᵉ BCC, 1ʳᵉ compagnie (lieutenant Sauret) ;

267 *Tempête* passe du 8ᵉ BCC au 15ᵉ BCC, 1ʳᵉ compagnie (sous-lieutenant Perré) ;

252 *Flamberge* passe du 8ᵉ BCC au 15ᵉ BCC, 2ᵉ compagnie (lieutenant Platrier) ;

254 *Bombarde* passe du 8ᵉ BCC au 15ᵉ BCC, 2ᵉ compagnie (sous-lieutenant Hans) ;

258 *Foudroyant* passe du 8ᵉ BCC au 15ᵉ BCC, 2ᵉ compagnie (sous-lieutenant Sigros) ;

262 *Tramontane* passe du 8ᵉ BCC au 15ᵉ BCC, 3ᵉ compagnie (sous-lieutenant Hamelin) ;

265 *Mistral* passe du 8ᵉ BCC au 15ᵉ BCC, 3ᵉ compagnie (lieutenant Pompier) ;

266 *Tornade* passe du 8ᵉ BCC au 15ᵉ BCC, 3ᵉ compagnie (sous-lieutenant Rival).

En sens inverse :

232 *Amiens* (lieutenant Sassi) passe du 15ᵉ BCC au 8ᵉ BCC, 1ʳᵉ compagnie ;

220 *Paris* (lieutenant Platrier) passe du 15ᵉ BCC au 8ᵉ BCC, 1ʳᵉ compagnie ;

222 *Rouen* (sous-lieutenant Sigros) passe du 15ᵉ BCC au 8ᵉ BCC, 1ʳᵉ compagnie ;

226 *Toulouse* (adjudant-chef Barbier) passe du 15ᵉ BCC au 8ᵉ BCC, 1ʳᵉ compagnie ;

211 *Cochinchine* (lieutenant Sauret) passe du 15ᵉ BCC au 8ᵉ BCC, 2ᵉ compagnie ;

(suite p. 44)

2. Cette permutation est liée à la motorisation, comme l'indique une note conservée au SHAT et qui nous a été communiquée par R. Avignon. À l'en-tête « 2ᵉ DCR, 2ᵉ demi-brigade, 15ᵉ bataillon » et datée du 20 avril 1940, elle comprend cette phrase : « *Chars du 8ᵉ bataillon tous actionnés par des moteurs de 300 ch, la plupart de ceux du 15ᵉ bataillon ne font que 250 ch. Mutation entre bataillons pour conserver une homogénéité de matériel.* » Chacun des deux bataillons lourds de la 2ᵉ DCR se trouvera donc doté, le 10 mai 1940, d'un reliquat de chars munis du moteur de 250 chevaux (272 chevaux réels).

222 ROUEN

(1re section, 2e compagnie du 15e BCC fin 1939)

Char muté au 8e BCC le 18 avril 1940, remplacé par le *Foudroyant* (⟹ p. 61).

Le Rouen à Herméville avec son équipage. Le char a son antenne démontée et les hommes (à droite en képi, leur chef le sous-lieutenant Sigros) semblent prendre leur mal en patience. Attendent-ils d'être dépannés ? Sur la tourelle au camouflage très distinct, apparaissent la croix de Lorraine et le chiffre blanc caractéristique des chars de la 2e compagnie.

Ci-dessous, la présence de la chaîne (d'un autre char) sur le glacis avant du Rouen semble indiquer qu'il a été remorqué, sans doute pour tenter de le sortir de sa délicate situation.

Pour se haler mutuellement, les chars B disposent d'énormes chaînes dont la position normale est à l'arrière. On les voit parfaitement ici sur le Tunisie (3ᵉ compagnie, 2ᵉ section) photographié à Herméville le 10 novembre 1939. Le panneau arrière semble avoir été repeint partiellement dans une teinte très claire.

Herméville, septembre 1939, l'équipage du Brest (3ᵉ compagnie, 1ʳᵉ section) s'est attaqué à l'entretien des chenilles et à la vérification des patins. Sur chacune des quatre béquilles prenant appui sur les supports prévus à cet effet sur les flancs du char, reposent environ huit tonnes d'acier.

L'ENTRETIE[N]

TRES DÉLICATS malgré leur tonnage, les chars B demandent un « *graissage presque journalier* » selon le général Bruché. Le patron de la 2ᵉ DCR paraît au-dessous de la vérité si l'on en croit le carnet de notes du lieutenant Devos (15ᵉ BCC) qui, sous la rubrique « *Graissage B* », mentionne des graissages journaliers pour le moteur (35 litres de ricin), le ventilateur (2 ou 3 litres d'huile épaisse), la boîte de mécanisme (60 litres d'huile demi-fluide), les barbotins (15 litres d'huile épaisse) et le Naeder (35 litres de ricin), sans parler des graissages périodiques sur d'autres organes.

Dans ces conditions, on comprend mieux pourquoi l'équi-

Herméville, 10 novembre 1939. Le sergent Doncourt s'évertue, tuyau d'arrosage en mains, à débarrasser le Tunisie de la boue verdunoise.

Dans l'historique du 15ᵉ BCC figure cet intéressant croquis présentant un char B1 bis en révision générale au PEB 101 de Mourmelon. C'est au cours de cette opération, effectuée à raison de trois ou quatre chars par mois, que les moteurs de 272 chevaux des B1 bis de première série (n° 201 à 235) du 15ᵉ BCC ont reçu le double carburateur et les collecteurs d'admission (➡ détails p. 11) permettant d'obtenir 300 chevaux théoriques, jusqu'à 307 chevaux réels à 1 900 t/mn. D'après les témoignages d'époque, certains chars ont aussi touché à cette occasion un groupe moteur entièrement neuf (cas de l'Algérie, ➡ récit p. 62). Le moteur six cylindres en I (un demi-V d'aviation) est visible ici sur la gauche du croquis.

Coll. Anciens du 15e BCC

DES CHARS

page d'un char B se compose, outre des quatre hommes à bord, de trois « graisseurs » qui, transportés en camionnette, suivent le déplacement des chars et prennent le plus grand soin du matériel. En opérations actives, privés par force ou par nécessité d'une partie de cet entretien, les appareils présenteront des symptômes alarmants dont le sous-lieutenant Lauvin, chef de char de l'*Algérie*, donne plus loin un saisissant témoignage (➡ pages 96 et 118).

FV ■

229 BREST

(1re section, 3e compagnie du 15e BCC fin 1939)

Char muté au 8e BCC le 18 avril 1940, remplacé par le *Tramontane* (➡ p. 144).

Coll. Anciens du 15e BCC

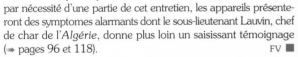

Coll. Anciens du 15e BCC

En haut à droite, ci-dessus et ci-contre. Entretien similaire du Tunisie. L'équipage pose fièrement devant la poulie de tension droite dont on apprécie les dimensions.

À Marson, le 29 avril 1940, des membres de l'état-major (de g. à d. : lieutenants Devos et Sérot, madame Laedlein, lieutenant Laedlein) assistent à une opération d'entretien d'organes. Au premier plan, déposé au sol, le coupleur qui relie le moteur Renault à l'appareil servo-moteur Naeder.

Coll. Anciens du 15e BCC

Monseigneur Tissier et le général Bruché
à Châlons-sur-Marne lors du pèlerinage
et du sacre de la 2ᵉ DCR, le 24 avril 1940.

*La fanfare du 17ᵉ BCP joue sur le parvis
de la basilique de Châlons-sur-Marne, Notre-Dame
de l'Épine, le 24 avril 1940. Les fanfaristes portent
désormais le béret bleu foncé de petit diamètre du
modèle de celui des chasseurs des chars de combat,
et non plus le bonnet de police bleu foncé
réglementaire des chasseurs à pied (➡ photo p. 28).
Ce changement de coiffure ne s'appuie,
à notre connaissance, sur aucun règlement.*

(suite de la p. 40) 219 *Ouessant* (lieutenant Pompier) passe
du 15ᵉ BCC au 8ᵉ BCC, 2ᵉ compagnie ;

229 *Brest* (adjudant-chef Belin) passe du 15ᵉ BCC au 8ᵉ BCC,
2ᵉ compagnie ;

223 *Lille* (sous-lieutenant Hamelin) passe du 15ᵉ BCC au
8ᵉ BCC, 2ᵉ compagnie.

Le 1ᵉʳ mai, on aménage un terrain de football à Marson.

■ PRÊTS À EN DÉCOUDRE

Des exercices plus importants qu'à l'habitude sont organisés
jusqu'à l'échelon division. Une doctrine d'emploi est créée. L'éten-
due du camp de la Haute-Moivre est malheureusement trop
faible et les manœuvres trop courtes. Cependant, rien de semblable, et de loin, n'a été fait en temps de paix et la division est

*Afin de vérifier la validité de leur cuirasse,
certains équipages de la 2/15ᵉ BCC font tirer
au 37 mm d'infanterie modèle 1916 sur leur
appareils, les projectiles parvenant seulement
à percer les tôles minces (ci-contre, pot
d'échappement gauche). Au vu du résultat
sur le blindage de tourelle (ci-dessous),
la plus grande confiance règne.*

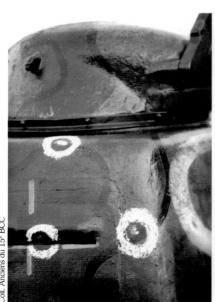

*Page de droite. Au printemps 1940,
une compagnie de la 2ᵉ DCR au grand complet
à dix appareils (sans doute la 1ʳᵉ compagnie
du 8ᵉ BCC), attend l'ordre d'entrer en scène
sur une plaine du camp de la Haute-Moivre.
Le char du commandant de compagnie,
en tête, possède deux antennes. Derrière,
les sections sont alignées en trois files
de trois appareils chacune.*

*Ci-dessous. À Suippes, voici une autre compagnie
rassemblée (il s'agit de la 2/15ᵉ BCC),
mais cette fois en ordre de route, avec
bâche de camouflage pliée en superstructure.*

Coll. Anciens du 15ᵉ BCC

Le char Lille, son équipage et quelques camarades camouflés dans la forêt de Tunting lors du séjour de la 3e compagnie en première ligne (17-24 septembre 1939). La bâche du char, tendue sur le flanc, fait office de tente-abri.

Ci-dessous. Un peu plus tard, le Lille en révision à Herméville, sur béquilles et déchenillé.

223 LILLE
(3e section, 3e compagnie du 15e BCC fin 1939)

Char muté au 8e BCC le 18 avril 1940, remplacé par le *Tornade* (➡ p. 87).

en partie rodée au moment où se déclenche l'attaque allemande. Seules les compagnies d'échelon n'ont pu manœuvrer sérieusement dans ces exercices dont le plus long dura deux jours.

Peu avant le 10 mai, un exercice a lieu devant une délégation de l'état-major suisse.

Un certain nombre de tirs de guerre sont exécutés au champ de tir de Navarin. À l'occasion de l'un deux, des chefs de char de la 2e compagnie, dont le sous-lieutenant Picard, demandent aux fantassins de la base de départ de tirer sur eux à obus réel de 37 mm pour se rendre compte de l'effet des obus sur le char et son équipage. Plusieurs reviennent avec le pot d'échappement percé et des points d'impact dans le blindage. Le tout sans accident de personne. Les chefs de chars ont omis d'en demander l'autorisation, sachant bien qu'elle leur serait refusée !

Un épisode un peu vexant pour nos services de renseigne-

Coll. R. Potié

ments marque le dernier de ces exercices de division. Prévu en avril pour se dérouler en présence des généraux Gamelin et Georges, il est alors reporté en raison de l'éventualité d'une attaque allemande ces jours-là. Il aura lieu effectivement un peu plus tard, les 8 et 9 mai, devant le général Georges et des officiers du grand quartier-général, en toute quiétude du lendemain. Le 9 au soir, les compagnies reviennent, les équipages très fatigués par la manœuvre et la chaleur. ■

Manœuvres de division au camp de la Haute-Moivre. Cette perspective impressionnante du printemps 1940 présente la majeure partie des chars B de la 2e DCR (8e et 15e BCC), soit une dotation théorique de 69 chars de 32 tonnes. Au premier plan sont visibles des appareils du 8e BCC, reconnaissables à leurs grandes lettres de tourelle correspondant aux indicatifs radio des sections. À droite, un char porte déjà, sur la tourelle, une cocarde tricolore. Cet usage, rare sur les chars B avant le début des opérations actives, deviendra réglementaire au début du mois de juin 1940 pour l'ensemble du matériel blindé (➧ par exemple, photo du B1 Mulhouse p. 49).

Coll. S. Bonnaud

Coll. R. Potié

232 AMIENS
(3e section, 1re compagnie du 15e BCC fin 1939)

Char muté au 8e BCC le 18 avril 1940, remplacé par le *Tempête* (➧ p. 69).

Le char Amiens, photographié en juin 1940 abandonné à Gien, le long du quai de la Loire, sur une remorque de 30 t Coder. L'Amiens, qui était au PEB 101 au moment de l'attaque allemande, a été emmené à Rethel le 19 mai, à la compagnie de marche Gaudet (détails sur cette unité, ➧ p. 130). Là, il est atteint par l'artillerie allemande le 22 mai, lui coupant une chenille. Dépanné sur place, l'Amiens est ensuite dirigé le 30 mai sur le PEB 101 replié à Viviers (à 2 km au nord-est d'Esternay). Lors de la retraite générale de juin, il ne peut passer la Loire. Au premier plan, on distingue l'arrière d'une voiture sanitaire lourde Renault AGC 3.

211 COCHINCHINE
(2e section, 1re compagnie du 15e BCC fin 1939)

Char muté au 8e BCC le 18 avril 1940, remplacé par le *Bourrasque* (➧ p. 67).

Le char Cochinchine, qui est alors à la 2/8e BCC (2e section), est détruit au combat le 17 mai 1940 à Hauteville, sur le canal de l'Oise à la Sambre, alors qu'il est en reconnaissance avec le Maroc du 15e BCC (➧ lire p. 88, note 11).

EXPÉRIENCES À MOURMELON

T ANDIS QUE LEURS APPAREILS sont immobilisés, par roulement, en atelier pour révision générale au PEB 101 de Mourmelon (➡ dessin p. 42), les équipages du 15e BCC assistent sur place à des expériences de toutes sortes sur chars de combat de divers modèles.

Pour les chars de bataille, les expériences sont réalisées avec les vieux B1 reversés par le 37e BCC qui est alors en cours de transformation sur B1 *bis*. Nous présentons ici une sélection de ces expériences, photographiées par le lieutenant Platrier (15e BCC) et montrant des essais de franchissement d'obstacles antichars et de transport de fascines pour comblement de coupures. FV ■

Le char B1 n° 124 Dauphiné *essaie l'efficacité d'un curieux rouleau antichar. Ce dispositif inconnu semble être muni à l'arrière d'un tapis métallique qui, en se prenant sous les chenilles du char, empêche celui-ci de progresser. Sur le flanc du char figure encore la grande lettre E, ancien code radio individuel des chars du II/511e RCC de Verdun, devenu 37e BCC à la mobilisation. En 1940 au sein de la 1re DCR, les indicatifs lettrés ont été réattribués, mais à raison d'une lettre pour chacun des trois chars de la même section. En mai 1940, le 28e BCC porte ainsi les lettres D à L pour ses neuf sections de combat, tandis que le 37e BCC rééquipé avec des B1 bis reçoit les lettres de section M à X incluses (en série discontinue). À la 2e DCR, un système analogue est essayé mais les lettres codes radio n'apparaissent durablement peintes que sur les B1 bis du 8e BCC (➡ page ci-contre).*

Coll. Anciens du 15e BCC

Coll. Anciens du 15e BCC

EXPÉRIENCES À MOURMELON

Des chars de divers modèles participent aux essais de franchissement d'obstacles. Outre le B1 Mulhouse, on voit ici deux chars légers d'accompagnement d'infanterie, un Renault R 35 et un vieux Renault FT.

Le B1 n° 124 Dauphiné a été équipé, à titre d'essai, d'un dispositif lance-fascines : le char doit s'approcher en marche arrière du fossé antichar puis, par un déclenchement à distance depuis l'intérieur de l'appareil, il déverse sa cargaison de branchages pour boucher l'obstacle. Ce rare document montre certaines modifications apportées en fin de carrière au char B1 : suppression des galets de brin supérieur de la chenille et bouchage des orifices d'évacuation des boues par de petites plaques de blindages rapportées (ci-dessous).

Coll. Anciens du 15e BCC

COMMENT DISTINGUER UN B1 D'UN B1 *bis* ?

Coll. Anciens du 15e BCC

Vue arrière d'un B1 (n° 112 Mulhouse) avec son imposant crochet.

Orifice   Galet
B1, configuration d'origine

Plaque d'obturation   Glissière ajoutée
B1 modifié

Pas d'orifice   Glissière d'origine
B1 bis

Coll. Anciens du 15e BCC

H ORMIS LE BLINDAGE et la motorisation, le char B1 *bis* se distingue du B1 par diverses modifications dont les plus visibles sont les suivantes :
— tourelle type APX 4 blindée à 60 mm avec canon de 47 SA 35 (le B1 possède la tourelle APX 1 avec 47 SA 34. Même après le changement d'armement, l'APX 1 reste identifiable par la forme différente de son tourelleau et par ses épiscopes proéminents) ;
— train de roulement simplifié (galets du brin supérieur remplacés par des glissières en acier, entraînant la suppression des goulottes d'évacuation des boues sur les flancs du char) ;
— à l'arrière, suppression du crochet de remorquage (la remorque du B1 étant abandonnée, ➡ p. 29). FV ■

Le char B1 n° 112 Mulhouse en plein effort sur des rails dressés, obstacle classique utilisé par réseaux complets sur la Ligne Maginot.

Coll. Anciens du 15e BCC

Coll. Anciens du 15e BCC

Le B1 n° 112 Mulhouse se livre à une tentative de franchissement d'un réseau de rails du genre adopté sur la ligne fortifiée (➡ Hommes et ouvrages de la Ligne Maginot, Tome 2, pp. 54-55, dans la même collection). Ce char comptait à la 2e compagnie du 37e BCC jusqu'à son remplacement le 11 décembre 1939.

Le 15 mai 1940, le même Mulhouse est dirigé sur Rethel et affecté à la compagnie de marche du lieutenant Ernest Gaudet qui, sans commandement supérieur, se bat au profit de la 14e DI du général de Lattre. Le 8 juin, la compagnie Gaudet (désignée 3/37e BCC à partir du 26 mai) entame un long mouvement en retraite qui la conduit à se voir rattacher, le lendemain, à la 4e DCR. À bout de souffle, le Mulhouse, arrivé le 15 juin à Allones (18 km au sud-est de Chartres) ne peut plus suivre. Moteur chaud, il est dirigé sur la base arrière à Saint-Hilaire-Saint-Mesmin (6 km au sud-ouest d'Orléans). Il tombera aux mains de l'ennemi. Pour ses derniers jours de service actif de guerre, le Mulhouse a reçu les grandes cocardes tricolores d'identification.

QUE DEVIENNENT LES B1 EN MAI-JUIN 1940 ?

Le 2 mai 1940, le 37e BCC achève sa transformation sur B1 *bis*. Les 34 chars B1 dont il était doté, et qui sont alors à la limite de l'usure, seront ainsi ventilés en mai-juin 1940 :

12 sont affectés le 15 mai à la 347e CACC ;

5, dirigés sur Rethel le 17 mai, sont intégrés à la Cie 3/37 ;

3 sont affectés au bataillon d'instruction 108 et combattent ;

10 sont au PEB 101 à Mourmelon (on ignore leur sort final sauf pour l'un d'entre eux, récupéré le 17 juin par des dépanneurs du 28e BCC) ;

3 sont à l'École des chars de combat de Versailles, hors d'usage ;

1 est au Dépôt 508 à Lunéville.

Coll. S. Bonnaud

CHAPITRE TROIS

LA GUERRE, LA « VRAIE »

Coll. Anciens du 15ᵉ BCC

Splendide vue d'une colonne de chars B en colonne de route (mouvement VT ou voie terrestre, selon l'appellation réglementaire de l'époque). Ce mode de déplacement a été celui des différentes compagnies du bataillon à partir du 15 mai 1940, après leur mouvement par voie ferrée (VF), mais cette photographie est bien antérieure : elle représente la 1ʳᵉ compagnie du 15ᵉ BCC lors d'une pause en route pour Herméville, le 14 octobre 1939.

Le 10 mai au petit déjeuner, le bataillon apprend — par la radio — l'invasion de la Belgique, du Luxembourg et des Pays-Bas. Tout le monde comprend que la « drôle-de-guerre » est finie. Bien qu'il n'y ait pas encore d'alerte, les équipages reçoivent l'ordre de se préparer.

LE SOUS-LIEUTENANT LAUVIN, de la 2ᵉ compagnie, témoigne : « *Le soir, des nouvelles arrivent de Mourmelon, il y a eu un bombardement. Est-ce que ce sont ces explosions sourdes que j'ai entendues dans l'après-midi ? Chacun écoute et commente. On dit également que Suippes... les hangars des anglais..., des entonnoirs de 30 mètres. On compte les chars, il y en a trois en révision. Trois sur dix que comporte la compagnie. J'irai demain, dit le capitaine.* »

■ 11 MAI : LA DCA SURPRISE DANS SON SOMMEIL

Le lendemain, samedi 11 à 5 heures du matin, le village est réveillé par une escadrille de Dornier 17 qui survole à 30 mètres le village, sans lâcher de bombes. Le camouflage des chars a servi car il est certain que le survol de la Moivre à si basse altitude correspond à une mission bien précise. « *Il est avéré en effet que les bombardiers ont suivi la Moivre pour attraper la route de Châlons et atteindre ainsi plus sûrement la ville, où maintenant ils mènent grand sabbat* » (Lauvin).

Cependant, la situation est sérieuse. Le 11 mai au matin, les armes sont réglées avec un soin minutieux.

La DCA, qui n'a jamais vu de si près des avions allemands, est surprise en plein sommeil et ne tire pas. Elle manque ainsi une occasion unique car les avions sont à quelques mètres du sol. « *Pourtant en guettant on aurait dû les apercevoir depuis Saint-Jean, et l'un d'eux au moins aurait pu prendre deux rafales. Nous nous promettons de veiller le lendemain : Ils reviendront* » (Lauvin). La compagnie a confirmation du bom-

Page opposée.
L'équipe de DCA d'une compagnie du 15ᵉ BCC (probablement la 2/15ᵉ) autour de sa pièce, date et lieu non précisés. À droite en képi, le caporal chef de pièce pointe du doigt un hypothétique avion, ou bien la direction de laquelle est censé venir le danger.

bardement de Mourmelon mais également de la gare de Châlons. Aussi le dimanche 12, tout le monde est à l'affût avec des armes dès 4 heures du matin pour faire un carton sur les avions. Mais aucun ne vient. « *Ils ont dû remonter vers Reims ou Mourmelon faisant un circuit* » (Lauvin).

Cette DCA, qui comprend un caporal et six chasseurs, est formée de volontaires, qui vivent séparément de la compagnie dans une baraque construite par eux où ils ont passé l'hiver. Ils sont contents de leur sort et cette formule est préférable à celle utilisée précédemment où la DCA était considérée comme un tour de garde pris par tous. Voici le descriptif qu'en fait Lauvin dans son *Carnet 40* avant le 10 mai : « *Les six hommes se promènent, rêvent au soleil, règlent leurs jumelles, cultivent les escargots, élèvent un lapin, jouent de l'harmonica, et fournissent chaque matin un compte-rendu néant* ». Mais dans les opération de mai, cette équipe se conduit fort bien. Ils ont pour armement deux mitrailleuses Hotchkiss de 8 mm montées sur un support de tir contre avions avec la ligne de mire appropriée.

« *Hier soir, revenant de Mourmelon avec Dumontier, le capitaine nous a expliqué le bombardement. Ils ont dégusté quelque chose, dit-il. Aller voir nous fait envie à tous.*

Oui, dit le capitaine, d'ailleurs, je voudrais que toute la compagnie aille voir ça. »

■ 12 MAI : LA VISITE DES SITES BOMBARDÉS

Dimanche 12, après le déjeuner, le capitaine Vaudremont fait transporter en camions une cinquantaine de gradés et chasseurs de la 2ᵉ compagnie pour leur montrer les dégâts des bombes à Suippes, sur le terrain d'aviation de Mourmelon et aux ateliers de chars de Mourmelon. À cette date, il reste en révision au parc de Mourmelon en tout cinq appareils du bataillon : les *Flamberge* (lieutenant Platrier), *Cantal* (sous-lieutenant Antoine), *Bombarde* (sous-lieutenant Hans mais qui n'est pas présent à Mourmelon), tous trois de la 2ᵉ compagnie, *Tramontane* (sous-lieutenant Hamelin) de la 3ᵉ et *France* (adjudant-chef Cocheril), le char de commandement relevant de la compagnie d'échelon.

Les équipages ont été sérieusement malmenés par les bombes mais personne n'a été atteint et le matériel n'a pas eu à en souffrir. Témoignage de Lauvin sur cette visite : « *En route, nous*

Coll. Anciens du 15ᵉ BCC

*Quelques chasseurs
de la 2ᵉ compagnie lors
de leur visite, le 12 mai
à Mourmelon, des hangars
du PEB 101 bombardés
l'avant-veille, jour
du déclenchement
de l'offensive allemande.
Au second plan,
la carrosserie en bois
d'une remorque atelier
en cours de construction.*

rencontrons un attelage invraisemblable : une auto luxembourgeoise, chargée à craquer, le toit monstrueux, les marchepieds garnis de femmes en cheveux, remorque un cycliste boursouflé de colis, qui se fait tirer par le moyen d'une corde dont une extrémité est attachée aux pare-chocs de l'auto, et dont il tient l'autre dans sa bouche, avec un mouchoir interposé. Par la suite nous en verrons d'autres... On dit que la Grande-duchesse est arrivée à Châlons ce matin, reçue par le préfet. L'exode, vu de façon fragmentaire, contraste avec le calme de la région. C'est dimanche, et les gens sont sur le pas de leur porte, humant le soleil, devisant sans fièvre.

Coll. Anciens du 15ᵉ BCC

Coll. S. Bonnaud

*La tranchée dans laquelle s'abrite des bombardements quotidiens
le personnel du PEB de Mourmelon, ainsi que les équipages
détachés du 15ᵉ BCC photographiés ici par le sous-lieutenant
Lauvin lors de sa visite au camp le 12 mai. Au premier plan,
le sous-lieutenant Antoine (Cantal), puis l'adjudant chef Cocheril
(France), et enfin le sous-lieutenant Hamelin (Tramontane).*

Bientôt nous sommes à Suippes. Vision de premières maisons bombardées. Dans une des rues principales un immeuble est totalement écroulé. Nous nous arrêtons devant l'église. La façade semble intacte, mais un côté libre révèle la voûte crevée, la toiture effondrée dans un fouillis de lattes. L'intérieur, abandonné, montre une statue mutilée, des débris épars. Devant l'église, des bombes ont éclaté (suite page 54)

51

EFFECTIF TOTAL DU BATAILLON : 49 officiers, 2 aspirants, 90 sous-officiers, 553 caporaux-chefs, caporaux et chasseurs.

ÉTAT-MAJOR

Chef de bataillon : commandant Jean Bourgin (active)

    234 *Marseille* (char PC)   (➡ p. 145)

Chef d'état-major : capitaine Maurice Damon (réserve)

Adjoint technique : lieutenant Jacques Laedlein (réserve, Centrale)

Officier de renseignement : lieutenant Robert Devos (réserve)

Officier des transmissions : lieutenant Jean Guillaume (active)

Officier des détails : lieutenant Jacques Sérot (réserve)

Service de santé : lieutenant Jean Royer (réserve)

EFFECTIF TOTAL DE L'ÉTAT-MAJOR (hors officiers) : 6 sous-officiers, 53 caporaux-chefs, caporaux et chasseurs.

COMPAGNIE D'ÉCHELON

Commandant de compagnie
Lieutenant Georges Sallerin (réserve, Centrale)

Atelier
Lieutenant Jacques Le Blanc (réserve, Centrale)
Sous-lieutenant Jean Aberlen (réserve, Centrale)

Approvisionnement
Lieutenant Charles Roques (réserve)

Section de remplacement
233 *Nice* ▼   (➡ p. 139)
207 *Martinique*   (➡ p. 65)
201 *France*   (➡ p. 133)

Équipe de parc
2 sous-officiers et 24 chasseurs.

EFFECTIF TOTAL DE LA CE (hors officiers) : 152 caporaux-chefs, caporaux et chasseurs.

1ʳᵉ COMPAGNIE

SECTION DE COMMANDEMENT
Sous-officier des transmissions : sergent-chef Jenn
Sous-officier adjoint au comptable : sergent Thomas
Téléphonistes : caporal Gentil, chasseurs Guillot, Gross, Cantaluppi, Charles et Sigaud
Agents de transmission : chasseurs Grimault, Mazille
Infirmier : chasseur Geneste
Voiture TT : chasseur Besson
Camionnette : Matelier
Voiture TO : Rincent
Camionnette radio : Hayotte

Char du commandant de compagnie
    230 *Rennes*   (➡ p. 108)

♠ 1ʳᵉ SECTION
Sous-officier adjoint : sergent Cagnard
Camionnette : chasseur Château
Moto : chasseur Roche
    225 *Grenoble*   (➡ p. 93)
    209 *Sénégal*   (➡ p. 99)
    210 *Tonkin* ♠ ?   (➡ p. 94)

♥ 2ᵉ SECTION
    221 *Lyon* ♥   **B** ‡   (➡ p. 97)
    235 *Toulon* ♥ ?   (➡ p. 71)
    257 *Bourrasque* ♥   (➡ p. 67)

♦ 3ᵉ SECTION
Camionnette : chasseur Sauvestre
Moto : chasseur Lauby
    208 *Guadeloupe* ♦ ?   (➡ p. 101)
    227 *Bordeaux*   (➡ p. 137)
    267 *Tempête*   (➡ p. 69)

SECTION D'ÉCHELON
Chef de section : sous-lieutenant Jean Riou. adjudant Leguen

Échelon TT :
Adjudant-chef Rollando, sergents Vallois et Rouyer.
Adjoint chef de groupe TT : sous-lieutenant Maurice Castagné, sous-lieutenant Robert Chardon
    Caporal Seyer, chasseurs Gruaz, Sollinger, Fourgeaud, Roger, Dumeslay, Charry, Dassenoy, Ranouil, Grillet et Dumarché
    Chenillettes : caporal Duval, chasseurs Dupond, Fournier, Gaupillet, Boyer, Borgeot, Moinaud, Hemery, Juglard, Bouchet, Habouneau et Gaëtan
    Dépanneurs : sergents Héry et Husson, caporal Tauraud, chasseurs Gehin, Blanc et Simonet

Échelon sur roues : sergent-chef Rossignol, caporal Baroux, chasseurs Gretter, Bretonnet, Chassine, Evrard, Colin, Gourrioux, Dubreuil, Echard et Baloup

EFFECTIF TOTAL DE LA 1ʳᵉ COMPAGNIE (hors officiers) : 20 sous-officiers, 107 caporaux-chefs, caporaux et chasseurs.

Généralités sur le camouflage et les n

■ PEINTURE DE CAMOUFLAGE

Tous les chars B1 *bis* du n° 201 au n° 233, montés par Renault, portent le camouflage à trois tons et bordures foncées nouvellement adopté par le constructeur de Billancourt (➡ détails p. 74).

Les chars B1 *bis* n° 234 et 235, montés par FCM, portent le camouflage plus simple (apparemment à deux tons seulement et sans bordure), appliqué dans les ateliers de La Seyne-sur-Mer (➡ détails pp. 71 et 145).

Les huit chars au-delà du n° 235, arrivés au 15ᵉ BCC le 18 avril 1940 par permutation avec le 8ᵉ BCC, ont eux aussi un camouflage qui dépend de leur constructeur : Schneider au Creusot (chars n° 252 et 254) ou FAMH à Saint-Chamond (chars n° 257 et 258). Les n° 262, 265, 266 et 267 sortis à La Seyne-sur-Mer ont le camouflage FCM.

Les tourelles sont en principe revêtues d'un camouflage plus ou moins assorti, mais on observe que les chars FCM ont généralement une tourelle à camouflage type Renault (➡ photos pp. 69 et 145, notamment). Dans la plupart des cas, la peinture apposée sur les tourelles demeure bien visible.

Pour les caisses en revanche, le camouflage à la peinture est le plus souvent masqué par les salissures qu'occasionne l'évolution des chars en terrain varié. En particulier sur les flancs — du fait des chenilles enveloppantes — les coulures verticales de graisse mélangées à la boue créent un effet visuellement très typique. Mais certains documents montrent des chars propres, non seulement à la parade (➡ photo p. 5) mais aussi en campagne (➡ pp. 27 et 82-83), attestent de la permanence du camouflage, qui réapparaît aussitôt que les chars sont nettoyés (➡ photo p. 42).

■ NUMÉROS MATRICULES
Pour tous détails, ➡ p. 153.

■ NOMS DE BAPTÊME

Peints en lettres blanches sur le capot avant et sur le côté droit seulement [1] de la tourelle (mais au 15ᵉ BCC, au moins quatre appareils apparaissent sans nom sur la tourelle : *Toulon*, *Vosges*, *Nantes* et *Tramontane*). Un seul, le *Nice*, a son nom peint aussi à l'arrière (➡ photo p. 139).

La liste des noms est fixée par la Direction des fabrications d'armement. Les chars n° 201 à 235 (➡ liste p. 153) ont reçu, dans l'ordre, douze noms de pays (*France* suivis des principales composantes de l'Empire), six noms de régions et provinces complétant la série de vingt-quatre inaugurée sur les B1, une île (*Ouessant*) et enfin seize noms de villes de métropole (la série des villes avait débuté, pour les chars B1, avec dix villes d'Alsace-Lorraine ou des villes marquées par la Grande Guerre, dont une belge, *Dixmude*).

Les chars n° 236 à 270 reçoivent des noms de petits navires de guerre. Sur les huit versés au 15ᵉ BCC en avril 1940, sept sont des torpilleurs, un seul, le *Bombarde*, est un escorteur.

■ MARQUES DE NATIONALITE

Petit drapeau tricolore sur le capot avant et sur le côté droit de la tourelle (parfois aussi à l'arrière). Les cocardes ne semblent pas avoir été portées au 15ᵉ BCC. On connaît seulement deux exemples, tous deux venant de chars du 8ᵉ BCC : le *Bourrasque* (➡ photo p. 67) qui possède une cocarde d'identification aérienne et le *Flamberge* (➡ photos p. 132) qui, plus tard à la compagnie Gaudet, a reçu plusieurs cocardes, ceci en conformité avec une prescription d'ensemble valable pour la seconde moitié de la campagne.

---

1. Sur les B1, le nom est peint des deux côtés de la tourelle. Lorsqu'il percevra des B1 *bis* en remplacement de ses vieux B1, le 37ᵉ BCC conservera cet usage, ce qui constitue une exception pour les B1 *bis*.

■ 2ᵉ COMPAGNIE

SECTION DE COMMANDEMENT

Sous-officier des transmissions : sergent-chef Baudier (un side)

Sous-officier adjoint au comptable : sergent Escourrou

Téléphonistes : caporaux Klein et Thierriaz, chasseurs Monchamp, Chauvin (un side) et Prière

Agents de transmissions : chasseur Souchéleau (coiffeur) et infirmier Roubin

Voiture TT : caporal Barthel (en permission) puis chasseur Dray

Camionnette : Harasse

Voiture TO : Gault

Camionnette radio : Bosse, chasseur Gourdon (malade), chasseur Poncet (permission), Baumier

Camionnette : chasseur Guillot

Équipe DCA : adjudant Roudaut (malade), caporal-chef Renard, chasseurs Berger, Coupe, Marinolli et Nicolle

Char du commandant de compagnie
212 *Cambodge*, ♥ 6 ⊹ (➡ pp. 107-109)

♠ 1ʳᵉ SECTION
Pas de sous-officier adjoint
Camionnette : chasseur Goussaut
Moto : chasseur Regnier
Tracteur : Régnier
214 *Corse* 0 (➡ p. 110)
252 *Flamberge* 3 (➡ p. 132)
258 *Foudroyant* 1 ? (➡ p. 61)

♥ 2ᵉ SECTION
Sous-officier adjoint : sergent Paine (ou Panic)
Camionnette : chasseur Deswartes

Moto : chasseur Boudriot
Tracteur : chasseur Olard, caporal Roller (malade)
213 *Aquitaine* 9 (➡ p. 62)
202 *Algérie* ♠ 2 (➡ p. 117)
216 *Anjou* 4 (➡ p. 140)

♦ 3ᵉ SECTION
Camionnette : chasseur Dugenest
Moto : chasseur Delorme
Tracteur : Rebillon
206 *Madagascar* 7 (➡ p. 103)
217 *Cantal* ♦ 8 (➡ p. 131)
254 *Bombarde* 5 (➡ p. 143)

SECTION D'ÉCHELON
Chef de section (une Simca Cinq) : sous-lieutenant Paul Naegel (active, Saint-Maixent)
Sous-officier comptable du matériel : sergent Benel

Échelon TT
Adjoint chef de groupe TT (une moto) : sous-lieutenant Robert Lauvin (remplacé par adjudant Sauvageot le 14 mai)
Tracteurs (6) : caporaux Marchal et Lachez, chasseurs Guibout, Ribreau, Jumeaux et Ganivet (plus six chasseurs aides-chauffeurs)
Dépanneurs : sergent-chef Ackermann (un side), caporal Lyabel (un side), caporal Diemunsch (un side), sergent Chezeaux (malade). Chasseurs Doctrinal, Gardon (une moto solo), Maurel (malade), caporal Wesseldinger

Échelon sur roues : sergent Lieblang
Caporal d'ordinaire : caporal Perrocheau
Chasseurs cuisiniers : Hardouin, Cheveau, Masson
Tailleur : Weill   *Cordonnier* : Michaut

Camions (5) : Mijoin, Bourgoin, Mangel, Moretton, Bœuf
Camionnette : Bonnot

EFFECTIF TOTAL DE LA 2ᵉ COMPAGNIE (hors officiers) : 21 sous-officiers. 109 caporaux chefs, caporaux et chasseurs.

▲ 3ᵉ COMPAGNIE

Char du commandant de compagnie
265 *Mistral* (➡ p. 91)

♠ 1ʳᵉ SECTION
218 *Vosges* ♠ (➡ p. 85)
228 *Nantes* ♠ (➡ p. 84)
262 *Tramontane* ♠ (➡ p. 144)

♥ 2ᵉ SECTION
215 *Savoie* ♥ ? L ⊹ (➡ p. 82)
224 *Besançon* ♥ ? L (➡ p. 83)
204 *Tunisie* ♥ LL (➡ p. 79)

♦ 3ᵉ SECTION
203 *Maroc* ♦ O (➡ p. 89)
205 *Indochine* ♦ ⊹ (➡ p. 80)
266 *Tornade* ♦ ? (➡ p. 87)

SECTION D'ÉCHELON
Chef de section : lieutenant Arnaud Détroyat (active)
Adjoint chef de groupe TT : sous-lieutenant Pierre Viennot (active)
Aspirant Hubert Mathurin

EFFECTIF TOTAL DE LA 3ᵉ COMPAGNIE (hors officiers) : 22 sous-officiers. 108 caporaux chefs, caporaux et chasseurs.

...QUES DISTINCTIVES DES CHARS DU 15ᵉ BCC

■ LETTRES-CODES RADIO

Ce système, classique dans d'autres bataillons, ne semble pas avoir été pérennisé au 15ᵉ BCC. On en constate seulement des traces sporadiques sur certains chars à l'automne 1939 : lettre **B** sur le *Lyon*, lettres **L** ou **LL** sur les trois chars de la 2ᵉ section de la 3ᵉ compagnie), lettre **O** sur le *Maroc*.

Au 15ᵉ BCC, ces lettres sont peintes sur les flancs, mais pas sur les tourelles.

■ NUMÉROS INDIVIDUELS DES CHARS DE LA 2ᵉ COMPAGNIE

Ce code, très particulier, caractérise les chars de la compagnie Vaudremont. La logique initiale d'attribution donne le char n° 0 au capitaine, les nᵒˢ **1-2-3** à la 1ʳᵉ section, les nᵒˢ **4-5-6** à la 2ᵉ section et les nᵒˢ **7-8-9** à la 3ᵉ section [2]. Mais plusieurs mouvements internes modifient cette belle ordonnance : dès avant la guerre, le n° **6** *Cambodge* quitte la 2ᵉ section (as de cœur, ➡ photo p. 107) pour devenir le char du capitaine Vaudremont, sans changer de numéro. Ainsi se présente la compagnie à l'automne 1939 (➡ ordre de bataille pp. 6-7). En avril 1940, la 2ᵉ compagnie reçoit trois appareils venant du 8ᵉ BCC. Ces chars reçoivent le même numéro d'ordre que ceux qu'ils remplacent (ce qui est supposé pour le n° **1** et sûr pour les nᵒˢ **3** et **5**), mais plusieurs permutations internes à la compagnie bouleversent l'ordre numérique de départ et lui font perdre toute logique (➡ ci-dessus).

■ FIGURES GÉOMÉTRIQUES DE COMPAGNIES ET AS DE SECTION

Le 15ᵉ BCC se conforme d'assez près aux règlements. À l'entrée en guerre, les figures géométriques de compagnies sont courantes, sur les flancs, à la 2ᵉ compagnie (grand carré blanc) et à la 3ᵉ compagnie (grand triangle

blanc). Nulle photographie n'a, à ce jour, révélé la présence au 15ᵉ BCC du cercle blanc de la 1ʳᵉ compagnie. En revanche, un triangle sur pointe paraît identifier au moins un char de la CE (*Nice*, ➡ p. 139), insigne inédit.

Les **as de section** (pique à la 1ʳᵉ section, cœur à la 2ᵉ, carreau à la 3ᵉ) sont souvent présents, soit sur les flancs à l'intérieur du carré ou du triangle de compagnie, soit sur la tourelle, avec ou sans liseré blanc. Au printemps 1940, les carrés ou triangles de compagnie tendent à disparaître et, dès lors, les as sont reportés sur les tourelles, position qu'ils occupaient déjà à la 1ʳᵉ compagnie. La couleur des as est, selon le règlement, bleue à la 1ʳᵉ compagnie et rouge à la 3ᵉ. La couleur effective des as de la 2ᵉ (qui sont théoriquement blancs sur fond du camouflage) est présumée noire, d'après le souvenir qu'en a, sans absolue certitude, le général Guillot (alors sous-lieutenant à la 2).

■ INSIGNES SPÉCIFIQUES DU 15ᵉ BCC

Insigne du 510ᵉ RCC : trois chars au moins, l'*Aquitaine* (➡ p. 63), le *Lyon* (➡ p. 97) et le *Savoie* (➡ p. 82), ont porté sur leurs flancs cet insigne, visible aussi sur un tracteur de ravitaillement Lorraine (➡ p. 32).

Croix de Lorraine : de chaque côté de la tourelle, certains chars des trois compagnies arborent une croix de Lorraine (supposée bleue ourlée ou ombrée de blanc), qui tend à disparaître au printemps 1940.

■ MARQUES PERSONNELLES DIVERSES

Léopard héraldique : cet insigne n'a été repéré que sur deux chars du 15ᵉ BCC, les *Bourrasque* et *Tramontane*, provenant tous deux du 8ᵉ BCC.

RAS : peint sur le capot avant du *Maroc*.

La Mite railleuse et *Tit for tat* : peint sur le capot avant du *Cantal*. et diverses autres inscriptions et signes plus ou moins éphémères, etc.   FV ■

2. On retrouvera cet ordre parfait à la 352ᵉ CACC constituée le 11 juin 1940.

Suippes qui vient d'être bombardé, photographie prise par le sous-lieutenant Lauvin le 12 mai 1940.

Au centre, le lieutenant-colonel Bru, commandant le PEB 101 de Mourmelon (roue dentée sous la grenade de collet). À droite, l'adjudant Barré de l'équipe de Mourmelon. À gauche, un officier du 15ᵉ BCC non identifié.

L'enseigne du Manoir à Mourmelon, lieu de résidence des officiers qui séjournent au camp. On distingue sur l'arbre au côté de la roue dentée, l'inscription PEB 101. Les divers dessins sont certainement des allusions au personnel ou à l'activité pratiquée dans les lieux.

sur le pavage. L'entonnoir est minuscule, à peine dix centimètres de creux, mais les murs voisins sont criblés d'éclats, à toutes les hauteurs.

En face, la gendarmerie offre ses fenêtres brisées. Hier un homme a été décapité par un grand éclat, sa cervelle macule encore les murs. On n'ose point marcher dans cette pièce jonchée de débris informes. À côté, le jardin est labouré d'entonnoirs. Pas de victimes là.

Nous revenons sur la place, muets. Devant le café du coin, un énorme camion chargé de conserves, a reçu une bombe de plein fouet. Carbonisées, les boîtes de « singe » couvrent la petite place. On cherche vainement trace des deux conducteurs. Sont-ils saufs ?

À côté, une maison écroulée m'attire. Des débris de briques émaillées disent la devanture moderne, une femme passe en courant, cheveux au vent, devant ces ruines fumantes. Je fixe cette image. Mes camarades passent indifférents : ils n'ont pas vu... Nous remontons vers Mourmelon. En cours de route, brève halte pour examiner les débris d'un Dornier 17 abattu récemment près de Suippes. L'appareil a jeté ses bombes avant de percuter, comme le montrent les entonnoirs alignés, mais il n'a pas eu le temps de tout jeter, et il a sauté. De trois ou quatre occupants, déchiquetés et carbonisés, il reste de quoi emplir un saladier.

Nous trouvons quelques petites bombes incendiaires, intactes, le reste est informe : photo

Nous reprenons la route. Des Anglais longeant la lisière des bois chassent le parachutiste. Passons.

Mourmelon a dégusté dur. On nous a montré des entonnoirs nombreux vers la popote du colonel [1] Bru. Une bombe a cisaillé net un rail de l'ALVF. Le Manoir, plein d'officiers de chars dont Antoine et Platrier, a échappé de justesse aux bombes, mais pas aux carreaux cassés. Ces messieurs nous indiquent leurs tranchées-abris, et semblent émus de ces bombardements réguliers du matin et du soir.

Le travail devient difficile aux hangars, les ouvriers passant plus de temps aux abris que sur les chars. Le colonel Bru aura recours à un moyen radical. Il fera démonter les sirènes. Ainsi la première bombe prévient tout le monde... et pas de fausse alerte comme cela, dit le colonel.

Debout au milieu des hangars, le verbe haut et coloré, l'aspect impressionnant, le colonel Bru sait surveiller le travail et indiquer son devoir à chacun, ses apparitions sont toujours forts remarquées... Quand l'aérodrome sera menacé d'un débarquement en masse, le colonel Bru fera sortir et répartir sur le terrain tout le vieux matériel du parc : chars FT sans tourelle, automitrailleuses sans moteur, vieilles ferrailles informes, remorques d'autos...

Tout ce matériel, bien disposé, devra interdire le terrain aux gros porteurs, ou les faire capoter à l'atterrissage s'ils s'y risquaient. Pour les hommes qui échapperaient à l'accident, le colonel, le capitaine Cossin, et les quelques ouvriers du parc les attendent avec des fusils de chasse... Quand il faudra partir, le colonel Bru restera le dernier.

Pensifs, nous nous promenons sur le terrain. Le bombardement sur le hangar des Anglais a été d'une étonnante précision. Une seule bombe par hangar, mais une bombe de cents kilos au moins ! Soufflées, les tôles se promènent sur la craie à vif. Celles qui restent se balancent en grinçant. Quelques avions ont été détruits, mais peu. Malins ou prévenus, les Anglais avaient installé la veille contre les bois des environs, bien camouflés, tous leurs avions de chasse. Un réservoir d'eau est renversé. La conduite crevée pleure doucement dans un entonnoir qu'elle n'arrivera jamais à remplir. Une bombe est tombée à vingt mètres d'un dépôt de torpilles bien rangées dans leurs caisses. Rien n'a sauté ... Autre miracle. Alors qu'il signait le courrier dans son petit bureau de planches, le colonel Bru a reçu sans dommage le toit sur la tête ! Grommelant, il est sorti à quatre pattes pour recommencer plus loin ses états déchirés. Nous faisons nos adieux aux camarades, car il se fait tard. Ce soir, Mourmelon est calme. Pourtant il est six heures, et c'est l'heure, paraît-

il. Nous n'assisterons donc pas aujourd'hui aux impeccables attaques en piqué, amorcées à trois mille cinq, redressées à deux mille et précises de quelques mètres...

Nous revenons à vive allure par Châlons. À peine franchie les premières maisons, voilà que retentit l'alerte, mais nous parvenons à échapper, non pas aux bombes car il n'y en a point mais aux agents et autres spécialistes des alertes. Rentrés à Dampierre, nous subissons l'assaut des questions et je commence à comprendre pourquoi le capitaine était si peu loquace hier en revenant de Mourmelon ; et moi aussi je voudrais que toute la compagnie aille voir ça... »

Toutes les compagnies sont prévenues des dangers aériens et connaissent les précautions à prendre.

L'ALERTE, LE MOUVEMENT

■ 13 MAI : LES PRÉPARATIFS DU DÉPART

Lundi 13 mai, les compagnies du bataillon sont alertés à 14 heures.

Suivons plus particulièrement les préparatifs de la 2ᵉ compagnie qui en restituent parfaitement l'atmosphère.

Elle doit se tenir prête à partir à 16 heures. Le délai paraît trop court, le capitaine Vaudremont va aux ordres à Marson et apprend les modalités du départ. Témoignage du sous-lieutenant Lauvin : « *La matinée du 13 est calme... Après le déjeuner, je vais dans ma chambre ; en revenant peu après vers la popote, je rencontre le sous-lieutenant Vieux qui me dit que la compagnie est alertée et va partir. Coup au cœur, je vais au bureau où quelques officiers devisent, apparemment indifférents. Le capitaine n'est pas là. Tout à coup je le vois arriver en auto, toujours calme, il entre au bureau et nous convoque, dit que nous allons partir. Puis sans transition, il commence à couvrir des feuilles de papier de listes détaillées de matériel, de colonnes et d'hommes. Appliqué comme toujours, le capitaine remplace un nom par un autre, gomme, rectifie un numéro, posément, lisant à mi-voix ce qu'il écrit. Naegel est là, carnet en main, Dumontier aussi. Je cherche de quoi prendre des notes et ne trouve qu'un vieux crayon de couleur et un agenda délabré. Le clairon sonne le rassemblement, et y ajoute une ritournelle encore inconnue de moi : au pas de gymnastique.*

Le capitaine Vaudremont parle, annonce l'état d'alerte et le départ prévu pour deux heures plus tard (16 heures), lit ses listes, ordonne de préparer les chars, et d'embarquer rapidement tout le matériel, dit en peu de mots ce qu'il pense des événements : nous allons sans doute être engagés d'ici peu. Les hommes seront toujours tenus par lui au courant de la situation. Les hommes rassemblés se dispersent rapidement sans commentaires... »

Le bataillon doit être embarqué le soir même en gare de Châlons. Quatre trains sont prévus, un par compagnie et un pour la CE et l'état-major. Voici, à titre d'exemple, la répartition à la 2ᵉ compagnie qui doit partir en trois échelons :

1) les camionnettes de transport de personnel, trois motos, la VTO (voiture de tourisme ordinaire) [2] doivent partir par la route sous les ordres du sous-lieutenant Guillot (ce dernier aurait dû commander son char l'*Algérie* mais, récemment opéré d'un flegmon, il revenait de convalescence et le capitaine Vaudremont a considéré qu'il ne pourrait commander son char... Déception et colère bien naturelle de l'intéressé) ;

2) les chars, cinq tracteurs, trois camions, une camionnette, la VTT (voiture tous terrains) semi-chenillée, sept motos dont celle de dépannage, la Simca Cinq, par un train sous les ordres du capitaine ;

3) le reste, sur une rame de ramassage, soit quatre tracteurs, deux camions et une moto, sous les ordres de l'adjudant Sauvageot.

Sous les ordres du chef d'état-major, le capitaine Damon, la colonne sur roues (1ᵉʳ échelon) part à 20 heures avec les échelons semblables de toute la division. Comme personnel, il comprend, outre les conducteurs, quelques mécaniciens de chars

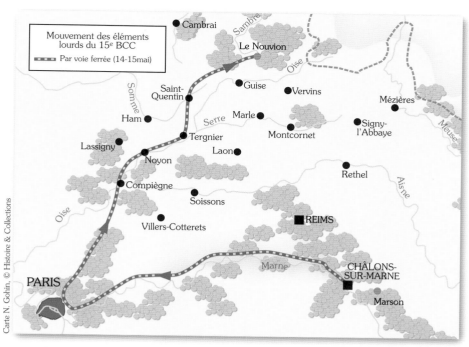

Carte N. Gohin, © Histoire & Collections

Mouvement des éléments lourds du 15ᵉ BCC
Par voie ferrée (14-15 mai)

non indispensables pour l'embarquement en chemin de fer. Point initial, sortie ouest de Châlons.

À la 2ᵉ compagnie, le sous-lieutenant Guillot part à la tête de son détachement sans connaître son point de destination avec ses vivres de réserve.

Le temps est beau, très chaud, mais les bruits les plus fantaisistes circulent. On croit voir partout des parachutistes allemands et l'on envoie des patrouilles aux lieux indiqués. On ne trouve rien. Les journaux sont à l'optimisme, tout paraît-il se déroule selon les plans prévus. Un journal du soir publie cependant un petit entrefilet indiquant que la pression allemande s'accentue sur Sedan.

À 21 heures, la colonne de chars de la compagnie d'échelons et l'état-major quittent leurs cantonnements et arrivent à la gare de Châlons à 23 heures. Le train n'est pas encore en gare.

■ 14 MAI : L'EMBARQUEMENT À CHÂLONS

Les chars et le matériel doivent partir le 14 au matin, mais c'est matériellement impossible, pour des raisons d'ordre ferroviaire. Visitant le quai d'embarquement en cette matinée du 14, le capitaine Vaudremont se rend compte que le commandant Bourgin et son état-major ne sont pas encore partis après une nuit d'attente. Le capitaine Laurent attend avec sa 1ʳᵉ compagnie non loin du quai et ne pourra pas partir avant 14 heures.

Aussi est-il décidé que la 2ᵉ compagnie ne quittera Dampierre que vers 13 heures et se tiendra sous une allée bordée d'arbres à l'entrée de Châlons. Elle ne se rendra au quai que prévenue par un sous-officier de faction en gare.

Suivons la veillée d'armes de la 2ᵉ compagnie avant l'embarquement.

Elle ne dispose que de sept chars puisque trois sont à Mourmelon. Le sous-lieutenant Hans est avec la compagnie, bien qu'il commande le *Bombarde* alors à Mourmelon. En attendant le retour de son char, Hans a reçu le commandement de l'échelon sur roues. Il part donc avec le gros de la 2ᵉ compagnie.

Les gradés et chasseurs prennent à midi leur sommaire et dernier repas à Dampierre-sur-Moivre. Chacun dit au revoir à ses hôtes et, à 13 heures, les chars démarrent. Les équipages sont un peu émus. Ils quittent leur cantonnement en sentant que la situation est devenue sérieuse. Néanmoins, du fait de l'optimisme général, tout le monde est persuadé que la division se rend seulement sur les arrières du front, prête à contre-attaquer une percée locale ennemie qu'on croit improbable. Chacun pense retrouver, au moins momentanément, un cantonnement acceptable et n'envisage pas un engagement immédiat.

Le trajet de Dampierre-sur-Moivre à Châlons se déroule sans incident. Partie à 13 heures, arrivée à 14 h 30, la 2ᵉ compagnie stationne à Châlons jusqu'à 17 h 30. Il y a plusieurs alertes

NOTES

1. Il est en fait lieutenant-colonel, comme on le voit sur la photographie de la page 54 : cinq galons panachés (dans les chars, trois galons d'argent et deux galons d'or).

2. Ce sigle introduit dans l'armée française au début des années vingt désigne en principe une *voiture de tourisme ouverte* (c'est-à-dire à carrosserie torpédo), par opposition à la VTF ou *voiture de tourisme fermée* (c'est-à-dire à conduite intérieure). Durant les années trente, cette distinction perd de son intérêt (et même de son sens pratique car les voitures routières sont de plus en plus souvent des conduites intérieures). Les nouvelles désignations officielles sont alors VL (*voitures de liaison*) et VLTT (*voitures de liaison tous terrains*). Mais au 15ᵉ BCC, on utilise volontiers les sigles de VTO (*voitures de tourisme ordinaires*) et VTT (*voitures tous terrains*).

Coll. Anciens du 15e BCC

On évacue même les cloches !

aériennes mais pas de bombardement. Témoignage du sous-lieutenant Lauvin sur l'ensemble de l'après-midi :

« À une heure, tous les chars tournent au point fixe. Pas d'incidents. Ackermann surveille la colonne, de son side-car sonore. On part à travers la campagne, nous gagnons la grand'route de Marson, où nous passons en bon ordre, à l'heure prévue. Dans la montée vers Châlons, premier avatar. Le char de Vieux (Anjou) se transforme en chaudière à vapeur, un petit nuage blanc sortant par le trop plein d'eau. Vieux se laisse doubler, nous faisant au passage de grands signes furieux. Assis sur ma porte de tourelle, bien adossé contre le blindage, je tourne commodément le dos à la route et jouis en paix du spectacle de la colonne à bonne allure. Les chenilles mènent leur ronron. De temps à autre, un bruit sourd sur le tonnerre du moteur. C'est le Naeder que l'on monte en pression. Le char remonte alors doucement sur le milieu de la route, d'où il avait glissé. Dans cette opération, la tourelle, par effet d'inertie, tourne un peu par rapport au char, et mes pieds quittent le barreau de l'échelle de fer où ils s'appuyaient mais pour y revenir bientôt. L'étincelle des patins défile sous le garde-boue, dans un nuage de fine poussière. L'un deux est moins large que ses congénères [3]. Curieuse impression. Il semble qu'à chaque tour la chenille s'étrangle. Le tourelleau me donne un coup de coude. C'est l'aide-pilote qui s'exerce à l'observation circulaire, profitant de ce que la tourelle est libre.

Près de Châlons, nous rencontrons une batterie anglaise de DCA installée contre la route. Les servants galopent pour nous voir passer. Le télémètre, abandonné, dresse ses longs bras en croix ; des gourbis camouflés jaillissent de solides gaillards en manches courtes. Tout à coup, reportant mes yeux sur la colonne de chars, j'aperçois vers l'arrière un gros bombardier qui longe la route à cinquante mètres d'altitude. Les Anglais viennent de le voir et bondissent à leurs pièces, le préposé au télémètre tournant ses volants à tour de bras. Pour moi, je rentre précipitamment dans ma tourelle, bourrant de coups de pieds l'occupant et ferme à toute allure. À

la lunette, j'aperçois l'appareil qui continue son chemin. C'est un Potez 63 [→ photo p. 35], le nôtre sans doute. Combien de fois ne manquerons-nous par la suite de lui tirer dessus. Longtemps nous stationnons à l'entrée de Châlons, sous une grande allée ouverte. D'éphémères relations s'y nouent. On nous apporte du champagne, et bientôt les bouteilles vides se balancent au bout des canons. Des fleurs. Quelques brèves alertes. Enfin nous nous rendons à la gare… »

À 11 heures le deuxième train est arrivé et a emmené la 1re compagnie partie à 14 heures.

La 2e compagnie embarque de 17 h 30 à 20 heures sans incident. « L'embarquement s'effectue assez rapidement, par quai en bout. Les chars se guident aisément sur les plates-formes. On les cale. On les bâche. Photo. À côté de nous stationne un wagon de cloches évacuées. Je cherche des noms mais n'en trouve point de connus. Photo. Notre roulante est déjà installée sur sa plate-forme, entre deux camions, et le feu pétille pour la soupe du soir. Maintenant le train est entièrement formé. Il est 19 heures. Malgré plusieurs alertes, les avions nous auront laissés tranquilles. Nous nous installons dans notre wagon. Hans, popotier, revient avec un seau plein de boîtes de conserves. Comme provision pour le mois, nous lui versons chacun cinq cents francs. Quelle opération prématurée. Hans était prisonnier le lendemain. Puisse cette somme lui avoir servi. Cher vieux Hans ! Pour tout bagage, j'ai mon sac de couchage et une musette. Ma cantine est dans une camionnette. Autre imprudence… » (Lauvin).

Ce troisième train part vers 20 heures. Au dernier moment, le commissaire de gare prévient le capitaine Vaudremont que Compiègne est le premier point de destination. Quatre chars de plus sont embarqués avec la 2e pour utiliser à plein les rames : deux de la 3e compagnie, le *Nantes* (sous-lieutenant Phelep) et le *Vosges* (lieutenant Willig) et deux de la compagnie d'échelon, le *Martinique* (lieutenant Vaucheret) et le *Nice* (lieutenant Mathieu qui, parti devant avec l'état-major, n'est pas à bord). Cet appoint permet aussi de pouvoir, le cas échéant, compléter la compagnie à qui il manque, on l'a vu, trois chars.

Le sous-lieutenant Lauvin se prépare à une nuit de voyage : « *Par-dessus ma veste de cuir, j'ai endossé ma combinaison*

Embarquement de la 2e compagnie à Châlons-sur-Marne en fin d'après-midi du 14 mai 1940. On voit ici, encore à quai, le Cambodge *du capitaine Vaudremont, commandant la compagnie, reconnaissable à son grand « 6 » blanc peint sur la tourelle, et dont le pilote est guidé par un autre membre de l'équipage.*

Tout les chars de la rame ont maintenant embarqué, les équipages s'affairent autour des appareils pour le calage et le bâchage. À droite, on suppose qu'il s'agit du Corse *(→ p. 110, char n° « 0 » de la compagnie, ce chiffre étant reporté de manière inhabituelle sur le barbotin) puis une moto Terrot RDA 500 cm³ à side DTP (détails → p. 123). Au centre, le* Cambodge *est également suivi d'une autre moto-side de même modèle.*

3. Patin de char B1, mesurant 4 centimètres en moins du fait de la moindre épaisseur de blindage.

56

L'Anjou (du sous-lieutenant Vieux), char « 4 », s'apprête à embarquer à son tour. Cette photo donne une bonne illustration de l'embarquement sur « quai en bout » employé pour le matériel lourd, à l'aide de rampes et glissières de guidage. Les véhicules roulent ensuite de plateau en plateau.

de grosse toile, et mes lourds gants de cuir aux mains, un chèche en voile sur la tête, je passe dans mon vieux sac de couchage une nuit de roi. J'ai utilisé le couloir, ma seule crainte étant d'y être dévoré pendant mon sommeil par Ducke, l'énorme chien danois de Sigros dont les flancs creux et les yeux flamboyants m'inquiètent. »

Le train arrive le matin aux environs de Paris. Il marche par instant très lentement et les chasseurs sont applaudis par les Parisiennes et les Parisiens qui se rendent à leur travail. Des fleurs sont lancées ou même données à pleines mains... « À Bobigny, la tour de L'Illustration nous sert de pivot pour obliquer vers le Bourget. Puis nous fonçons vers le nord. Quelques gestes des maraîchers de la zone. Mais peu. » (Lauvin).

La 2e compagnie ne sait toujours rien, ni de la situation générale, ni de son point de destination. À Compiègne, le commissaire de gare prévient le capitaine que la compagnie est dirigée sur Jeumont pour aller en Belgique. À Tergnier, surprise totale, un commissaire de gare vient donner au capitaine Vaudre-

Coll. Anciens du 15e BCC

Au Nouvion le 15 mai 1940 : le train de la 1re compagnie du 15e BCC attend de pouvoir débarquer ses chars. Cette photographie a été prise par le capitaine Vaudremont dont la 2e compagnie, bien que partie plus tard, est arrivée la première.

Cette dernière photo de transport VF au 15e BCC, chars bâchés pour le trajet, a pour légende originale (et inexpliquée) « En route pour Bourges le 3 mai 1940 ». Elle illustre cependant bien le mouvement ferroviaire survenu le 15 mai, à la veille de l'engagement.

Coll. Anciens du 15e BCC

mont l'ordre suivant émanant de la 2e DCR. La 2e compagnie débarquerait au Nouvion (➡ p. 55, carte des mouvements VF). Elle se rendrait de suite sur chenilles à Maranwez (8 km nord-ouest de Signy-l'Abbaye) en évitant Liart et Signy où pourraient se trouver des éléments ennemis ! Pas d'installation près de la route de Signy à Rethel. Aucun élément combattant dans les villages. Le QG de la DCR est à Rocquigny, le GSD (groupe de santé divisionnaire) à Mont-Saint-Jean, l'intendance aux hôtels. Le capitaine est surpris de cet ordre. Il va falloir faire dans la nuit 60 km sur chenilles alors que la voie ferrée continue.

Mais l'ordre est net, le commissaire ne sait rien d'autre.

« *Au début de l'après-midi, Tergnier nous révèle le premier bombardement sérieux de la ligne. De loin la gare a bonne allure, mais il n'en reste plus que la façade. Un train de munitions a sauté, effeuillant totalement les arbres du bois voisin, réduisant à peu de choses les rames de wagons garées près de là. Le grand pont en béton armé est criblé d'éclats, et les poteaux télégraphiques ne soutiennent plus qu'un écheveau emmêlé de fils rompus. L'ensemble a de plus été sérieuse-*

ment mitraillé. Continuons. De loin en loin, quatre entonnoirs le long de la voie ferrée, dans les potagers. Il est facile de repérer ces tentatives maladroites, par la jonchée de fils télégraphiques qu'elles occasionnent. Cette fois l'aiguillage que nous empruntons a été manqué de peu, et les choux du cheminot sont pulvérisés. »

À Tergnier, l'ambiance est plus qu'inquiétante.

■ 15 MAI : LE DÉBARQUEMENT AU NOUVION DE LA CE, DE L'EM ET DES 2e ET 1re COMPAGNIES

À Saint-Quentin le convoi de la 2e compagnie double celui de la 1re compagnie, parti pourtant six heures plus tôt. Le repas, préparé dans la roulante, est pris dans le train. Le mécanicien veut bien s'arrêter cinq minutes pour permettre les corvées de soupe. L'arrivée au Nouvion a lieu à 16 heures. Le débarquement est aussitôt entrepris, il est terminé à 18 heures. « *Les manœuvres se font avec une sage lenteur, il n'y a plus d'eau dans la machine, paraît-il. Enfin nous débarquons les chars au quai en bout et les groupons rapidement en forêt.* » (Lauvin). Le train de la 1re compagnie arrive quelques minutes après celui de la 2e compagnie et se gare au voisinage, mais aucune nouvelle du bataillon, et personne en gare.

« *Cependant vers 16 h 30, nous voyons le lieutenant Mathieu de la compagnie d'échelon parti avec le premier train, qui déclare que le train contenant le chef de bataillon et son état-major est arrivé le matin. Le commandant est parti aux renseignements. Il confirme le départ sur Maranwez. Les pleins sont recomplétés. Une compagnie de travailleurs espagnols est stationnée dans la forêt... occupés à aménager un fossé antichars, le lit de la Sambre, troisième ligne de résistance d'ailleurs, nous dit le vieux lieutenant qui les garde avec quatre gardes mobiles.* » (Lauvin).

À ce moment, un garde arrive avec une nouvelle sensationnelle parvenue soi-disant par radio, c'est sûr ! L'Allemagne demande un armistice de 24 heures pour enterrer en Belgique 500 000 morts. L'armistice est refusé. Le capitaine et les équipages se désolent presque de voir une fin si rapide sans avoir pu au moins être engagés avant la signature de la paix.

Cependant l'atmosphère n'est pas claire, le chef de gare, peu loquace et peu aimable, ne sait rien. Des groupes de réfugiés civils passent à environ 500 mètres mais personne ne songe à les interroger. La région même du débarquement est vide. Pas d'alerte aériennes. On ne sait que penser.

Le commandant Bourgin arrive seul vers 18 heures. Il apporte des renseignements tout différents. Les Allemands ont percé, c'est la raison du changement d'itinéraire. Les armées refluent en désordre. Il ignore même si son état-major n'est pas prisonnier. Le QG de la DCR ne peut plus être à Rocquigny à cette heure. On est sans liaison avec lui. Il n'est probablement plus question d'aller à Maranwez, la situation ayant évolué.

58

Le commandant ne sait même pas exactement si la DCR dépend de la 9e armée (général Giraud en remplacement du général Corap, limogé) ou est affectée au Détachement d'armée Touchon (future 6e armée). D'accord avec le chef de bataillon, le capitaine Vaudremont téléphone de la gare pour être renseigné sur ces points et pour connaître aussi la situation actuelle et ce qu'il y a lieu de faire. Le PC de la 9e armée, demandé directement, répond de suite. Le colonel Rampillon, ancien chef de corps du 510e RCC avant la mobilisation, et commandant à présent les chars de l'armée, vient à l'appareil. Il signale que la situation est grave, qu'il faut venir de suite à Vervins au PC de l'armée en vue d'envoyer, par char B, un ordre à un bataillon de chars légers encerclé. Il certifie que la 2e DCR appartient à la 9e armée.

Prévenu par le capitaine Vaudremont que tout le bataillon n'est pas encore débarqué et qu'il n'y a pas d'échelons, il insiste de la façon la plus pressante pour que la 2e compagnie vienne au plus vite, et même « char après char isolément ». Le capitaine veut néanmoins téléphoner au PC du DA Touchon à Château-Porcien, pour savoir si ce détachement d'armée ne dispose pas lui aussi de la 2e DCR, car la situation parait totalement confuse. N'ayant pu obtenir cette deuxième communication, il fait part des résultats de ses appels au commandant Bourgin. Celui-ci fait rappeler le PC de la 9e armée.

Il obtient confirmation des ordres et décide donc de faire marcher les 2e et 1re compagnies sans attendre l'arrivée de la 3e et des échelons de la rame de ramassage.

Bourgin décide en outre de partir avec Vaudremont au PC de l'armée, pendant que les unités se rendront selon les ordres à l'entrée de Vervins dès qu'elles seront prêtes. Un repas est pris rapidement. Le capitaine de la 2e fait un rapport aux cadres de sa compagnie. Il les prévient de la gravité de la situation, des ordres reçus, de la possibilité d'un engagement très proche et termine en déclarant qu'il est assuré d'avance que tout le monde fera son devoir. Il remet le commandement de la compagnie au lieutenant Dumontier pour le déplacement et charge le sous-lieutenant Hans de conduire à l'entrée de Vervins le peu qu'il y a de la colonne sur roues, soit trois camions (V et B[4], matériel de compagnie, complément des lots de bord) et les tracteurs.

« Profitant des dernières lueurs du jour, je veux faire vérifier, au moins en gros, le réglage de mon 47. Mais il fait trop sombre et je dois y renoncer... Que se passe-t-il ? Est-ce que l'on craint quelque chose ? On attaque ? Demande l'équipage qui a remarqué des mesures insolites... Je raconte une histoire, spontanément. Il y a lieu de prendre des précautions, par ordre, au cas où certains éléments légers réussiraient à s'infiltrer... mais les Allemands sont loin. Toutefois, il est difficile d'avoir des nouvelles exactes. De toutes manières, nous allons gagner la région de Vervins. Certains comprennent mal et sursautent. Verdun ? » (Lauvin).

Puis le capitaine Vaudremont part sur Vervins avec le commandant Bourgin à 20 h 30 à la nuit tombante. Ils arrivent très tard au PC de la 9e armée, gênés par une circulation intense et désordonnée entre La Capelle et Vervins. Il faut une heure pour franchir l'entrée de cette dernière ville. Il est 23 heures lorsqu'ils sont reçus au PC et aussitôt introduits auprès du général Giraud

Archives F. Vauvillier

Giraud (ci-dessus) ou Touchon, quel général d'armée aura la responsabilité, en pleine confusion, de désigner au 15e BCC sa mission ? Le bouillant Giraud l'emporte.

Coll. S. Bonnaud

NOTES

4. Camion à vivres et à bagages.
5. D'après le capitaine Chazalmartin, dans son historique de la 2e DCR, le commandant Bourgin aurait fait en vain observer que deux compagnies de chars B ne constituaient pas à elles seules la 2e DCR. Peut-être espère-t-on, à la 9e armée, qu'avant l'aube les autres éléments de la division débarqués et regroupés pourront participer à l'opération ?

en personne. Ce dernier leur explique qu'il arrive directement d'Anvers pour remplacer le général Corap. Le matin même il a, selon son expression, « flanqué une pile aux Allemands » à Breda, en Hollande. Il ignore donc la situation locale et la fait exposer par un colonel de l'état-major. D'après cet officier supérieur, la situation n'est pas désespérée, la ligne Maginot tient, mais il y a eu des infiltrations de motocyclistes et de blindés légers ennemis. Le général ajoute, « et ils ont même un sacré culot car certains sont venus à Montcornet et même jusqu'à Marle... »

En conséquence, Giraud prend immédiatement une décision. Il prescrit à Bourgin d'amener dans la nuit son bataillon[5] aux Bouleaux près de Voulpaix, et d'attaquer dès le matin sur la route Marle-Montcornet-Rozoy-Liart, en purgeant la route des infiltrations ennemies... « Comme cela, dit-il, nous aurons au moins une route libre pour rejoindre la ligne Maginot. » Une fois arrivé à Liart (20 km nord-est de Rozoy) qui marque l'extrême limite du rayon d'action des chars B, il faudra s'installer défensivement (de Liart à Bucilly, 5 km d'Hirson), attendre le ravitaillement et de nouveaux ordres. Sur une question du capitaine Vaudremont lui demandant s'il n'y a pas dans la région des chars français d'infanterie ou de cavalerie (en fait n'appartenant pas à la division), afin d'éviter toute méprise, le général répond catégoriquement : « Si vous en rencontrez, c'est que ce sont des fuyards, détruisez-les aussi, ils ne m'intéressent pas. »

Sur ce, Giraud prévient les officiers qu'il va faire rédiger l'ordre d'attaque, que cet ordre sera remis le 16 au matin, à la base de départ « aux bois des Bouleaux » (ouest de Voulpaix) et quitte la salle extrêmement confiant et assuré.

■ NUIT DU 15 AU 16 MAI : EN ROUTE !

Entretemps, la 2e compagnie a quitté Le Nouvion, témoignage du sous-lieutenant Lauvin : « En colonne, dans la nuit qui tombe, nous attendons l'ordre de partir. Des side-cars circulent à toute allure, et se rentrent dedans. Un accident grave. Nous n'en finissons pas de partir. Ma petite lampe torche au poing, je suis prêt à éclairer la marche pour le cas d'un obstacle inopiné. La nuit est complètement tombée. Enfin, après un temps indéfini épuisant, nous démarrons. Assis sur ma tourelle, enveloppé d'une couverture, je tiens l'aviophone et la lampe électrique. J'ai bien aussi un superbe porte-cartes, tout neuf, mais... il n'y a pas de carte dedans.

Quelques centaines de mètres, puis nouvel arrêt, et l'attente recommence, interminable. Excédé, je descends et vais voir. Un camarade a commis l'imprudence terrible de faire conduire de nuit en tête de colonne, un jeune aide-pilote inexpérimenté. Pour l'habituer... Son char, sur un coup de volant trop nerveux devant un obstacle imprévu a versé dans un profond fossé. C'est miracle qu'il ne se soit point retourné. À grand renfort de câbles et de chaînes, on essaye de le tirer de là sans trop coordonner les efforts. Enfin Ackermann prend la direction de la manœuvre et le char sort de sa dangereuse position. La lune brille. Nous repartons plus rapidement. Passage à La Capelle, puis arrêt en colonne à la sortie du pays. Les réfugiés se font plus nombreux. La route

Soirée du 15 mai, en route vers La Capelle en remontant le flot des réfugiés.
« La route devient encombrée, il faut constamment doubler de fragiles chariots... »

Dessin C. Vaucheret, coll. Anciens du 15e BCC

Dessin J. Aberlen, coll. Anciens du 15e BCC

devient encombrée. Il faut constamment doubler de fragiles chariots. Par miracle nous n'accrochons rien. Avec un coup d'œil étonnant de précision, Podesta fait passer sa chenille à dix centimètres de leurs moyeux sans ralentir. Cet aide-pilote là a l'habitude, il a véritablement des yeux de chat. Devant sa petite fenêtre, gêné par des lunettes trop épaisses, aveuglé par un courant d'air exténuant, il arrive après plusieurs heures de conduite, en pleine nuit, à y voir aussi clair que moi sur ma tourelle. Au moment précis où je vais lui signaler un obstacle, j'entends chaque fois le moteur ralentir. Brave Podesta.

Peu avant Vervins nous tournons à droite dans un petit chemin creux, vers Laigny. De chaque côté du char des réfugiés se rangent comme ils le peuvent, montant sur le fossé. Nous passons sans incident. Enfin la colonne s'arrête sur le chemin et le bruit court que c'est là Laigny. Je fais arrêter le moteur, rentre dans la tourelle, la ferme et me tasse au fond du char, abruti, exténué par cette première marche de nuit. Mais il y en aura d'autres !... Dans un demi-sommeil, je sens que l'on fourrage dans le couloir du moteur. L'essence ? À côté du char j'entends quelqu'un dire qu'il n'a plus d'huile. Je dis : Qui est-ce ? On ne me répond pas. C'était le suivant : Sigros (char Foudroyant). »

L'ENGAGEMENT DE MARLE-MONTCORNET (1re ET 2e COMPAGNIES)

■ 16 MAI, PETIT MATIN : LA MARCHE D'APPROCHE

À leur départ de Vervins, le commandant Bourgin et le capitaine Vaudremont rencontrent d'abord le détachement Hans (échelons partiels de la 2e compagnie). Le commandant, préférant que tous les échelons et la CE soient groupés au Nouvion, les fait retourner. Puis ils rencontrent les chars du capitaine Laurent de la 1re compagnie et les fait diriger sur les Bouleaux. Laurent apprend au capitaine Vaudremont que sa compagnie a un certain retard par la suite d'un accident de motos qui a fait un

« De jour et de nuit, sur les routes encombrées, les motards effectuent les liaisons... » Sur cette scène à caractère général, l'illustrateur de l'Historique du 15e BCC a représenté l'avant d'un Renault R 35 à un carrefour, et des camions du même constructeur, de types produits jusqu'en 1937, avant les nouveaux modèles à cabine avancée.

« En route ! ». Cet autre croquis provenant de l'historique du 15e BCC montre la position de chacun des quatre hommes composant normalement l'équipage d'un B1 bis : le chef de char (ici debout sur son inconfortable tabouret, fermant la porte de tourelle), le pilote au devant gauche, assis à son poste devant l'ouverture du capot de conduite, le radio, à gauche et en léger retrait du chef de char. L'aide-pilote, qui ici ferme la porte de côté, prendra place à la droite du pilote, juste derrière la culasse du canon de 75.

blessé grave (fracture du crâne au caporal Wesseldinger, dépanneur, qui a percuté une autre moto conduite par le lieutenant Willig, 3e compagnie, lui même légèrement blessé). Wesseldinger, inconscient, a été emmené à l'hôpital du Nouvion.

Après une collision d'autos qui met en panne leur voiture, le commandant et le capitaine rencontrent les chars de la 2e compagnie. Le commandant monte dans la VTT de la compagnie, le capitaine dans le char de tête (sous-lieutenant Vieux sur l'Anjou) et la compagnie arrive par une nuit très noire à Laigny. Le commandant fait stopper la colonne qui n'avance que très lentement dans des chemins encombrés de réfugiés et demande au capitaine d'amener sa compagnie aux Bouleaux le matin au petit jour. Il lui demande aussi de faire prévenir le lieutenant Pompier — la 3e compagnie venait d'arriver au Nouvion au départ du commandant — de l'ordre reçu et de l'emplacement de la base de départ. Le sergent-chef Ackermann part en side-car et remplit sa mission, vers 2 h 30 du matin le 16 mai.

À ce moment là, la compagnie Vaudremont se trouve en colonne à Laigny à l'abri des haies. Les chars sont couverts des impedimenta du voyage, bâches, cales, pompes de graissage, béquilles. Il est environ 2 heures du matin. Exténués (la nuit précédente dans le train n'avait déjà pas été brillante), les équipages s'endorment dans les chars. Leur réveil, fixé à 4 heures, sans ravitaillement chaud, est des plus pénible : « Combien de temps ai-je dormi ? J'entends des ordres. On me secoue sans ménagement. Je tape du pied le long du char, pendant que l'on se prépare à mettre en route. La nuit est claire. Ma montre donne quatre heures et son tic-tac me réveille un peu. Les réfugiés passent toujours, à pied derrière une pauvre voiture, figures blafardes, sur les chariots, de vieilles femmes penchées aux cahots du chemin. Des enfants qui dorment, pas une parole... » (Lauvin).

La situation de la 2e compagnie est, à ce moment, la suivante :

— à Laigny, neuf chars dont deux de remplacement sous le commandement du capitaine, prêts à partir. Un petit détachement de dépannage, le sous-lieutenant Naegel et quelques dépanneurs en side-car et tracteurs, complète l'effectif ;

— au Nouvion, sous les ordres du sous-lieutenant Hans, l'échelon sur roues avec trois camions (V et B ; matériels de compagnie, complément des lots de bord), un side-car, la Simca, une camionnette (chasseur Bossé) ;

— à La Capelle où il venait de débarquer le 16 à 2 heures du matin, l'adjudant Sauvageot, le sergent Benel, quatre tracteurs, deux camions (l'un à essence, l'autre à munitions), une moto.

Le détachement Guillot n'a donné aucune nouvelle, son emplacement est inconnu.

Dessin C. Vaucheret, coll. Anciens du 15e BCC

À 5 heures du matin, les chars s'ébranlent. Au départ, le sous-lieutenant Sigros signale que son char le *Foudroyant*, est indisponible pour une fuite d'huile grave au moteur et ne peut partir. Les décisions suivantes sont prises en fonction des ordres du chef de bataillon :

— les chars iront seuls à l'attaque après s'être débarrassés de leurs impedimenta ;

— le sous-lieutenant Naegel et son détachement de dépannage accompagneront les chars jusqu'à la base de départ des Bouleaux. Ensuite ils rassembleront au Nouvion tous les impedimenta des chars. Puis ils s'occuperont du dépannage et du ravitaillement de la compagnie. Ils connaissent l'ordre d'attaque mais il ne peut pas a priori être question de les conduire en terrain inconnu sans infanterie et sans protection derrière les chars ;

— aucun ordre n'est donné au sous-lieutenant Hans qui passe sous les ordres du lieutenant Roques commandant la CE.

Le *Foudroyant* de Sigros est laissé avec son chef et devient ainsi le premier char en panne dans l'engagement. Il n'y a pas lieu de s'inquiéter pour le moment sur son sort puisque, selon les renseignements du QG de la 9e armée, seules des infiltrations ennemies ont été signalées au-delà de la ligne Maginot solidement tenue. Pourtant, Sigros sera fait prisonnier sur place le soir même.

On croit les Allemands assez loin, sauf peut-être quelques motocyclistes isolés à l'est de Vervins.

Le sergent-chef Ackermann n'est pas rentré de sa mission (prévenir la 3e compagnie du lieutenant Pompier). Cela n'a rien d'extraordinaire. Il est parti à 2 h 30 du matin, et avec l'encombrement des routes, c'est bien normal.

De même, la compagnie Pompier n'est, bien entendu, pas encore là. Elle n'est arrivée en gare du Nouvion qu'à 20 h 30 la veille. L'exposé de la journée du 16 mai va donc concerner seulement l'échelon de combat qui comprend :

258 FOUDROYANT
(1re section, 2e compagnie du 15e BCC)

ÉQUIPAGE LE 10 MAI

Chef de section, chef de char :
sous-lieutenant Gérard Sigros (réserve)
Pilote : caporal Ferrandez (ou Ferraudez)
Aide-pilote : chasseur Chareyron
Radio : chasseur Seznec

Trois chasseurs mécaniciens : Richou, Gindre (permission), Glasson (malade).

Coll. Anciens du 15e BCC

Le sous-lieutenant Sigros, chef de char du Foudroyant.

Aucune photo du Foudroyant, monté par Saint-Chamond, n'a été, à ce jour, portée à notre connaissance. Le profil de la tourelle est donc donné à titre indicatif seulement. Le grand chiffre « 1 » est très probable (mais non certifié) : c'est le seul chiffre manquant dans la série de 0 à 9 des chars de la 2/15e BCC. De plus, le Foudroyant remplace le Rouen (p. 41) qui portait déjà ce numéro.*

LE DESTIN DU *FOUDROYANT*

Tombé en panne le 16 mai au matin à Laigny, le *Foudroyant* ne peut être dépanné avant l'arrivée de l'ennemi. Il est rendu inutilisable par son équipage qui a fait l'impossible pour le sauver en l'emmenant sans huile à la Vallée-aux-Bleds. Équipage fait prisonnier (* détails dans le texte p. 70).

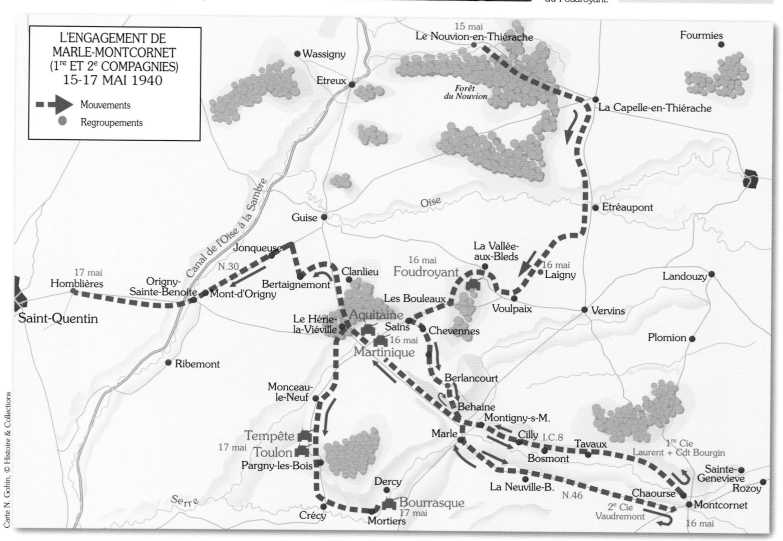

L'ENGAGEMENT DE MARLE-MONTCORNET
(1re ET 2e COMPAGNIES)
15-17 MAI 1940

→ Mouvements
● Regroupements

Carte N. Gohin, © Histoire & Collections

15 mai — Le Nouvion-en-Thiérache
Fourmies
Wassigny
Etreux
Forêt du Nouvion
La Capelle-en-Thiérache
Oise
Etréaupont
Guise
Canal de l'Oise à la Sambre
Jonqueuse
N.30
La Vallée-aux-Bleds
16 mai — Foudroyant
16 mai — Laigny
Landouzy
17 mai — Homblières
Origny-Sainte-Benoite
Mont-d'Origny
Bertaignemont
Clanlieu
Les Bouleaux
Voulpaix
Vervins
Aquitaine
Le Hérie-la-Viéville
Sains
Chevennes
Plomion
Saint-Quentin
16 mai — Martinique
Ribemont
Monceau-le-Neuf
Berlancourt
Behaine
Montigny-s-M.
Tempête
17 mai — Toulon
Pargny-les-Bois
Marle
Cilly — I.C.8
Tavaux
1re Cie Laurent + Cdt Bourgin
Sainte-Geneviève
Rozoy
Dercy
La Neuville-B.
N.46
Chaourse
Montcornet
Serre
Bourrasque
17 mai
Crécy
Mortiers
Bosmont
2e Cie Vaudremont
16 mai

61

— les chars de la 2e compagnie renforcés du *Martinique* (Vaucheret) et du *Nice* (Mathieu) ;

— l'échelon de dépannage du sous-lieutenant Naegel.

■ 16 MAI : DERNIERS PRÉPARATIFS DU MATIN

Le capitaine a rassemblé à Laigny ses chefs de chars. Le sous-lieutenant Naegel donne comme point de première destination Les Bouleaux. Tous les chars, sauf le *Foudroyant* de Sigros, partent par une route encombrée de réfugiés.

Les B1 *bis* nécessitent une attention constante, comme en témoigne le sous-lieutenant Lauvin : « *Julien, le pilote, sort inquiet du couloir du moteur : ça fuit et cela fuit même terriblement. Le carter engouffre sans broncher deux nourrices de ricin : cinquante litres... L'équipage parcourt rapidement la colonne de chars et revient avec une nourrice pleine. Où l'a-t-il trouvé ? En route. Porte de tourelle ouverte, je suis debout sur mon tabouret de tôle quadrillée. L'appel d'air achève de me réveiller. Le jour se lève. Il semble que la tête de la colonne aille trop vite, et la 2e compagnie s'échelonne dans la campagne. En sortant de Voulpaix, des explosions sourdes me font me retourner. Deux gros avions (Dornier 17) nous survolent, très bas, trois colonnes de fumée sombre jaillissent sur le fond des maisons. Porte fermée, j'inspecte vainement le ciel dans mon tourelleau. Les avions ont disparu. Mais Naegel, avec ses chenillettes, a échappé de justesse aux éclats.* » La bombe la plus proche tombe à moins de 50 m de l'échelon.

Le chef de bataillon et le capitaine Laurent (1re compagnie) sont retrouvés aux Bouleaux et le départ s'effectue sous un magnifique soleil levant, vers 6 heures du matin.

« *Arrêt en colonne, devant un bois où des chars B apparaissent. C'est la 1re. Le moteur stoppé, nous nous apercevons avec terreur que la fuite d'huile ne s'est pas colmatée et impossible de la localiser. Notre trois cents chevaux est tout neuf, il a été posé juste deux jours avant le départ et nous n'avons pas eu le temps de le régler à fond, ni surtout d'en découvrir et réduire les inévitables fuites. Si nous n'arrivons pas à aveugler celle-ci, c'est à bref délai l'échauffement et la bielle coulée, le char immobilisé définitivement ? Ce sort, Sigros est en train de le subir derrière nous, mais nous l'ignorons encore, le croyant simplement en retard. Julien, tenace, cherche du côté de la pompe et finit par trouver quelque chose. Mais est-ce bien cela ? Vite les écrous sont resserrés et nous filons dans le carter nos derniers litres d'huile, n'en ayant même plus assez pour arriver à remplir. La nourrice, rejetée au fond du couloir, nous lance son sinistre bruit de tôle vide. Mais cinq jours après, le niveau n'avait point bronché. Je crois au miracle... Pendant que mon équipage se bat avec l'huile et que la compagnie règle les postes de radio, le capitaine donne ses ordres aux chefs de chars assemblés. Nous allons passer à Marle en faisant un détour et attaquer, vers Montcornet, les Allemands venus à Mézières. Ainsi l'a prévu le général Giraud. Il a ajouté que notre mission était de détruire tout ce que nous verrions, tout vous m'entendez bien.* »

L'itinéraire assez compliqué passe par Sains, Chevennes, La Neuville, Berlancourt, Behaine et Marle.

Ces villages sont entièrement déserts, sans population civile ou militaire et ce manque de troupes ne manque pas d'être inquiétant lorsqu'on songe à la proximité de l'ennemi. « *Je n'ai pas de cartes, personne n'a de carte, seul le capitaine a une Michelin de la région. Attentif, je grave le terrain dans mon esprit, je vois le plan de Marle, la grande ligne vers l'est. En route, le plancher ruisselant d'huile, incertain de notre avenir, nous suivons la colonne en prenant bien soin de ne pas la perdre, car dans tous ces petits villages... Devant Marle nous observons un dépôt d'essence. Nous nous dédoublons. La 2e compagnie prendra le sud de la rivière, et la première avec le commandant Bourgin, sur son char Marseille, passera au nord. Nous devons nous rencontrer à Montcornet. Dans Marle, pagaille, réfugiés, et les premiers soldats français en débandade. Cela ne me frappe pas, je n'y prêterai attention que plus tard.* » (Lauvin).

Coll. Anciens du 15e BCC

213 AQUITAINE
(2e section, 2e compagnie du 15e BCC)

ÉQUIPAGE LE 10 MAI

Chef de section, chef de char : sous-lieutenant Picard (active, Saint-Cyr)
Pilote : sergent-chef Guenesan
Aide-pilote : caporal-chef Hery
Radio : caporal Velcin
Trois chasseurs mécaniciens : Bollard, Herbe, Amelin.

Printemps 1940 à Dampierre-sur-Moivre, le capitaine Vaudremont à droite en grande discussion avec le sous-lieutenant Picard, devant son char l'Aquitaine, qui porte un grand « 9 » blanc sur la tourelle.

Coll. Anciens du 15e BCC

Le sous-lieutenant Picard.

Les chiffres de tourelle apparaissent à la 2e compagnie après les premières semaines de la guerre. Comme le montre la photo ci-dessous — hélas de piètre qualité — de l'Aquitaine prise à Herméville fin septembre 1939, le « 9 » est alors encore absent. Au second plan, le Cantal et, au fond, certainement le Madagascar, qui ensemble constituent à ce moment la 3e section de la 2e compagnie du 15e BCC.

Coll. Anciens du 15e BCC

■ 16 MAI : L'ATTAQUE SUR MONTCORNET

Pour l'attaque, le commandant Bourgin prescrit deux bonds successifs : Montcornet d'abord, puis Rozoy dans un deuxième bond, mais seulement sur ordre du chef de bataillon.

Pour la 1re compagnie et le chef de bataillon, l'itinéraire passe au nord de la Serre : route IC 8 par Montigny, Cilly, Bosmont, Tavaux, Chaourse, Montcornet, Sainte-Geneviève, Rouvray. Pour la 2e compagnie (privé de l'*Aquitaine*, tombé en pan-

LE DESTIN DE L'*AQUITAINE*

L'*Aquitaine* tombe en panne de Naeder au cours de l'attaque sur Montcornet. Ne pouvant être dépanné avant l'arrivée de l'ennemi, l'appareil est détruit par son équipage dans la soirée du 16 mai près de Marle, à Le Hérie-la-Viéville. L'équipage rentre dans les lignes (➡ détails dans le texte, p. 70). Le chef de char sera fait prisonnier au cours d'une mission de reconnaissance des ponts, le 18 mai 1940.

L'Aquitaine à Dampierre-sur-Moivre, début 1940. On distingue, peint en grand format sur son flanc gauche à la hauteur du chasseur, ce qui semble être encore l'insigne distinctif du 510ᵉ RCC de Nancy (comme sur le Lyon, ➡ p. 97). Sur le bouclier du capot de conduite, on devine, inscrits sans doute à la craie, un patronyme (Le Brezoionec) et, sur le masque du canon de 75, un second nom, illisible (se terminant par ...tehr).

Deux vues de l'épave de l'Aquitaine à Le Hérie-la-Viéville, près de Marle. Sur la photo ci-dessus, on voit que le chiffre 9 de tourelle est répété sur le pan arrière gauche de la tourelle.

ne de Naeder à Marle), au sud de la Serre : la Nationale 46.

La 3ᵉ compagnie du 17ᵉ BCP du capitaine Gelot, débarquée dans la région et rencontrée fortuitement alors qu'elle cherche à reprendre contact avec le commandant Mahuet (chef de corps du 17ᵉ BCP), se met à la disposition du commandant Bourgin qui la fait progresser derrière la 1/15ᵉ, en deuxième échelon. Le nettoyage ne commencera qu'à l'ouest de Marle, localité où se séparent les deux compagnies de chars, chacune sur leur axe.

Suivons les pérégrinations de la 2ᵉ compagnie dont nous connaissons le détail.

Le capitaine Vaudremont rencontre quelques cavaliers motorisés, seuls défenseurs de Marle. Ils déclarent n'avoir pas vu d'Allemands dans la localité et souhaitent bonne chance au détachement de chars. Le capitaine décide de marcher en colonne sur la route. Il croit toujours à la situation dépeinte par le colonel de l'état-major de la 9ᵉ armée. La campagne semble calme et désertique, comme en témoigne le sous-lieutenant Lauvin : « *En colonne nous fonçons sur Montcornet à grande allure. Vieux est à la traîne, son char ne tire pas. Picard n'a pas suivi. Quelques kilomètres, sur une route magnifique, droite, claire, couverte de grands arbres. Au tourelleau, rien. Tout à coup une 402 me dépasse et s'arrête. Julien se range derrière. Un capitaine descend, frappe et demande s'il y a un officier à bord. Je me présente à la porte du char : prévenez le chef de la colonne que des éléments blindés sont signalés sur la route de Liart à Montcornet. Immédiatement, j'appelle par radio pendant que la 402 fonce en avant jusqu'au char suivant, assez éloigné. Toujours rien au tourelleau, la campagne est en apparence absolument déserte. Plusieurs kilomètres... »*

Le capitaine, qui est en tête de la colonne, s'attend à voir des soldats français en position et peut-être des blindés légers allemands. Il trouve la route déserte et silencieuse. La liaison radio avec le chef de bataillon n'est pas établie faute de temps.

Pour la réaliser malgré tout, aucune moto, aucun véhicule ne permet de transmettre ou de recevoir des ordres du bataillon. L'affaire a été montée avec trop de rapidité et les équipages sont trop épuisés, mais chacun sent que la situation est grave. À environ 1 km de Marle, on voit un employé du chemin de fer venant de Montcornet, à pied. Le capitaine Vaudremont descend du char, l'interroge. Cet homme ne signale rien, ni Français, ni Allemands. Un kilomètre plus loin, quelques réfugiés montés sur un rouleau compresseur n'ont également rien vu. Le capitaine reprend et continue ainsi, à 15 km/h, jusqu'au carrefour de la N 46 et de l'IC 9. Vaudremont rencontre un ménage qui se dirige à pied vers Marle. Comme précédemment, il descend du char les interroger. L'homme, paraissant gêné et peu loquace, déclare qu'il n'a pas vu d'Allemands. Le capitaine l'emmène avec lui quelques mètres plus loin, sur un sommet de la route, pour examiner le terrain et lui demander quelques précisions car l'homme parait ne désirer qu'une chose : partir. À peine ont-ils fait quelques mètres que des rafales de mitrailleuses et des obus de 20 mm, identifiés plus tard par les impacts sur les chars, arrivent à moins d'un mètre d'eux, faisant des trous dans la route et ricochant. L'homme se jette par terre. Vaudremont rentre rapidement dans son char et, depuis le tourelleau, examine une lisière de bois située à 400 mètres environ, d'où proviennent les coups. Les obus arrivent alors nombreux et résonnent sur le blindage, l'antenne de commandement est traversée par un obus, un autre projectile casse l'épiscope du pilote, deux patins sont traversés mais le blindage tient bon. Derrière le *Cambodge*, le lieutenant Dumontier, avec le *Madagascar*, reçoit un obus qui reste coincé dans l'épiscope du tourelleau. Heureusement, il ne traverse pas. D'instinct, les chars ont fait face à l'ennemi et, en moins d'une minute, la lisière disparaît sous la fumée des éclatements de 75 et de 47.

Vaudremont ne peut discerner la nature des engins ennemis qui occupent la lisière, mais dix minutes plus tard, les Allemands ne répondent plus. Un officier d'artillerie coloniale, fait prisonnier et qui, profitant de cette escarmouche, vient juste de s'échapper, a assisté au combat du côté allemand et révèle la nature des forces ennemies : des automitrailleuses postées à la lisière du bois, et qui ont toutes été détruites.

Après avoir constaté la fin du tir du côté allemand, Vaudremont juge inutile d'aller au résultat et continue sa route. Il voit alors une animation suspecte au cours du kilomètre suivant. Il lui semble apercevoir, traversant la route, des hommes courbés à la limite de la visibilité.

À un moment donné, un homme lève les bras sur la route, face aux chars. Ne sachant s'il est français ou allemand, le capitaine tire volontairement à côté pour voir sa réaction. L'homme s'enfuit en toute hâte dans le bois qui borde la route et, de profil, son casque le trahit : c'est bien un Allemand, probablement un automitrailleur qui, effrayé, s'est enfui et, apercevant les chars B sur la route, venait se rendre. Les difficultés de visibilité ne permettent pas de le retrouver. Continuant, le capitaine aperçoit un véhicule blindé muni d'une antenne. Se souvenant des ordres du général Giraud, il tire cette fois au 47 mm explosif en plein milieu du véhicule. L'automitrailleuse explose, une colonne de flammes de plus de dix mètres de haut s'élève, barrant la route. En contournant le blindé en flammes, le capitaine a la satisfaction de voir la croix blanche qui marque les véhicules de combat allemands. C'est certainement l'automitrailleuse de commandement du détachement engagé précédemment, car elle est munie de radio.

Vue bucolique et artistique du Martinique sous la neige durant l'hiver 1939-1940. Contraste saisissant avec l'effet de puissance destructrice qui se dégage de cette masse impressionnante de 32 tonnes.

Toujours le Martinique dont l'auteur de la photo a tenu à souligner les contours profilés de cet imposant « vaisseau terrestre » se détachant sur l'horizon.

Certains chars B placés derrière le capitaine peuvent atteindre, avec des rafales de mitrailleuse, quelques Allemands qui fuient dans la direction opposée de la route. Le capitaine fait alors stopper la compagnie. Elle a dépassé la voie ferrée Laon-Montcornet et se trouve au premier bond fixé, devant Montcornet situé au pied dans la vallée. De toute évidence, la situation ne correspond pas du tout à celle exposée la veille au PC du général Giraud. Aucun Français combattant n'a été rencontré. Aucun soldat français ne suit les chars et il ne peut plus être question de gagner Liart sans risquer la panne sèche. Plus de 60 km ont été parcourus depuis le dernier plein d'essence. Seul le retour à Marle est encore possible.

En outre aucune liaison ne permet de connaître les désirs du commandant. Enfin, personne ne connaît l'importance des détachements

Le lieutenant Vaucheret à Herméville en novembre 1939.

207 MARTINIQUE
(Section de remplacement, CE du 15e BCC)

ÉQUIPAGE LE 10 MAI

Chef de char : lieutenant Claude Vaucheret (réserve, École centrale)
Pilote : sergent Courberand.

Le Martinique en gros plan. Ses deux canons sont munis de leurs manchons de protection en cuir. On distingue sur le capot de conduite la marque de fabrication des usines Schneider, chargées de la réalisation de cette pièce sur la totalité des chars B. Sur les fabrications ultérieures, ce moulage en relief dans la masse de l'acier sera abandonné.

LE DESTIN DU *MARTINIQUE*

Souffrant d'ennuis mécaniques et victime d'un début d'incendie, le *Martinique*, hors d'état, est détruit par son équipage le 16 mai à minuit à Le Hérie-la-Viéville. Équipage sauf (➡ détails dans le texte, p. 70).

16 mai 1940, minuit à Le Hérie-la-Viéville. Les derniers instants du Martinique, premier appareil disparu du 15e BCC.

Sur cette photo d'origine allemande, le Martinique porte un chiffre de décompte des épaves, inscrit par l'ennemi.

allemands dépassés. Pendant la progression, outre les chars du sous-lieutenant Sigros et du sous-lieutenant Picard, deux autres sont tombés en panne en cours de route, l'*Anjou* de Vieux et l'*Algérie* de Lauvin. Le capitaine fait alors revenir les chars restant un peu en arrière.

En s'y rendant, il rencontre précisément un officier de l'état-major du général Giraud, le commandant Mandaroux, qui cherche en auto le commandant Bourgin. Il explique à Vaudremont qu'il faut immédiatement rebrousser chemin. La situation est toute différente de celle exposée la veille. La percée allemande est complète et la situation très grave. Les Allemands attaquent Vervins, le QG de l'armée se replie sur Wassigny et Mandaroux vient demander aux chars de dégager Vervins en contre-attaquant vers le nord en direction de Plomion et Landouzy. Le capitaine Vaudremont lui fait part des difficultés pour trouver de l'essence dans les parages et lui expose sommairement ce que la compagnie a rencontré en route. Mandaroux indique alors qu'il y a un poste d'essence à Behaine, il félicite les équipages pour leur

Coll. R. Potié

© ECPAD/France

travail et, ayant appris l'itinéraire du commandant Bourgin, part à sa recherche pour lui communiquer les ordres.

Au retour, les deux chars en panne sont réparés sommairement et la colonne rejoint Marle.

Le sous-lieutenant Lauvin a ainsi relaté l'ensemble de la matinée, à partir du moment où son char, l'*Algérie*, tombe en panne : « *Brusquement le char s'arrête sur le bas côté et Julien crie :* Le Naeder ne répond plus ! *Podesta se précipite dans le couloir et en ressort comme un diable, hurlant :* La chaîne. La chaîne a sauté ! *Non seulement la chaîne a sauté (nous avons heureusement un rechange) mais elle a arraché la moitié de la cloche en fonte, ce qui est grave pour sa solidité future. Immédiatement Podesta a disparu au loin. Vieux n'est pas encore en vue. Le grésillement du poste de radio s'entend seul parfois sur un fond d'outils remués. Julien, à son poste de pilote, veille. Descendu du char, j'inspecte commodément la campagne, prenant à la jumelle des points de repère aux endroits suspects. Sous le char, l'huile suinte. Tout à coup, canonnade vers l'est. Des rafales de mitrailleuses et cinq coup de canon secs, rythmés à une seconde. Pan-pan-pan-pan-pan. Nouveau tintamarre. Cette fois ce sont sans doute nos 75 de chars. Et la sarabande reprend. Puis le silence se rétablit brusquement, hostile. L'engagement n'a pas duré une minute. Dans son couloir exigu, Podesta redouble d'ardeur pour engager la nouvelle chaîne. Les camarades se battent là-bas, on veut y aller, dit Julien.*

Derrière nous, le char de Vieux apparaît enfin et s'arrête. Vieux est excédé, cela ne tire pas, tout chauffe, il se traîne lamentablement. Je lui conseille d'attendre un moment avec moi. Son moteur refroidira, et nous repartirons ensemble dès que j'aurai réparé. En attendant, surveillons. Et je rentre dans ma tourelle, pour inspecter les environs à la lunette. De temps en temps, alerte sur la route. Je crois voir quelque chose passer, très loin puis plus rien. Voici qu'au loin la compagnie reparaît, à bonne allure. Elle s'arrête devant nous et vite je descends. Le capitaine Vaudremont sortant du Cambodge (photo) [➡ p. 92] me dit qu'il vient de détruire une automitrailleuse devant Montcornet (un coup de 47 explosif à 800 mètres. Merci pour le réglage, Lauvin !) plus une voiture de liaison de tourisme avec quelques types dedans. La compagnie a nettoyé tout un tas d'automitrailleuses embossées dans le bois, et qui arrosaient les chars au canon de 20. Dumontier a encore un obus encastré dans une fente de tourelleau. Le PPL a été bousillé sauf la dernière glace. Heureusement car les yeux de Dumontier se trouvaient juste derrière à ce moment-là. Avant d'engager le combat, le capitaine qui interviewait des pseudo-civils sur la route, a échappé de justesse à une rafale de mitrailleuse bien ajustée. Pagnon aussi (char Corse). En résumé aucun dégât. Quelques patins poinçonnés. *Et le moral est à bloc. Au moment où l'on va mettre en route, Podesta sort de son couloir en nage, maculé de graisse et de cambouis. Il a réussi à boucler la chaîne, après une heure et quart d'efforts ininterrompus. Nous pouvons reprendre notre place dans la colonne, qui s'ébranle maintenant vers le dépôt d'essence de Marle. Il est en effet déjà midi, et le creux des réservoirs est inquiétant.*

À la sortie est de Marle, deux 25 antichars et quelques cavaliers en side défendent l'accès de la ville. Pendant que nous traversons le pays, l'un des sides part en reconnaissance vers Montcornet voir où sont les allemands... Ces gens-là sont magnifiques. Partout les cavaliers exciteront notre admiration par leur calme et leur audace froide. » (Lauvin).

Aucune trace d'essence n'est trouvée dans les pompes publiques et la compagnie part donc pour Behaine. Les cavaliers de Marle sont navrés de voir partir les chars car ils se doutent bien que seuls, ils ne pourront contenir une attaque sérieuse. Ces hommes ont entendu la canonnade et, croyant les chars français en difficulté, ils sont allés bravement au devant pour les secourir.

La compagnie arrive à Behaine vers 13 heures, une demi-heure après le commandant Bourgin. Le capitaine Laurent et la compagnie de chasseurs, alertés par le commandant du PC de la 9ᵉ armée, rejoignent également Behaine.

Le capitaine essaye en vain, au téléphone du poste d'essence, de reprendre contact avec le PC de l'armée, puis il fait commencer les pleins. Il n'existe qu'une seule pompe pour tout le bataillon, elle est à main et c'est de l'essence poids lourd [6]. On l'utilise néanmoins. Depuis le Nouvion, les chars ont fait environ 100 km. Il faut compter plus de 350 litres par char, soit 7 000 litres pour le détachement en utilisant des bidons de 200 litres. Commencés à 13 heures, les pleins ne sont terminés que cinq heures plus tard. Les équipages sont exténués. Depuis la veille, ils sont restés dix heures en chars, après le débarquement en chemin de fer, et n'ont dormi que deux heures, tout habillés dans les blindés. Ils vivent de conserves sans avoir de pain (le camion V et B est au Nouvion).

« *Pendant la manœuvre* [de plein des réservoirs], *j'erre dans la ferme à la recherche de mes camarades. Mais ils ont disparu. Finalement, je les retrouve allongés sous les pommiers. Comme je m'assieds sans rien dire, l'air hagard, on m'offre à manger. C'est vrai, j'ai faim. Mais je n'y songeais pas. Puis, je bois quelque chose et j'erre de nouveau dans la ferme, saoûl de fatigue. Des avions passent, les gens du dépôt sont inquiets pour leurs bidons. D'ailleurs à peine serons-nous partis que tout flambera.* »

---

6. Le moteur du char B, dérivé d'un moteur d'avion, fonctionne normalement à l'essence légère aviation.

Ces deux documents mettent en évidence une évolution dans la décoration du Bourrasque. La première photographie, inédite et prise au 8ᵉ BCC avant la mutation du 18 avril 1940, montre que le nom de l'appareil a d'abord été peint suivant une ligne oblique, cas exceptionnel sur un char B (s'agirait-il d'une initiative de FAMH qui, avec le Bourrasque, signe son tout premier char B ?). Sur le second document d'origine allemande bien connu, ce nom apparaît dans sa configuration classique mais le numéro 257 est peint au pochoir (il en est de même sur la porte), ce qui est très inhabituel. La salamandre peinte sur le capot (et qui ressemble beaucoup plus à un léopard héraldique qu'au petit batracien évoqué par le lieutenant Sauret) apparaît sur le Bourrasque avant son versement au 15ᵉ BCC. On retrouve exactement le même insigne sur le n° 262 Tramontane (➡ p. 144), de même provenance.

Dessin C. Vaucheret, coll. Anciens du 15ᵉ BCC

17 mai, 11 h 15. Toutes munitions épuisées, le feu cesse. Les Allemands entourent le Bourrasque et somment l'équipage de sortir...

Coll. S. Bonnaud

257
BOURRASQUE
(2e section, 1re compagnie du 15e BCC)

ÉQUIPAGE LE **10 MAI**
Chef de char : lieutenant Paul Sauret
(réserve, École centrale)
Pilote : sergent Seguin
Aide-pilote : caporal Gentner
Radio : chasseur Mogrédien
Trois chasseurs mécaniciens.

Le Bourrasque du lieutenant Sauret, détruit le 17 mai 1940, document inédit. Le panneau d'identification ouvert sur le dessus du char présente une grande cocarde, apparemment amovible. En revanche, les cocardes peintes pour être visibles du sol ne deviendront courantes qu'à la fin de la campagne.

LE DESTIN DU BOURRASQUE

Ce char combat dans une échappée solitaire et, à court de munitions, se rend avec son équipage le 17 mai 1940 à Mortiers (➡ lire détails dans le texte pp. 70-71). Le caporal Gentner est blessé à la machoire.

Le *Bourrasque* a été abondamment photographié et même filmé par les PK (voir la cassette vidéo « *Campagne de France* ». C'est sur ce film d'archives que le public spécialisé a pu découvrir pour la première fois un insigne inédit, une silhouette de char B1 *bis* détouré en aluminium cousu sur la poitrine à droite, sur le veston de cuir du lieutenant Vaucheret. Cet insigne est décrit dans cet ouvrage, ➡ p. 173).

Premier char sorti de montage chez FAMH (Forges et aciéries de la marine et d'Homécourt, établissement plus connu sous le nom de Saint-Chamond), le Bourrasque possède le camouflage peint par ce constructeur, lequel n'apparaît pas distinctement. FAMH ne semble pas utiliser les bordures foncées entre les zones de couleurs différentes.

Le lieutenant Paul Sauret (portrait en captivité par Vaucheret).

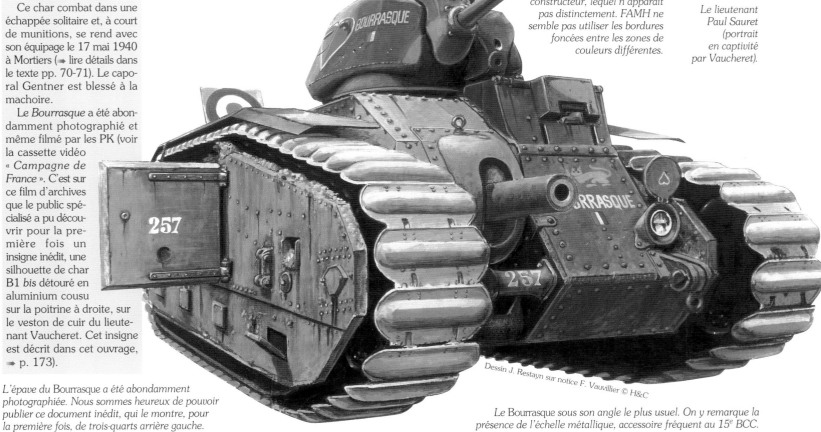

Dessin J. Restayn sur notice F. Vauvillier © H&C

L'épave du Bourrasque a été abondamment photographiée. Nous sommes heureux de pouvoir publier ce document inédit, qui le montre, pour la première fois, de trois-quarts arrière gauche.

Le Bourrasque sous son angle le plus usuel. On y remarque la présence de l'échelle métallique, accessoire fréquent au 15e BCC.

Coll. J.-Y. Nasse

Coll. R. Potié

Vareuse d'officier modèle 1939 ayant appartenu à un capitaine (non identifié) du 15e BCC. Les pattes de collet à chiffres en cannetille d'argent et soutaches gris cendré sont cousues d'origine. Ce col ouvert contraste avec le col aiglon de la vareuse modèle 1929 portée, début juin 1940, par le sous-lieutenant Jacques Perré (➠ photo p. 69). Cette vareuse ancienne, surprenante pour un jeune saint-cyrien, est peut-être un effet de substitution après l'odyssée vécue par Perré les 17-18 mai.

Coll. P. Thiry

Le capitaine Chazalmartin, 2e et 3e bureaux de l'état-major de la 2e DCR, tire la synthèse de cette première action de combat : « *la mission initiale donnée au groupement Bourgin (après un raid de plus de 50 km de profondeur, s'installer défensivement sur un front de 25 km) dépassait largement les possibilités d'une division cuirassée et, à plus forte raison, de 20 chars et 150 chasseurs portés. Cependant, l'ennemi rompt le contact devant les colonnes Bourgin et se replie. Il ne s'agit en effet que d'avant-gardes à base de motocyclistes et d'automitrailleuses. Le corps de bataille de la Panzerdivision n'est pas touché. Nous avons lancé une charge de notre cavalerie de ligne contre la cavalerie légère ennemie. Elle se dérobe et s'égaye à droite et à gauche. Bientôt elle reprendra sa marche suivie de sa propre cavalerie de ligne intacte. Certes, la charge du groupement Bourgin a ralenti la marche de l'ennemi vers l'Oise sur l'axe Montcornet, Marle, Saint-Quentin. Elle l'a peut-être détourné d'infléchir son action sur Laon et La Fère, mais elle ne l'a pas empêché d'atteindre Guise. L'ennemi d'ailleurs a repris sa marche sur Marle, Mont d'Origny et Ribemont, à distance respectueuse de la colonne Bourgin en cours de repli. Mais certain de nos chars, qu'une marche forcée de plus de 120 km a mis à bout de souffle, ne pourront rentrer dans nos lignes.* »

■ SOIRÉE DU 16 MAI : LE DRAME DE GUISE

L'attaque ennemie annoncée sur Vervins ne peut plus, à cette heure, être arrêtée par les chars. Le commandant Bourgin et l'officier de liaison du QG de la 9e armée se mettent d'accord sur ce point, ainsi que sur celui d'essayer de faire rejoindre les chars et leurs échelons toujours au Nouvion.

N'ayant pas une idée exacte de l'avance allemande, le commandant Bourgin fait très sagement — la suite lui donnera raison — donner l'ordre du départ pour le Nouvion par l'itinéraire Le Hérie, Guise, Étreux, ceci pour éviter de rencontrer par surprise l'ennemi dont on ignore l'emplacement. Le bataillon se met en route vers 18 h 15 dans l'ordre 2e compagnie, 3/17e BCP, 1re compagnie. Vaudremont est en tête de colonne. Plusieurs chars (Sigros et Picard pour la 2e compagnie) sont en panne. Il est décidé de leur envoyer une équipe de dépannage dès que l'échelon serait retrouvé.

La colonne part, atteint sans encombre Le Hérie et, en se dirigeant sur Guise, elle assiste à un violent bombardement de cette ville par l'aviation allemande. « *Nous reformons la colonne et filons vers Guise. En regardant la grand'route, je vois Picard, disparu depuis le matin, et dont le char se traîne péniblement. Le Naeder ne répond presque plus, faute d'huile. L'Aquitaine fait ses derniers kilomètres. Ce soir ce sera l'immobilité. L'abandon au milieu des Allemands puis l'équipage qui s'en va sur ordre de Picard, resté le dernier pour mettre le feu à son appareil, pendant qu'un déluge d'artillerie l'encadre déjà. Où est Sigros ?* » (Lauvin).

Vaudremont aperçoit alors dans des vergers, à la hauteur de la ferme de la désolation, plusieurs chars B du 8e BCC. Descendant de sa tourelle, il vient voir les équipages et trouve deux

officiers, les lieutenants Reve et Rosenwald, du *Corsaire*. Ceux-ci le mettent au courant de graves nouvelles.

« *Dans le soleil nous filons vers Guise, avec l'intention de rejoindre notre échelon au Nouvion. Tantôt sur le char, tantôt dans ma tourelle, je surveille le ciel calme et la campagne harmonieuse. Mais voici que devant Guise les premiers chars s'arrêtent. Je regarde à droite et à gauche. Dans un verger, un char B est camouflé derrière la haie, que l'on aménage rapidement en embrasure, et menace la ville. Dans l'officier qui s'affaire autour de l'appareil, je crois reconnaître Bordeaux. Au loin, d'autres chars B avancent vers nous à travers le champ, venant de Guise. Et nous apprenons le drame.*

Passant dans Guise, des chars du 8e bataillon ont rencontré les Allemands qui occupaient déjà la ville. Plusieurs chars se sont perdus dans les rues, ou ont été surpris par des antichars ou des pièges. D'autres ont pu se dégager et attendent les Allemands à la sortie. La pagaille en ville est incroyable, car l'on se bat au canon parmi les colonnes de réfugiés, pendant que des avions mettent le feu partout. »

Les Allemands sont entrés dans Guise. Plusieurs chars du 8e commandés par le lieutenant Dupont (1re compagnie), participent à la défense. En ville, l'encombrement est indescriptible et le lieutenant Dupont a lui-même renvoyé plusieurs chars du 8e qu'il ne peut utilement placer. « *Il est impossible de traverser Guise dans ces conditions, même de force. Il est donc décidé de regrouper les deux bataillons, ou plutôt ce qu'il en reste, devant Saint-Quentin et de tenir la ville. Les braves chasseurs du 17, dont une compagnie nous suit en chenillettes, resteront avec nous désormais...* »

Le capitaine Vaudremont prévient le commandant Bourgin. Après avoir réfléchi, ce dernier analyse la situation :

— il ne peut plus être question de regagner Le Nouvion d'où probablement les échelons sont partis, sans risquer d'être faits prisonniers ;

— le lieutenant Dupont n'a pas besoin de chars supplémentaires puisqu'il n'utilise pas tous ceux qu'il a avec lui. En revanche, il peut avoir besoin d'essence d'ici peu ;

Le commandant décide donc de revenir plus en arrière pour pouvoir préparer le ravitaillement du 15e BCC (privés de leurs tracteurs) et celui de Dupont. En outre, il semble utile d'être en position en vue de la défense de la coupure de l'Oise ;

Il donne donc l'ordre de se rendre dans le village d'Homblières, proche de Saint-Quentin, où l'on pense trouver de l'essence, et proche également de l'Oise, tout en restant sur une grande route nationale. De là le bataillon pourra, après ravitaillement, aider Dupont et reprendre contact avec l'ennemi. Dupont est avisé de la présence des deux compagnies du 15e BCC à Homblières. Le capitaine Laurent, un peu en arrière, est prévenu de ce changement d'itinéraire.

La colonne reprend sa marche par la ferme de Bertaignemont, La Jonqueuse, la Nationale 30 de Guise à Saint-Quentin. En passant à Origny-Sainte-Benoîte, la colonne rencontre deux chars B du 8e BCC (3e compagnie Poupart) qui gardent le pont. Les équipages signalent que des unités de la 2e DCR — sans pouvoir préciser lesquelles — gardent la coupure de l'Oise (en fait toutes les compagnies des 14e et 27e BCC, chars légers, s'échelonnent le long de l'Oise en s'intercalant).

Jusqu'à présent et dans tous les endroits où elle est passée

Le 16 mai : « Au dépôt d'essence de Berlancourt [lieu-dit Behaine], vers 13 h 30, le ravitaillement est aussitôt entrepris... ». Nous voyons ici un ravitaillement manuel, en l'absence des TRC Lorraine 37 L. Les hommes d'équipages doivent œuvrer avec une petite pompe à main, à partir de fûts de 200 litres. Opération longue et fastidieuse.

Dessin C. Vaucheret, coll. Anciens du 15e BCC

© ECPAD/France

Coll. Anciens du 15e BCC

Le sous-lieutenant Jacques Perré est le fils du colonel, futur chef de la 2e DCR.

267 TEMPETE

(3e section, 1re compagnie du 15e BCC)

ÉQUIPAGE LE 10 MAI

Chef de char : sous-lieutenant Jacques Perré (active, Saint-Cyr)
Pilote : sergent-chef Nicolas
Aide-pilote : caporal Bréelle
Radio : caporal-chef Bayard.

LE DESTIN DU *TEMPETE*

Victime d'une panne mécanique, le *Tempête* est incendié par son chef de char dans la soirée du 17 mai près de Pargny-les-Bois, en même temps que le *Toulon* (➡ p. 71). Le sous-lieutenant Perré réussira à rentrer dans les lignes après avoir renvoyé vers l'arrière son équipage (dont seul un des membres sera fait prisonnier, n'ayant pas voulu traverser une rivière à la nage) et être resté seul en fin d'après-midi dans son char — ouvrant le feu à plusieurs reprises sur des véhicules ennemis — dans l'attente d'un secours qui n'arrivera pas. (➡ détails dans le texte pp. 70-71).

Coll. R. Avignon

depuis Le Nouvion, la 2e compagnie n'a rencontré que peu ou pas de soldats français. L'aspect des villages est désertique. Cependant, à aucun moment, il n'a été envisagé une débâcle de l'armée française. Or jamais aucun gradé ou chasseur n'oubliera le désolant spectacle qui s'offre à ses yeux en arrivant sur la RN 30 à la hauteur de la ferme de la Jonqueuse. La route est encombrée, non seulement de civils, mais d'innombrables militaires, sans cadres, en désordre, le plus souvent sans armes. L'impression d'un désastre apparaît nettement à toute la compagnie. Il n'y a plus aucune troupe organisée, mais un troupeau où l'égoïsme règne en maître. La route bombardée par avions laisse apparaître des voitures brûlées, des cadavres calcinés, des entonnoirs de bombes, des morts... Il faut dégainer le pistolet pour pouvoir arrêter la circulation cinq minutes en vue de regrouper les chars.

Le sous-lieutenant Lauvin en a conservé le souvenir : « *Bientôt nous atteignons la grand'route et c'est le cauchemar. Sur trois colonnes de front, un invraisemblable cortège s'avance au pas vers le sud. Des réfugiés en masse, qui à pied, qui en* voiture à chevaux, qui en auto, des soldats français surtout en débandade, le fusil jeté, un bourdon à la main, ou dans les véhicules les plus divers. J'ai vu trois rouleaux compresseurs des Ponts-et-chaussées, dont le toit cylindrique portait douze hommes hirsutes. J'ai vu un soldat sur un vélo de cirque, une grande roue à l'arrière, une minuscule à l'avant, pédalant à toute allure pour faire du cinq à l'heure ! De loin en loin, des autos carbonisées, des débris sans nom, des voitures à bras halées à la cordelle, portent des enfants. Nous devons avancer de façon menaçante pour nous frayer un chemin dans cette cohue, car nous allons vers le sud. Les fuyards nous menacent au passage. Leur bouche tordue vomit des paroles d'ironie et de haine. J'ai fermé ma tourelle pour ne plus m'entendre traiter de lâches, et je reste assis au fond du char, sans rien voir.* »

La colonne arrive à Homblières (6 km à l'est de Saint-Quentin) à la tombée de la nuit, vers 21 h 30. Vaudremont fait placer les chars dans le parc d'un château. Les chasseurs portés

Ces deux photographies du Tempête le présentent alors qu'il appartenait au 8e BCC (sur le document bien connu du haut, pris en gare d'Étain à l'automne 1939, il porte la marque tactique « I » suivie d'un point).
Sorti de la chaîne de montage FCM, le Tempête possède un camouflage, assez visible sur l'excellent document du bas, du type approprié en larges tâches nettes et non ourlées (➡ profil du Toulon page 71).
Le camouflage de la tourelle est, en revanche, du style Renault à bordures foncées.

69

NOTES

7. En s'appuyant principalement sur les témoignages du lieutenant Sauret et du sous-lieutenant Perré. Ces témoignages seront complétés par le général Renauld dans le bulletin n° 93 de l'Association des amis de l'École supérieure de guerre.

8. Après s'être défendu vaillamment, d'après le témoignage de son épouse qui m'a confié qu'il avait été très marqué par le fait d'avoir dû tuer un soldat allemand presque à bout portant avec son pistolet d'ordonnance (NDLA).

9. Les PK (*Propaganda Kompanien*) ont filmé sur le vif cette spectaculaire reddition. L'on peut y voir les soldats allemands juchés sur le char attendant l'ouverture de la tourelle puis aidant un par un les hommes du *Bourrasque* à sortir. On reconnaît sur cette bande d'actualité le caporal-chef Gentner — en gros-plan — debout et fier, blessé au visage mais toujours casqué (il sera par la suite conduit, une fois pansé avec de la gaze tout autour de la tête, dans un véhicule de liaison allemand), le lieutenant Vaucheret debout les mains sur les hanches, face à la caméra, puis le lieutenant Sauret assis au milieu de ses camarades, répondant aux questions d'un officier allemand.

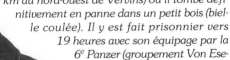

Coll. B. Cornette de Saint-Cyr

Veston de cuir havane modèle 1935 cacheté du 510ᵉ RCC. Ses pattes de collet du 15ᵉ BCC (munies de chiffres métalliques modèle 1935 à trous de couture) ont été rendues amovibles par des boutons pressions, ce qui n'est pas prévu en principe.

garent leurs véhicules dans un autre parc. Les hommes logent dans les maisons abandonnées. « *Justement le mouchard vient nous voir. Les chars sont camouflés, mais des chenillettes demeurent encore sur la pelouse. Curieux, l'aviateur repasse en rase-mottes, penchant l'aile pour mieux voir. Mais au deuxième passage, Ackermann épaule sa mitrailleuse de char et, debout, lui envoie une rafale qui fait littéralement bondir l'appareil. Dans des mouvements désordonnés, il disparaît à nos yeux, et nous ne serons pas bombardés ce soir-là. Brave Ackermann !* » (Lauvin).

La situation du 15ᵉ BCC est à cette heure assez sérieuse. Sur les 23 chars qui auraient dû être présents pour les deux compagnies engagées (1ʳᵉ et 2ᵉ) et la CE, quatre sont à Mourmelon en révision. Un de la CE (*Martinique*), trois de la 1ʳᵉ compagnie (*Tempête*, *Bourrasque*, *Toulon*) et deux de la 2ᵉ compagnie (*Foudroyant*, *Aquitaine*) sont en panne et leur situation apparaît maintenant comme grave. Il ne reste plus que 13 chars qui viennent de faire 160 km sur chenilles depuis le départ des cantonnements. Les équipages n'ont pratiquement pas dormi pendant deux nuits consécutives. Ils ont fait seize heures de tourelle dont six en position de combat. Ils n'ont pas eu de ravitaillement depuis vingt-quatre heures. Les réservoirs d'essence des chars sont à demi vides. Il n'y a aucune nouvelle des échelons, et six équipages du bataillon (sans parler de ceux de la 3ᵉ compagnie dont on est sans nouvelles) en panne, doivent être aux prises avec l'ennemi. Il faut immédiatement s'occuper des pleins et aller à Saint-Quentin, chercher de l'essence au hasard. Les munitions sont en partie consommées, l'ennemi proche.

■ LE SORT DES SIX PREMIERS CHARS PERDUS

Le lieutenant Devos, officier renseignements du bataillon, a établi dans son historique du 15ᵉ BCC un compte-rendu détaillé des premières pertes consécutives à la journée du 16 mai [7].

« *En ce qui concerne le sous-lieutenant Sigros sur le Foudroyant, il tente de s'échapper vers l'ouest et atteint la Vallée-aux-Bleds (5 km à l'ouest de Laigny, village à 6 km au nord-ouest de Vervins) où il tombe définitivement en panne dans un petit bois (bielle coulée). Il y est fait prisonnier vers 19 heures avec son équipage par la 6ᵉ Panzer (groupement Von Esebeck) en ayant pu néanmoins incendier son char* [8].*

Picard* [de l'*Aquitaine*] *attend à Marle l'échelon de dépannage mais devant l'attaque de la 1ʳᵉ Panzer, il tente de rejoindre son bataillon en remettant constamment de l'huile dans son Naeder. Au dépôt d'essence de Berlancourt* [en fait Behaine, à 2 km de là], *le char Martinique a des ennuis avec sa courroie de ventilateur. Lorsque la réparation est terminée, le bataillon est déjà parti. Vaucheret démarre seul vers 17 h 30 sur la route de Guise par Le Hérie-la-Viéville. À 18 heures, nouvel incident. Il continue à allure réduite et vers 18 h 30, au carrefour de la route de Sains-Richaumont, il trouve le sous-lieutenant Perré (1ʳᵉ Cie) seul à pied sur la route. Son char Tempête est en panne de terrain à 1 km de là sur la route de Sains : ayant seulement l'usage de sa troisième*

vitesse, il a calé au pied d'une côte et ne peut plus démarrer. Vaucheret, malgré le mauvais état de son char et la présence signalée d'Allemands à Sains, va le dépanner. Après plusieurs tentatives et un début d'incendie au Martinique heureusement maîtrisé, celui-ci arrive à tirer le Tempête de son mauvais pas. Les deux chars se mettent en route vers 20 h 20 [20 h 30 pour Devos] *et, un peu plus loin sur la route de Le Hérie, rencontrent l'Aquitaine de Picard dont le Naeder ne fonctionne plus du tout (et ne peut donc plus virer), et le Toulon de l'aspirant Rollier (1/15ᵉ BCC) dont le moteur a une chemise fendue et dont les freins ne fonctionnent plus.*

Avec eux se trouve le Bourrasque du lieutenant Sauret (2ᵉ section de la 1/15ᵉ BCC), en bon état, pour les couvrir. Complètement isolé dans la nuit maintenant venue, sans nouvelles du bataillon dont le point de regroupement a dû être modifié, celui primitivement indiqué étant déjà aux mains de l'ennemi, sans cartes pour s'orienter, les réservoirs presque vides, les cinq chefs de chars se concertent et décident, la mort dans l'âme, de faire sauter le Martinique de Vaucheret et l'Aquitaine de Picard pour tenter de sauver les trois autres. Ces deux chars explosent, un à minuit, l'autre à minuit et demie. Le sous-lieutenant Picard, avisant un camion français qui passe près d'eux, y monte avec son équipage et réussira à rejoindre le 15ᵉ BCC à Homblières (6 km à l'est de Saint-Quentin).

Le Bourrasque prend en remorque le Toulon et le Tempête dans lesquels se sont casés Vaucheret et son équipage. Au carrefour de Le Hérie-la-Viéville, le convoi pensant que c'était la meilleure solution pour éviter l'ennemi et trouver de l'essence, prend la direction du sud [par la N 367]. *La marche se poursuit lentement avec de grosses difficultés dans les virages, les trois chars étant à la chaîne. Le 17, vers 3 heures du matin* [1 heure pour Perré], *le convoi croise une colonne de dix chars allemands* [qui ne les voient pas, d'après Perré]. *Les trois chars B attelés l'un à l'autre ne peuvent rien faire et les chars allemands passent sans incidents.* [d'après le lieutenant Sauret, cette rencontre aurait eu lieu vers la ferme Murcy, à 500 m au nord de Montceau-le-Neuf].

Vers 6 heures, après un arrêt dû à un ennui mécanique au Bourrasque, le convoi rencontre un camion allemand qui essaye de le doubler. L'aide-pilote (caporal-chef Gentner, un Alsacien) pistolet au poing, lui fait signe de stopper. Au refus du chauffeur, un obus de 47 démolit le camion dont les occupants s'enfuient à travers champs. Dans les restes du camion, on trouve des cartes, des fusils, des munitions mais rien qui puisse préciser la situation des chars français par rapport à l'ennemi.

Les chars repartent donc mais bientôt l'essence n'arrive plus au carburateur du Bourrasque qui traîne les deux autres. L'arrêt s'effectue à environ 1 km au nord-ouest de Pargny-les-Bois (fond de la Maye) au pied d'une côte montant vers le village. La décision est prise de dételer le Bourrasque et lui donner tout ce qui reste d'essence dans les autres chars (30 litres au total) afin qu'il puisse aller en chercher pour dépanner les deux autres.

Avant de partir, Sauret, détruit une voiture de liaison et un side allemand. Il démarre, emmenant avec lui le lieutenant Vaucheret, les sergents Seguin et Courberand et le caporal-chef Gentner.

La traversée de Pargny-les-Bois s'effectuera sans encombre mais, arrivé sur la GC 12 [D 12] *à Crécy, le lieutenant Sauret tourne à gauche, c'est-à-dire vers l'est. Il est ainsi sur l'itinéraire du groupement Nedtwig, croise des Allemands marchant vers l'ouest et fonce en tirant, détruisant, pense-t-il, une automitrailleuse. L'ennemi riposte. Le pilote Seguin, aveuglé, dévie vers le bas-côté de la route, le sergent Courberand rectifie la direction et le char repart, écrasant quelques sides et détruisant des camions et deux automitrailleuses (convoi du K 1 signalé par le KTB de la 1ʳᵉ Pz). En arrivant à hauteur de Mortiers, le moteur s'arrête. Il n'y a plus d'essence. Le Bourrasque vide ses casiers alors que les obus continuent à s'abattre sur la tourelle, perçant le capot de condui-*

Le nom Toulon ne semble pas avoir été peint sur le côté gauche de la tourelle. On voit sur ce document la chaîne qui avait permis au Bourrasque de remorquer le Toulon.

LE DESTIN DU *TOULON*

Victime d'une panne mécanique, il est incendié par son chef de char le 17 mai vers 21 h près de Pargny-les-Bois, en même temps que le *Tempête*. Rollier réussira à rentrer dans les lignes après avoir renvoyé vers l'arrière l'équipage et être resté seul dans la soirée en char à attendre un hypothétique secours, ouvrant le feu sur tout objectif se présentant (➡ détails dans le texte pp. 70-71).

235 TOULON
(2e section, 1re compagnie du 15e BCC)

ÉQUIPAGE LE 10 MAI

Chef de char : aspirant F. Rollier (réserve)
Pilote : sergent-chef Emery
Aide-pilote : caporal Prévot
Radio : chasseur Demaison

Au second plan derrière le capitaine Vaudremont, on découvre l'aspirant François Rollier, chef de char du Toulon.

À la 2e section de la 1re compagnie, Les chars 221 Lyon et 257 Bourrasque portent l'as de cœur aux positions usuelles, sans doute bleu (couleur réglementaire de la 1re compagnie dans tous les BCC). Le Toulon appartenant à la même section, nous lui avons attribué l'as de cœur aux mêmes positions, mais sans confirmation formelle. Quant au camouflage de la tourelle — indiscernable sur la photo — nous l'avons, par pure hypothèse, représenté ici selon le type FCM.

Dessin J. Restayn sur notice F. Vauvillier © Histoire & Collections

Le 235 Toulon et le 234 Marseille (➡ p. 145) sont les deux seuls chars B1 bis du premier lot de 35 (nos 201 à 235) à avoir été montés par les Forges et chantiers de la Méditerranée (FCM). Le choix de leur nom de baptême — effectué par la Direction des fabrications d'armement — est de toute évidence lié à leur origine géographique. Par ailleurs, les chars sortis par FCM ont un type de camouflage — déjà visible sur les B1 nos 131 à 135 — très différent de celui appliqué par les usines Renault (➡ détails page 74). Le camouflage FCM, qui paraît limité à deux tons, est à larges zones plus ou moins longitudinales, avec délimitation nette entre les teintes et sans bordure.

te (Gentner reçoit un éclat qui lui traverse la mâchoire), brisant le Naeder. Bientôt le feu cesse, les Allemands entourent le char et somment l'équipage de sortir. Les portes sont bloquées et c'est par la porte de visite supérieure que sortent les occupants du char. Il est 11 h 15, le 17 mai. [9]

Les sous-lieutenants Perré et Rollier [en fait aspirant] ont attendu, installés dans leurs chars, toute la journée du 17 mai le retour du Bourrasque. Chaque fois qu'un véhicule se présente sur la route, le feu est ouvert... Dans une colonne de camions transportant des troupes, les deux camions de tête sont détruits. Les autres ont fait demi-tour. Le 17 à 18 h 30, les officiers décident de renvoyer les équipages. Ils doivent leur donner un ordre formel car sous-officiers et chasseurs demandent à rester avec leurs officiers. Ils emmènent avec eux les mitrailleuses et leurs chargeurs ainsi que des fusils allemands, provenant des camions démolis.

Perré et Rollier restent seuls, chacun dans son char, Perré surveillant la route vers le nord, Rollier interdisant, au sud, la sortie de Pargny. Vers 19 heures, Perré détruit un camion de munitions qui saute pendant une demi-heure. À 20 heures, c'est un char léger dont le chef est tué d'un coup de 47. Rollier démolit deux chars et une voiture.

À 21 heures, la nuit tombe. Sauret ne reviendra pas. Les officiers font sauter les chars avec le peu d'essence et d'huile qui reste dans les chars et tentent de rejoindre les lignes françaises en marchant de nuit, à la boussole, vers l'Oise. À l'aube du 18, exténués, ils s'arrêtent dans un bois à 1 500 m de Nouvion-le-Comte et voient, dans la matinée, défiler des blindés et des troupes motorisées. C'est la 10e Panzer. Au soir, repartant vers l'ouest, ils atteignent le village de Mayot où ils se heurtent à des sentinelles allemandes, s'enfuient et arrivent sur l'Oise en un point où le pont a sauté. Ils traversent la rivière à la nage devant Travecy et gagnent Vendeuil. Un habitant les restaure et leur indique un chemin de traverse vers la Fère où ils retrouvent des Français. Ils sont dirigés sur la Ferté-sous-Jouarre vers le GQG afin d'effectuer leur rapport, d'où ils rejoignent leur bataillon deux jours plus tard en forêt de Compiègne. »   ∎

Coll. Anciens du 15e BCC

CHAPITRE QUATRE
LUTTE ET MORT
DE LA 3ᵉ COMPAGNIE

La 2ᵉ section de la 3ᵉ compagnie au grand complet, le 5 mai 1940 au camp de la Haute-Moivre. À l'arrière-plan de gauche à droite, le Savoie, le Besançon et le Tunisie. Les deux chefs de chars présents sur la photo (Pavaud debout à gauche et Ferry au milieu, un genou à terre ; Gaudet doit prendre la photo) se distinguent par le port d'une combinaison de toile de nuance claire, passée par-dessus la tenue de combat. Pour les cadres et la troupe, tous les types d'effet et toutes les nuances sont de rigueur.

NOTE

1. Le sous-lieutenant Raiffaud précise néanmoins qu'à partir de Tergnier, qui a été bombardé, ordre est donné par le lieutenant Pompier de voyager en tourelle, et qu'en rentrant au Nouvion, il se souvient avoir essuyé des tirs à leur arrivée.

La 3ᵉ compagnie, du lieutenant Pompier, a été fractionnée en quatre éléments pour son déplacement.

DE MÊME que pour les autres compagnies, un élément précurseur sur roues, comprenant une voiture de tourisme ordinaire (VTO), une Simca Cinq, six camionnettes, trois sides et une moto solo, est parti, par voie routière, le 13 mai sous le commandement du lieutenant Détroyat, au sein de la colonne du capitaine Damon.

L'élément principal A, parti dans la nuit du 14 au 15 mai par chemin de fer avec le lieutenant Pompier, est composé de sept chars : *Mistral, Savoie, Besançon, Tunisie, Maroc, Indochine, Tornade*. Ils compte aussi trois camions n° 73 899, 30 618, 30 620 et la roulante, quatre tracteurs Lorraine 37 L, et enfin quelques éléments de dépannage de la compagnie d'échelon : la camionnette n° 36 589, trois sides et une moto solo.

L'élément B comprend la 1ʳᵉ section sous le commandement du lieutenant Willig avec les chars *Vosges* et *Nantes* partis par chemin de fer avec la 2ᵉ compagnie (⟹ p. 56).

L'élément C, sous le commandement de l'adjudant Capron, comprend trois tracteurs Lorraine 37 L, deux camions n° 73 898 et 30 612 et une moto solo. Cet élément s'est embarqué en chemin de fer le mercredi 15 mai vers 5 heures avec des éléments divers sous le commandement d'un lieutenant du 8ᵉ BCC.

Il manque un char à la 3ᵉ compagnie, le n° 262 *Tramonta-*

ne, en révision au parc de Mourmelon avec le sous-lieutenant Hamelin et son équipage.

◼ 15-16 MAI : LES DISPOSITIONS DE COMBAT

Les sept chars de la 3ᵉ compagnie (élément A) prennent le 21ᵉ train, du 15 mai à 3 heures du matin. Le soir même, après un voyage sans histoire [1], ils sont débarqués à 19 heures au Nouvion-en-Thiérache et regroupés sous les arbres et sur le chemin du Nouvion à Buironfosse, parallèlement à la voie et entre la gare et le passage à niveau où les rejoignent les chars *Vosges* et *Nantes* (élément B).

Les pleins d'essence sont faits et la liaison établie avec le 14ᵉ BCC (chars légers), débarqué quant à lui à Boué.

Les éléments de la CE se placent eux-aussi dans ce bois sur le chemin menant à l'église du village. Le lieutenant Pompier, commandant la 3ᵉ compagnie, prend contact avec ses homologues les capitaines Vaudremont (2ᵉ) et Laurent (1ʳᵉ) puis, au cours du débarquement, avec le commandant Bourgin, le chef de corps du 15ᵉ BCC.

Pompier, apprenant une action imminente, donne l'ordre de parer et de régler les canons au jugé sur les wagons.

Vers 21 heures, on l'a vu, au cours de la mise en place à la nuit tombante, une collision se produit entre la moto conduite par le lieutenant Willig de la 3ᵉ compagnie (blessure légère à la tête) et un motocycliste de la 2ᵉ compagnie (blessure grave à la tête), le chasseur Wesseldinger. Le sergent-chef Ackermann l'amène en side à l'infirmier de la 3ᵉ compagnie, Grangette, qui le panse sommairement et, constatant qu'il ne reprend pas connais-

72

sance, le conduit en side à l'hôpital. Willig, après un pansement léger, reprend le commandement de son char et de sa section.

Vers 21 h 30, le capitaine Faure, chef d'état-major du 14e BCC, vient prendre contact avec le lieutenant Pompier. L'adjudant-chef Marchand, de l'état-major du bataillon, vient demander du secours pour dépanner son camion (archives) puis repart.

Le témoignage du sergent Renaudin, de la CE, apporte quelque éclairage sur l'ambiance particulière de cette nuit du 15 au 16 mai à la 3e compagnie : « *Des nouvelles peu rassurantes sur la situation générale nous parviennent, nous ne les prenons pas au sérieux. Le lieutenant Pompier en side, conduit par le chasseur Bohne, part en reconnaissance dans la forêt du Nouvion, en direction de La Capelle. Le personnel de la compagnie autre que les officiers et moi (j'avais toujours en ma possession le pistolet que j'avais touché au GQG lorsque j'étais à l'inspection des chars) ne possédait pas d'armes individuelles, celles-ci étant encore dans le camion VB, aucun ordre de distribution n'ayant été donné.* »

Le débarquement s'achève à 22 heures sans difficultés, sauf pour les éléments sur roues par suite de l'effondrement des planches des wagons (le sous-lieutenant Raiffaud confirme lui aussi avoir débarqué en pleine voie faute de moyens nécessaires).

Le chef de bataillon Bourgin ayant déjà dû partir très rapidement avec les deux premières compagnies sans attendre que la 3e ait fini de débarquer, laisse comme consigne au lieutenant Pompier d'attendre sur place et de le rejoindre à son appel. Renaudin poursuit son témoignage :

« *Vers 22 heures, je vais reconnaître l'endroit où se trouve les chars pour préparer un ravitaillement éventuel des équipages en vivres. Dans l'obscurité, les équipages s'affairent autour de leurs engins. Les cales et matériel d'embarquement encombrent encore l'intérieur des chars. À 23 heures, je vais reconnaître la sortie des quais de débarquement vers*

Photographié ici à Herméville en octobre 1939, le lieutenant Pompier est dépeint comme « un officier de carrière compétent, consciencieux et courageux » (témoignage du lieutenant Pérouse).

Le Tunisie (2e section, 3e compagnie), photographié à l'occasion d'un déplacement en Lorraine, entre le 24 septembre et le 13 octobre 1939. Au cours d'une halte, le pilote, le sergent Doncourt au premier plan en képi (coiffure qu'il paraît privilégier à toute autre), se détend alors qu'un second membre de l'équipage, juché à l'arrière de la tourelle, semble observer à la jumelle ce que font ses camarades des autres chars (espacés, respectant les distances réglementaires de colonne sur route) que l'on distingue à l'horizon.

le village. Un gendarme me demande si je suis un gradé du dernier détachement débarqué.

Sur l'affirmative, il me conduit auprès du commandant de gendarmerie qui me remet copie d'un télégramme libellé ainsi : " Général commandant la place de Wassigny à commandant de gendarmerie au Nouvion. Colonne engins blindés ennemis signalés se dirigeant vers Guise-sud et Marle. Prévenir immédiatement chef de détachement récemment débarqué pour dispositions à prendre sans délais ". Je reviens auprès de l'élément sur roues puis, monté sur un side, je pars à la recherche du lieutenant Pompier, sans faire part de ma mission à quiconque. Je trouve le lieutenant sur le chemin de Buironfosse, près du camp des internés espagnols. Il prend connaissance du message et revient prendre ses dispositions.

Je suis chargé de faire vider les chars des cadres et matériels divers qui les encombrent, on les déverse dans les fossés du chemin, tandis que les chars vont se poster pour inter-

Page ci-contre.
Cette photo somptueuse du 204 Tunisie prise le 3 mai 1940 au camp de la Haute-Moivre montre ce qui subsiste du camouflage d'origine après plus de deux ans de service. La boue et la poussière aidant, sans parler de l'usure des pas sur les parties horizontales, on ne distingue plus grand'chose. Les tourelles sont les parties où le camouflage demeure le plus apparent. Notons au passage l'échelle — non réglementaire — utilisée sur certains chars au 15ᵉ BCC (➡ photos pp. 43 et 67 notamment).

Lorsqu'ils sortent de la chaîne de montage de Renault, les chars B1 bis n° 201 à 233 sont entièrement revêtus de ce camouflage très élaboré, composé de trois tons (couleurs supposées vert olive, sable clair et bistre brun) surlignés de brun foncé/noir. Le schéma présenté ici pour la toute première fois, est rigoureusement conforme, dans son tracé, à celui figurant sur la notice d'entretien du B1 bis, première édition de 1937.

Sortant de chez le constructeur chargé de son assemblage, le char porte comme marques distinctives le nom de baptême (communiqué au constructeur avant la livraison) et le numéro matricule. Les matériels neufs sont ensuite livrés à l'ERGM de Gien, qui a mission d'équiper les unités. Ces dernières ajoutent à leur gré les marques tactiques de compagnie et de section et, le cas échéant, les codes radio.

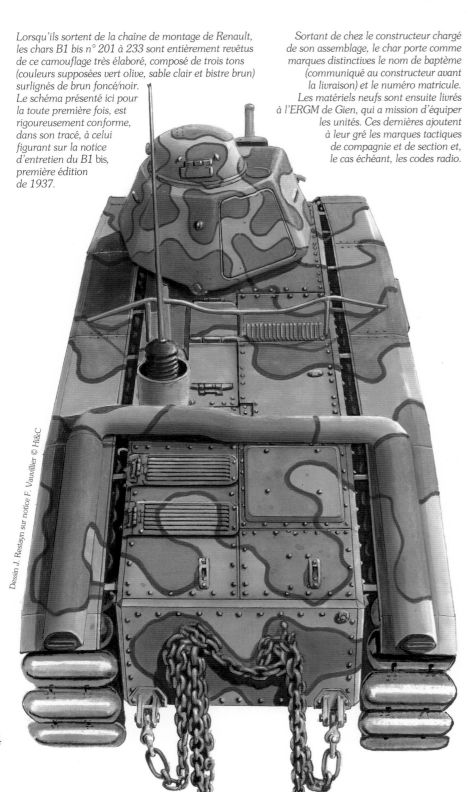

Dessin J. Restayn sur notice. F. Vauvillier © H&C

dire les principales voies de communication dans la forêt du Nouvion.

Revenu vers 23 h 30 à la remise où se trouve l'échelon, j'y retrouve le lieutenant Pompier. Celui-ci vient de donner au sergent-chef Chavaillon, l'ordre de distribuer les mousquetons des conducteurs de l'échelon avec cinq cartouches. La distribution se fait immédiatement et rapidement. Me prenant à l'écart, le lieutenant me prescrit de conserver le silence sur la situation vis-à-vis du personnel de l'échelon et m'indique sur une carte Michelin l'emplacement où je dois conduire la colonne de l'échelon, dès que les chars auront tous quitté les environs immédiats de la gare, puis il retourne à son char. »

Les sections de combat sont donc réparties dans la forêt du Nouvion, à partir de minuit, en vue d'une éventuelle attaque d'engins blindés ennemis. Les chefs de chars contrôlent le passage des réfugiés belges qui défilent vers Guise et Saint-Quentin. La nuit du 15 au 16 mai se passe ainsi à veiller à tour de rôle à la tourelle.

Comme ceux des autres compagnies, les chars de Pompier n'ont pas de liaison radio, le personnel spécialisé pour cela ayant fait mouvement avec les échelons sur roues. Cependant, chaque équipage arrive à se compléter d'un quatrième membre connaissant les rudiments du code.

■ 16 MAI : LES ÉCHELONS S'ORGANISENT

L'élément C, deux camions, une moto solo et trois tracteurs Lorraine parti avec le 29ᵉ train, débarque à la Capelle le 16 mai vers 4 heures, sous la conduite de l'adjudant Capron.

À la même heure, un pli du chef de bataillon transmis par le sergent Ackermann de la 2ᵉ compagnie, ordonne de faire mouvement dans le bois de Morfontaine entre Les Bouleaux et Chevennes, à 12 km à l'ouest de Vervins. « Le caporal d'ordinaire, Journet, réussit à ravitailler les chars avant leur départ. Le lieutenant Pompier arrive en side-car et me donne l'ordre de distribuer deux jours de vivres de réserve aux conducteurs, dépanneurs, à l'équipe DCA, qui doivent partir avec les chars, sur trois tracteurs et les motos et sides de liaison et de dépannage sous les ordres de l'aspirant Hubert. »

Le commandement du groupe des chenillettes de ravitaillement est confié à l'aspirant Hubert. « Le chef Dalibard jumelle deux mitrailleuses qu'il monte en position de DCA sur un tracteur. Le caporal-chef Tenailleau fera fonction de sous-officier DCA.

Les chars et leur détachement de dépannage se mettent en route à 5 heures. Avant de partir, le commandant de compagnie revient à nous, me donne l'ordre de rester sur place, et me promet d'établir la liaison entre les chars et notre détachement. En outre, le lieutenant Pompier me remet sa sacoche, contenant : documents sur l'emploi des divisions cuirassées françaises, brochure sur les chars B1 bis, carnets de notes des sous-officiers de la compagnie, divers documents, une flasque Martel et un petit carnet personnel.

Je serre dans cette sacoche le contrôle nominatif de l'unité ainsi que le cahier d'ordinaire, les principaux cahiers de comptabilité administrative, le portefeuille de la compagnie contenant les fonds de l'unité à savoir : le boni, la caisse noire, le montant des primes dues aux permissionnaires, la caisse des frais de bureau, soit environ 8 000 francs en billets (l'argent monnaie restant dans le coffre de la caisse de comptabilité ainsi que la caisse-mandat, 1 500 francs environ). »

Peu après le départ des chars vers 5 h 30, une première bombe tombe près de la gare du Nouvion puis le bombardement s'intensifie à partir de 8 heures sur la gare et ses alentours mais également sur la route GC 26 chargée de réfugiés.

Le personnel des échelons de la compagnie creuse des tranchées sous bois et certains d'entre eux (l'infirmier Grangette, le cuisinier Picard, le caporal d'ordinaire Journet et le sergent comptable Renaudin) portent secours aux nombreuses victimes plus ou moins gravement touchées qu'il est difficile d'évacuer, sauf à menacer certains passagers de descendre (de taxis, courses payées par exemple) arme au poing et d'obliger les conducteurs à déposer les blessés à l'hôpital le plus proche.

Le sous-lieutenant
Michel Gaudet,
chef de char
du Tunisie.

FAIRE FACE

Le fanion
personnel
du Tunisie, visible
sur les photos
d'époque, a été
pieusement
conservé.

TUNISIE

TUNISIE

« Vers 10 heures, aucun motocycliste n'ayant été envoyé par le commandant de compagnie pour rétablir la liaison, je décide d'envoyer une estafette en reconnaissance. Le chasseur Gabillet (volontaire), part en moto avec mission de rétablir la liaison avec les chars.

De son côté le sergent-chef Chavaillon part en side pour essayer de rejoindre les échelons des autres unités. Vers 10 h 30, il est de retour. Il nous apporte les renseignements suivants. Il a vu le général Delestraint. La 3ᵉ compagnie n'est pas encore engagée. Aucun ordre pour notre échelon. Pas de renseignements sur les échelons de la 1ʳᵉ et de la 2ᵉ compagnies. La CE arrivée vers 2 heures du matin au Nouvion a débarqué jusqu'à 6 heures, sous le bombardement, avec les mêmes difficultés que notre détachement pour débarquer

les éléments sur roues. Sous les ordres du lieutenant Roques, elle est restée sur le chemin de la ferme Caroline au nord de la gare. Nous serons en liaison permanente avec elle. »

Un médecin sous-lieutenant arrive en Vivastella et prévient l'adjudant Catte et le sergent Renaudin que les Allemands sont à Avesnes. Le lieutenant Roques, alerté à son tour, donne l'ordre de rejoindre Busigny en passant par Catillon et Le Cateau. Les véhicules sur roues de l'élément A sous la responsabilité de l'adjudant Catte sont réunis à ceux de la CE sous le commandement du lieutenant Roques, et partent vers 11 heures du matin [2].

L'aviation ennemie survole le convoi, un parachutiste est aperçu par quelqu'un, un prêtre sort d'une haie, une crosse de revolver s'échappant de la poche de sa soutane. Après de confuses explications dans un français incorrect, il est remis aux gendarmes. Cinquième colonne ?

Pour les témoins, c'est sûr.

Ils arrivent à Busigny vers 13 heures, après avoir traversé Basuel qui porte les stigmates d'un bombardement où ils retrouvent les sections d'échelons des 1re et 2e compagnies, déjà sous bois. Le dernier véhicule du détachement arrive vers 14 heures. Ceux de la CE se garent à la sortie du bois vers Becquigny, les autres véhicules sont dissimulés dans le bois de Busigny, dans l'ordre, 2e, 3e, 1re compagnies. Le lieutenant Roques prend le commandement de l'ensemble des échelons présents, il est secondé par deux officiers de la CE, Jacques Le Blanc et Jean Aberlen, ainsi que par un sous-lieutenant à la 2e et un à la 1re.

« Vers 19 heures, l'adjudant Lallemand de la CE vient chercher Chavaillon pour piloter un char B1 bis en panne à la sortie de Bergues (j'ai su depuis qu'il s'agissait d'un char de la compagnie Barbeau [1/28e BCC], qui se repliait avec sept hommes à bord et qui fut malencontreusement pris pour un char ennemi par des automitrailleuses françaises). La soirée du 16 et la nuit se passent sans autres incidents que les bombardements qui se poursuivent sur les routes et la voie ferrée. »

---

2. Véhicules et personnels suivants :
— camion n° 73 899 (sergent Renaudin, comptable de l'unité, son adjoint le caporal Beaudenon, chasseurs Morin et Delamotte).
— camion n° 30 620 (sergent-chef Chavaillon et chasseur Roulon).
— camion n° 30 618 (chasseurs Fantet, Paret, Caillaux et Vanier).
— cuisine roulante-remorque (caporal Journet, chasseurs Desre, Nerenhausen et Chaumet).
— camionnette n° 36 589 (chasseurs Hulbach, Hervot, Galichet et Censier).
— une moto (chasseur Gabillet).
— deux tracteurs Lorraine 37 L (chasseurs Godard et Cornillon).
Dans ce groupe se trouvent également les chasseurs Chazoule, Hauger, Montre, Simounet, Bouchet, Séverin, Picard, Miot, Soufflard, Ponnard, Michalet, Bideaux, Marsdadella et Jantet.
Nous suivrons leur sort dans le chapitre Six (➡ pp 120 à 129).

Les trois équipages de la 2e section de la 3e compagnie en forêt de Tunting le 20 septembre 1939. Les officiers sont, de gauche à droite, Ferry en combinaison (bras croisés), Gaudet en vareuse et Pavaud en combinaison de troupe modèle 1926. Les chasseurs sont en majorité en veste de travail et chèche, tandis que le sergent Doncourt est en képi, comme à son habitude.

■ RENDEZ-VOUS MANQUÉ À MONTCORNET

De leur côté, les chars de la 3e compagnie, arrivés vers 11 heures du fait de l'encombrement des routes par l'exode des populations et des soldats en déroute, manquent le rendez-vous pour l'attaque du groupement Bourgin vers Montcornet, les chars des 1re et 2e compagnies étant partis depuis 8 h 30. Les appareils de la 3e s'abritent des vues aériennes dans les bois.

À 12 heures, le convoi des chenillettes Lorraine 37 L de l'adjudant Capron rejoint les chars, ayant fait mouvement par La Bouteille, Landouzy, Vervins. Elles ont été attaqués en route et il manque à l'appel le tracteur n° M 40 043 qui, transportant des munitions, tombe en panne d'essence avant Vervins. Le plein fait, il est attaqué au moment de repartir par deux automitrailleuses ennemies qui le font sauter. Les chasseurs Bré et Jacquard peuvent s'échapper mais au moins sept fantassins qui étaient montés sur le tracteur malgré les consignes du conducteur, sautent avec l'engin. Le plein des chars est fait et on attend.

Sur ces entrefaites arrive la compagnie du capitaine Deyber du 8e BCC (2e compagnie) qui ne sait rien de précis sur la situation générale. Les bruits les plus divers ne cessent de courir, et l'on parle d'un rassemblement de tous les éléments dispersés sous la direction du lieutenant-colonel Golhen à Wassigny. Deyber décide de s'y rendre, laissant isolée la 3/15e BCC. Pompier, lui, veut à toutes forces rejoindre son chef de corps le commandant Bourgin dont il attend un signe, en vain.

À 15 heures, en désespoir de cause, Pompier décide de rejoindre à son tour Wassigny en passant par Guise. Il y arrive vers 20 heures pour se mettre à la disposition du lieutenant-colonel Golhen.

Les tracteurs ont fait mouvement séparément et, au cours du déplacement vers Wassigny, le tracteur n° M 40 045, tombé en panne, est garé et abandonné à Assonville, sa remorque étant prise par un autre tracteur.

Fatigués par cette randonnée inutile, les équipages prennent un peu de repos et, dès le lever du jour le 17, font les pleins et les préparatifs de leurs chars. Vers 7 heures, un ordre général de départ est donné à la 3e compagnie qui doit, avec tous les

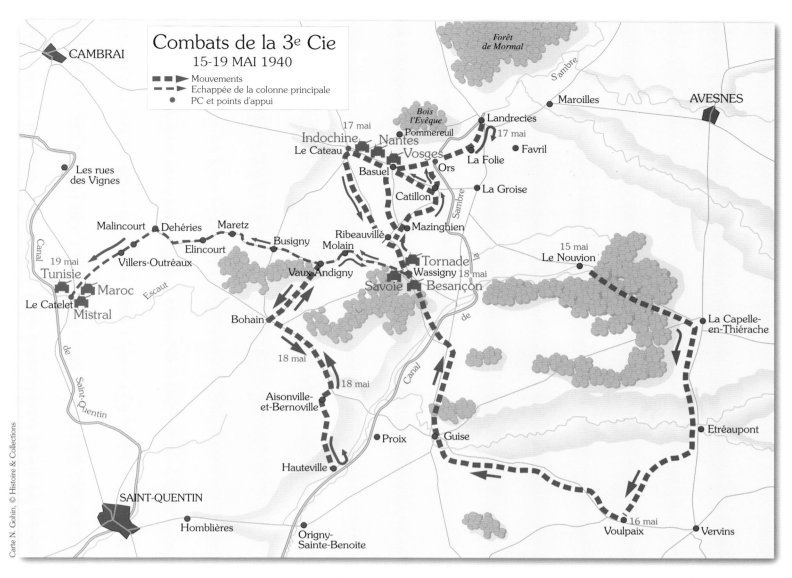

Carte N. Gohin, © Histoire & Collections

Combats de la 3e Cie
15-19 MAI 1940

▶ Mouvements
Echappée de la colonne principale
● PC et points d'appui

Forêt de Mormal

CAMBRAI

Les rues des Vignes

Malincourt   Dehéries   Maretz
Elincourt   Busigny
Villers-Outréaux
19 mai
Tunisie
Maroc
Le Catelet
Mistral

Bois l'Evêque   Landrecies
17 mai   Pommereuil   17 mai
Indochine   Nantes   Favril
Le Cateau   Vosges   La Folie
Basuel   Ors
Catillon   La Groise
Mazinghien
Ribeauvillé
Molain   15 mai
Vaux-Andigny   Tornade   Le Nouvion
Savoie   Wassigny 18 mai
Bohain   Besançon
La Capelle-en-Thiérache
18 mai
Aisonville-et-Bernoville   Etréaupont
18 mai
Proix   Guise
Hauteville
16 mai
Voulpaix   Vervins

SAINT-QUENTIN

Homblières   Origny-Sainte-Benoite

Maroilles   AVESNES

Sambre

Canal de Saint-Quentin
Escaut

Photographié le 3 mai 1940, au camp de la Haute-Moivre, le Tunisie évolue pour quelques jours encore en toute quiétude dans un paysage bucolique. Sous cet angle, on distingue parfaitement, en bas à droite du masque du canon de 75, le minuscule masque de la mitrailleuse de capot qui, sans dépasser de celui-ci, tire en position fixe dans l'axe du char. Aucun témoignage n'a gardé la mémoire de cette disposition qui paraît bien vaine.

moyens disponibles, exécuter une charge sur Landrecies (ordre de Giraud). Un contrordre verbal est bientôt donné : attaque blindée ennemie signalée, les chars de la compagnie se tiendront en défense aux issues de Wassigny.

En attendant la mise en place du dispositif général de défense, les sections vont recevoir des missions individuelles. La section Willig part la première avec l'ordre de tenir le pont d'Oisy. La mission est remplie sans incident, le *Vosges* (Willig) et le *Nantes* (sous-lieutenant Phelep) rentrent au cantonnement à 14 heures, relève assurée par la 1re section de chars Hotchkiss H 39 du lieutenant Bernard Thomas, de la 2/14e BCC.

LES BEAUX FAITS D'ARMES DE LA 3E COMPAGNIE

■ 17 MAI : LA CHARGE DU *MISTRAL* ET DU *TUNISIE* SUR LANDRECIES

Laissons la parole au sous-lieutenant Gaudet, du *Tunisie* :
« *Le 17 mai à 8 h 30, exécutant un ordre du général Giraud de porter la compagnie de chars B sur Landrecies en vue de nettoyer les éléments blindés s'y trouvant et de prendre liaison avec les éléments de la 9e armée, le lieutenant Pompier, commandant la 3e compagnie du 15e BCC, forme sa compagnie en colonne à la sortie nord-ouest de Wassigny sur la route du Cateau.*

La colonne quitte à peine le village qu'un contrordre verbal parvient au lieutenant Pompier, lui enjoignant de faire demi-tour et de disperser sa compagnie aux issues de Wassigny en défense, en vue d'une attaque par engins blindés qui était signalée. Dans le dispositif adopté par la compagnie, le lieutenant Pompier se place au carrefour de la rou-

te Vénerolles-Le Cateau et de la place de l'Église, face au PC du général Giraud. Je reçois comme mission de me poster à 100 mètres au-delà du PC, en surveillance sur la gare et le passage à niveau. Le dispositif est en place un peu avant 9 heures.

Vers 9 h 40, la confirmation de ce renseignement ne se produisant pas, le lieutenant Pompier m'avertit de sa décision de reformer la compagnie pour reprendre l'exécution de l'ordre primitif du général Giraud. Je remonte donc vers mon commandant de compagnie suivi par le char Tornade commandé par le sous-lieutenant Rival et qui occupait un poste voisin.

En arrivant à hauteur du PC de l'armée, je suis arrêté par le général Moulin qui me donne, en promettant de l'appuyer par un ordre écrit du général Giraud, l'ordre verbal de patrouiller, seul, entre Landrecies et Le Cateau, pour nettoyer une " poussière d'engins blindés s'y trouvant ".

Je vais immédiatement avertir le lieutenant Pompier de cette mission et lui demande une carte. Revenant aussitôt avec moi trouver le général Moulin, le lieutenant Pompier obtient de faire exécuter cette mission par une section et, le général insistant sur l'urgence extrême de cette mission, il décide de partir lui-même [dans son char Mistral], formant section avec les deux chars les plus proches : Tunisie et Tornade.

Nous quittons Wassigny sur le champ par la route du Cateau. Il est environ 10 heures. Nous passons par Ribeauvillé, Mazinghien, Catillon (à partir duquel nous ne voyons plus aucune troupe française). Nous nous dirigeons vers Ors en suivant la route ouest du canal ; Nous traversons celui-ci à Ors et prenons la direction de Landrecies, par la route de La Folie. En arrivant à la Folie, le lieutenant Pompier s'engage à droite de la route dans les champs et la section se pos-

77

Le Tunisie en cantonnement à Monneren se prépare au départ pour la forêt de Tunting le 17 septembre 1939.
Ci-dessus de gauche à droite : caporal-chef Guénégou, caporal Mérigot, sergent Doncourt et sous-lieutenant Gaudet.

Coll. Anciens du 15ᵉ BCC

Coll. Anciens du 15ᵉ BCC

204 TUNISIE

(2ᵉ section, 3ᵉ compagnie du 15ᵉ BCC)

ÉQUIPAGE LE 17 MAI

Chef de char : sous-lieutenant Michel Gaudet (réserve, blessé le 18 mai) puis Jean Pavaud, du *Savoie*

Pilote : sergent Doncourt (active, sera tué ultérieurement en Indochine)

Aide-pilote : caporal Mérigot (réserve)

Radio : caporal-chef Guénégou puis chasseur Desvarennes (réserve).

Le lieutenant Pompier (Mistral), au centre, commandant la compagnie, accompagné du lieutenant Pavaud (2ᵉ section, Savoie) à droite, est venu rendre visite au Tunisie ce même 17 septembre 1939. À gauche, le sergent Doncourt s'affaire en prévision du départ. Au second plan, on voit l'arrière d'une VL Renault Primaquatre de la compagnie.

te dans un verger, d'où la vue s'étend sur toute la région. Je vais prendre liaison avec mon commandant de compagnie à son char et nous observons. Il est 10 h 45.

Quelques minutes plus tard, une forte vague d'avions ennemis apparaît à basse altitude, se dirigeant sud-ouest - nord-ouest et commence bientôt un bombardement acharné sur les villages de la région comprise entre Aulnoye et Robert-sart. Nous attendons, camouflés, la fin du bombardement qui dure environ trois quarts d'heure.

Aussitôt l'aviation partie, nous entendons de loin une ou deux rafales d'armes automatiques dans la direction de Landrecies. Le lieutenant Pompier prend la décision de se porter avec ses trois chars sur Landrecies afin d'effectuer une reconnaissance. Je pars en colonne derrière son char Mistral

et nous rejoignons la route à la sortie de La Folie. Le char Tornade, retenu par une avarie de matériel, ne rejoint pas.

Nous faisons halte à l'entrée de Landrecies, au carrefour de la route d'Ors et de la route Avesnes-Le Cateau. Un convoi automobile français, en désordre, toutes portes ouvertes, semblant avoir été abandonné précipitamment, occupe cette dernière route des deux côtés. Pas un signe de vie, Landrecies semble désert. Sur notre droite en direction d'Avesnes, aucune trace de la 9ᵉ armée. Il n'y a plus aucun bruit d'arme automatique. Il est midi.

Devant moi, le Mistral repart, s'ouvrant un passage dans le convoi abandonné, et traverse le carrefour, pour assurer une rapide patrouille. Je le suis. Nous parcourons quelques rues, longeons une grande place sans relever d'indices inté-

Le Tunisie (vu ici à Hessange, en Lorraine entre le 24 septembre et le 13 octobre 1939) est, de tous les chars du 15e BCC, celui qui a probablement été le plus photographié. Outre les photos publiées sur cette double page, nous le connaissons sous de multiples angles en cours d'entretien (➠ pp. 42-43) et en présentation dynamique (➠ pp. 72-76). Nous pouvons ainsi retracer l'évolution de ses marques tactiques sur une courte période de huit mois.

À l'entrée en guerre, le Tunisie porte un L (très probablement un essai d'indicatif radio) devant la porte, le triangle blanc de la 3e compagnie et l'as de carreau (rouge présumé) de la 3e section à laquelle il était antérieurement attaché.

Ce char du 15e BCC, certainement le Savoie, porte la croix de Lorraine sur la tourelle et un seul L sur le flanc, exactement dans le même style graphique que ceux visibles sur le Tunisie et le Besançon (➠ p. 83) appartenant à la même section.

Landrecies, 17 mai à midi passé : roulant entre deux rangs serrés d'automitrailleuses allemandes à roues et surtout à chenilles (c'est-à-dire des Pz I et Pz II) garées en plein bourg, le Tunisie en détruit un grand nombre.

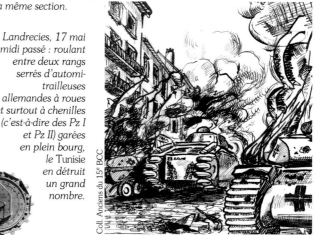

LE DESTIN DU *TUNISIE*

Le *Tunisie* a son tourelleau arraché à Ors le 18 mai, lors de la défense de la localité en compagnie du *Mistral* du lieutenant Pompier. Il est finalement détruit devant Le Catelet sous le commandement du lieutenant Jean Pavaud, avec le *Maroc* le 19 mai lors d'une tentative de reprise de la localité menée par le capitaine Deyber du 8e BCC (➠ détails dans le texte p. 90).

Deuxième configuration, fin septembre-début octobre 1939. Le triangle a été recouvert, un second L blanc de dessin identique au premier apparaît.

Troisième et dernière configuration du Tunisie, mai 1940. Les marques précédentes ont disparu, mais cette fois sans être remplacées.

Sur la tourelle apparaît l'as de cœur réglementaire de la 2e section (rouge présumé pour la 3e compagnie).

ressants. Subitement, le Mistral marque un arrêt et ouvre le feu de ses deux canons. Je me décale aussitôt sur sa gauche, mais la fumée de ses coups m'empêche de distinguer un objectif.

Il repart, tirant de temps en temps, rejoint la route d'Avesnes et la suit dans la direction du Cateau, s'engageant franchement parmi les voitures abandonnées vers le centre de Landrecies, je suis à une distance de 100 mètres. Rien n'apparaît.

Subitement, après avoir dépassé deux camionnettes abandonnées qui bouchaient la vue, mon pilote et moi découvrons un parc d'automitrailleuses légères sur roues allemandes. Elles sont rangées, serrées à se toucher, de chaque côté de la rue, laissant au milieu un passage un peu plus large que le char. Un dernier coup d'œil au Mistral. Il tourne dans une rue adjacente à 150 mètres devant. Déjà au bout de la rue, sur une petite place devant l'église, quelques automitrailleuses touchées par le Mistral sont en feu. Aussitôt le Mistral disparu, j'attaque au canon, entreprenant la démolition systématique des files d'automitrailleuses. J'ai parcouru deux fois la partie est de Landrecies.

N'ayant pas de liaison avec mon commandant de compagnie que je n'ai plus revu dans Landrecies, je prends la déci-

Dessins J. Restayn sur notices F. Vauvillier © Histoire & Collections

sion de ne pas traverser le pont du canal, supposant que les éléments lourds de la Panzerdivision devaient être concentrés dans la partie ouest du village. Le pont était gardé par deux canons antichars de 37 mm que nous avons détruits à 60 mètres après avoir subi leur feu sans dommage. J'estime qu'il y avait au moins 200 automitrailleuses dans la partie de Landrecies que nous avons parcourues. J'y ai vu et détruit deux canons de 37 antichars en plus de ceux du pont. J'ai vu fort peu de personnel en dehors des servants antichars, car le personnel avait abandonné ses voitures et se réfugiait dans les maisons. Les traces relevées au retour sur ma tourelle prouvent qu'ils étaient armés de fusils antichars à grande pénétration, mais qui ne nous ont fait aucun dommage. En revanche, le tir à la mitrailleuse de tourelle dans les réservoirs traversait les tôles des automitrailleuses et les mettait en flammes.

Ne voyant pas le *Mistral* et craignant une contre-attaque, je décide de rentrer, bien que la destruction ne soit pas complètement achevée. Je regagne la route d'Ors, empruntant une dernière fois la route Le Cateau - Avesnes où toutes les automitrailleuse flambaient tandis que leurs munitions de bord sautaient à ras du sol. J'estime qu'il y avait 100 automitrailleuses inutilisables ou en flammes. Nous avons tiré huit coups de 75, vingt-sept coups de 47, trois chargeurs.

Il est 12 h 25.

Je regagne Ors par la route, quasi déserte. À La Folie, je dépasse trois infirmiers à pied faits prisonniers le matin à Landrecies vers 9 heures et libérés par notre intervention.

Ils me donnent une carte Michelin de la région et me disent qu'Ors doit être occupé par les chars allemands.

Il fallait que je regagne à tout prix l'ouest du canal. Comme le renseignement n'est pas sûr, je décide de risquer de forcer le passage à Ors et nous repartons. En arrivant à Ors, je trouve au-delà du pont des chars de notre compagnie qui m'attendent : le lieutenant Pompier avec le *Mistral*, les chars *Tornade* (sous-lieutenant Rival), *Vosges* (lieutenant Willig), *Nantes* (sous-lieutenant Phelep). Ces deux derniers étaient venus rejoindre le lieutenant Pompier en renfort éventuel. »

En fait, le *Tornade* en rentrant d'Ors vers Wassigny rencontre le *Vosges* et le *Nantes* de retour d'Oisy. Un civil échappé de Landrecies leur indique que deux chars français se battent dans la localité. Les trois chars décident de les rejoindre aussitôt.

« Le lieutenant Pompier dont le char portait des traces nombreuses d'obus antichars, me dit être de retour depuis 10 minutes ou un quart d'heure, et avoir détruit les deux canons antichars qui l'avaient attaqué, des automitrailleuses et du personnel, notamment sur la rive est du canal à Landrecies. Il est 13 heures environ. »

■ 17 MAI : L'*INDOCHINE* DÉTRUIT AU CATEAU, LE *SAVOIE* ET LE *BESANÇON* HORS DE COMBAT

Peu après le départ des trois chars du capitaine Pompier sur Landrecies, l'*Indochine* (sous-lieutenant Raiffaud) est envoyé seul [3] en direction du Cateau-Cambrésis. Près de Basuel, à l'entrée du Cateau, apercevant des chars en lisière de bois (au sud du Bois-l'Évêque), Raiffaud les identifie comme des engins blindés ennemis et tire [4]. Il est pris alors à son tour sous les tirs d'une unité antichar bien camouflée qui s'avère être française et le prend pour un char ennemi [5]. Immobilisé par huit obus dont un dans la boîte de vitesses et la chenille gauche coupée, l'*Indochine* est perdu. L'équipage réussit à évacuer le char, sans perte, sautant dans un fossé le long de la route bondée de réfugiés se terrant, pris sous un bombardement. Enfermé dans sa coque d'acier durant sa marche d'approche, Raiffaud n'avait même pas soupçonné la présence de civils, ni vu le bombardement par avions qui le visait. Le voici maintenant coupé de son équipage qui file dans une autre direction.

Raiffaud rampe dans le fossé sur les réfugiés jusqu'à atteindre un défilement qui lui permet de regagner une route où un capitaine français lui offre de le ramener dans sa voiture particulière jusqu'à Wassigny. Là, il retrouve ultérieurement son équipage, sain et sauf.

Coll. Anciens du 15e BCC

205 INDOCHINE
(3e section, 3e compagnie du 15e BCC)

ÉQUIPAGE LE 17 MAI
Chef de char : sous-lieutenant André Raiffaud (active, Saint-Cyr)
Pilote : sergent Docq
Aide-pilote : caporal-chef Rollin
Radio : chasseur Salard.

L'Indochine présente des détails de peinture très inhabituels, qui paraissent destiner à faciliter la circulation nocturne : un grand rectangle blanc est peint de part et d'autre du glacis arrière (dans celui de gauche est inscrit le numéro matricule du char). En outre, une ligne blanche souligne l'écran de chenille (désignation officielle du garde-boue) sur toute sa longueur.

De gauche à droite : l'aide pilote, caporal-chef Rollin, sergent Docq (un obus de 75 à la main), et chasseur Salard.

LE DESTIN DE L'*INDOCHINE*

Le 16 mai vers 20 heures, l'*Indochine* arrive à Wassigny. Le 17, il est envoyé en patrouille, seul, en direction du Cateau. Arrivé par la route de Basuel à l'entrée du Cateau-Cambrésis, pris pour un char allemand par des unités antichars françaises aux lisières sud de Bois-l'Évêque, l'*Indochine* est immobilisé par huit obus dont un dans la boîte de vitesses et la chenille coupée. Il est perdu ce 17 mai. L'équipage, sauf, parvient à évacuer le char.

NOTES

3. Contrairement à tout ce que l'on a pu lire jusqu'alors, Raiffaud confirme être bien parti seul effectuer cette reconnaissance.

4. Le sous-lieutenant Raiffaud (aujourd'hui général c.r.) est formel. Pour lui, ces blindés étaient bien allemands.

5. Pensant que l'*Indochine* tirait sur des blindés français. En effet, selon une autre source, il est possible qu'il y ait eu méprise de l'*Indochine* et que ce soit bien des chars français qu'a pris pour cible. Quoi qu'il en soit, dans la confusion, sans ligne de front défini, sans carnet de silhouettes, de telles situations se répèteront, un peu trop fréquemment aux goûts des anciens, tout au long de la campagne.

Coll. privée

L'Indochine photographié au printemps 1940 avec son pilote, le sergent Docq, à gauche un outil à la main, au cours d'une intervention mécanique (les deux autres chasseurs ne sont pas de l'équipage). Le persiennage de protection blindé à 60 mm ayant été démonté, ce document montre les deux hélices de refroidissement du moteur et, au premier plan, le grand ressort de suspension du bogie central. Le train de roulement du char B comporte au total seize galets porteurs : douze d'entre eux sont répartis en trois bogies de quatre galets, tandis que les quatre derniers galets sont indépendants (trois à l'avant, un à l'arrière).

Il existe de nombreuses photos de l'épave de l'Indochine détruit entre Basuel et Le Cateau-Cambrésis, à quelques centaines de mètres de cette localité. On peut voir la porte d'accès du char ouverte, orientée vers le sud ainsi que le fossé qui a permis à l'équipage de pouvoir s'échapper à l'abri des tirs.

En mai 1940, l'Indochine porte sur la tourelle un as de carreau (3e section) de teinte supposée rouge (3e compagnie). Cet insigne recouvre la croix de Lorraine qui figurait auparavant au même endroit (⟶ p. 33).

81

Coll. Anciens du 15ᵉ BCC

215 SAVOIE

(2ᵉ section, 3ᵉ compagnie du 15ᵉ BCC)

ÉQUIPAGE LE 18 MAI

Chef de section, chef de char : lieutenant Jean Pavaud (réserve)
Pilote : sergent Rogeon
Aide-pilote : sergent Canonne
Radio : chasseur Bagnières.

Le Savoie et son équipage dans la forêt de Tunting, le 22 septembre 1939. Son équipage à cette date est, de gauche à droite : caporal-chef Gautheron (aide-pilote), chasseur Durupt (radio), sous-lieutenant Pavaud (chef de char) et sergent Rogeon (pilote). Gautheron périra à Rethel dans le char France (➟ p. 133).

LE DESTIN DU *SAVOIE*

Le 17 mai, à l'issue d'une patrouille menée avec le *Besançon*, le *Savoie* reçoit un obus de 47 mm dans le chemin de roulement de la tourelle qui le bloque. Il est détruit par l'équipage dans l'après-midi du 18 mai près de Wassigny au cours d'une mission de soutien vers les ponts d'Hannapes et de Tupigny qu'il ne peut accomplir, faute d'essence. Seul le lieutenant Pavaud semble être rentré à Wassigny. Par ailleurs, le sergent Jean Canonne est tué à Brie (Somme) le 18 mai au sein de la colonne Roques..

Le sous-lieutenant Raiffaud ne se souvient avoir vu, ni le *Savoie* (lieutenant Pavaud), ni le *Besançon* (sous-lieutenant Ferry) au cours du combat ni après, en s'éloignant à pied. Il est possible que ces deux chars — constamment cités comme ayant réalisé conjointement cette patrouille avec lui —, aient emprunté une route parallèle, ou bien qu'ils l'aient suivi sur le même axe mais après un certain délai, soit pour renforcer son action au bruit de la cannonade, soit parce que le commandement, sans nouvelle, ait décidé d'envoyer une nouvelle reconnaissance.

Quoi qu'il en soit, reviennent également à Wassigny (victimes des antichars français ou des blindés allemands identifiés par Raiffaud), le *Savoie* (chemin de roulement de la tourelle percuté par un obus de 47, tourelle bloquée) et le *Besançon* (moteur grillé) qui se gare près de l'église où il sera sabordé le lendemain sur la place du bourg.

Mais retrouvons la suite du récit du sous-lieutenant Gaudet :

« *Tandis que les équipages placent les chars en position de défense dans Ors et prennent du repos, le lieutenant Pompier fait son compte-rendu et le donne à un hussard motocycliste qui, ayant perdu son unité, se met à sa disposition pour le porter à Wassigny, au PC de l'armée. Il n'y a toujours pas d'autres éléments armés que nous dans Ors.*

Pompier envisage d'attaquer de nouveau Landrecies mais il lui faut de l'infanterie. La section Willig règle ses postes radio avec le *Mistral* prêt à partir à l'attaque mais un motocycliste vient leur signaler la présence d'automitrailleuses au Cateau et à Basuel. L'attaque de Landrecies est alors annulée.

■ 17 MAI : LE *NANTES* ET LE *VOSGES* DÉTRUITS AU CATEAU, LE *TORNADE* HORS DE COMBAT

Le lieutenant Pompier fixe une nouvelle mission à la section du lieutenant Willig (char *Vosges*) qui part avec le *Nantes* (sous-lieutenant Phelep) et le *Tornade* (sous-lieutenant Rival) vers Le Cateau, par Catillon et Basuel. Il est environ 14 heures.

À Catillon, Willig est arrêté par un colonel d'infanterie qui lui signale que des blindés ennemis coupent la route du Cateau. Willig décide aussitôt d'y porter sa section moins le *Tornade* qui, à court d'essence, reste à Catillon. Vers 17 heures, les deux chars se portent vers Le Cateau-Cambrésis et aperçoivent l'épave de l'*Indochine*, une automitrailleuse allemande détruite près de lui. Les B1 *bis* sont alors attaqués par des chars postés qui semblent être des Panzer IV (les mêmes que ceux aperçus précédemment par Raiffaud ?).

Coll. Anciens du 15ᵉ BCC

Coll. R. Potié

Le sous-lieutenant Ferry devant son char le Besançon, abrité sous un hangar de fortune. Avec son veston de cuir noir modèle 1920 et son poignard (apparemment une dague personnelle), Ferry se donne une silhouette de baroudeur à l'ancienne. Comme la plupart des chefs de char au 15ᵉ BCC, il arbore son insigne Besançon sur la poitrine, au côté droit (➡ détails p. 173).

Le Besançon et son équipage au début de 1940.

Détail des marquages de capot du Besançon.

224 BESANÇON
(2ᵉ section, 3ᵉ compagnie du 15ᵉ BCC)

ÉQUIPAGE LE 18 MAI
Chef de char : sous-lieutenant Louis Ferry
Pilote : caporal-chef Serres.

Page ci-contre. Sur ce document montrant le Besançon en cours d'entretien (➡ détails techniques pp. 42-43), le splendide camouflage type Renault est très visible.

LE DESTIN DU BESANÇON
Moteur grillé, le Besançon est sabordé par son équipage le 18 mai près de l'église de Wassigny au retour de la patrouille menée vers le Bois-l'Évêque avec le Savoie.

Page ci-contre. Le Besançon sabordé à Wassigny pour la photo-souvenir des vainqueurs, peu après les combats.

L'as de cœur est supposé porté en mai 1940, par similitude avec le Tunisie de la même section.

Sur le flanc, le Besançon présente le même L que le Tunisie (➡ p. 79), mais peint très en arrière. Le triangle blanc de caisse a été masqué.

Notre profil reproduit aussi fidèlement que possible le camouflage d'usine du Besançon : trois tons à bordures floues pour la caisse (camouflage Renault), deux tons à bordures nettes et tâches plus petites pour la tourelle.

Dessin J. Restayn sur notice F. Vauvillier © Histoire & Collections

LE DESTIN DU *NANTES*

Dans l'après-midi du 17 mai, le *Nantes* patrouille avec le *Vosges* vers Le Cateau par Catillon et Basuel. À Catillon, on lui signale que la route du Cateau est coupée. Sur la route nationale après Basuel, en vue de l'*Indochine* détruit, il est attaqué par des Panzer et des canons antichars. Le canon de 75 est immédiatement bloqué, le pilote blessé au visage. Le sous-lieutenant Phelep, lui même blessé et son canon de 47 bloqué, se met alors aux commandes pour orienter le char et permettre à son équipage d'évacuer. Phelep emonte en tourelle pour actionner la mitrailleuse et est de nouveau blessé une deuxième puis une troisième fois. Il évacue le char et rejoint les équipages du *Nantes* et du *Vosges*.

Ci-dessous et ci-contre, deux vues du Nantes détruit (masque de mitrailleuse arraché), avec le Vosges en arrière-plan. On voit sur le document de droite le capot de conduite qui a été sévèrement touché, dissociant la porte de sortie supérieure.

Coll. R. Potié

Coll. R. Potié

228 NANTES
(1re section, 3e compagnie du 15e BCC)

ÉQUIPAGE LE 10 MAI

Chef de char : sous-lieutenant Henri Phelep (active)
Pilote : sergent De Motta
Aide-pilote : caporal Le Moal.

Coll. Anciens du 15e BCC

Le sous-lieutenant Phelep, chef de char du Nantes.

Les tourelles du Nantes et du Vosges, peut-être repeintes, ne semblent plus porter le nom de baptême. En revanche, toutes deux arborent un as de pique (1re section), probablement rouge (3e compagnie).

6. Régulateur de tension.

7. D'après le récit de Devos, Phelep, quoique déjà blessé, serait remonté dans sa tourelle et aurait de nouveau ouvert le feu à la mitrailleuse, réduisant au silence un canon antichar puis, tourelle bloquée par un nouvel obus, serait descendu au poste de pilotage pour mettre son char en bonne position, et aurait alors reçu une deuxième puis une troisième blessure.

Le *Vosges* est très rapidement touché au persiennage de ses ventilateurs. Un deuxième obus fait sauter les boulons de fixation du capot et le volant de conduite, immobilisant ainsi le char qui prend feu tandis que les obus continuent de pleuvoir sur lui, faisant sauter aussi son 75, envahi par la fumée. L'équipage du *Vosges* réussit à évacuer le char par la porte du moteur et se replie à travers champs en rampant sous les rafales de mitrailleuses (témoignage du lieutenant Willig et de son radio, Schneider).

De même l'équipage du *Nantes* qui se déploie à gauche du *Vosges* pour riposter, est pris à partie au même moment. Bientôt son 75 est bloqué, inutilisable, tandis que le pilote, sergent De Motta, est blessé au visage, un obus ayant fait sauter le capot de conduite. Phelep voit aussi son 47 bloqué en n'ayant tiré qu'un seul coup. Ses deux canons réduits au silence, il lâche quelques rafales de mitrailleuses, puis se précipite au volant de conduite pour mettre son appareil dans une position permettant à l'équipage d'évacuer. Un obus traverse le char en détruisant le gyroscope et le Labinal [6]. L'aide-pilote voit le sous-lieutenant Phelep s'effondrer sur son siège. Le capot de conduite est béant et les éclats pleuvent. Le sous-lieutenant Phelep commande d'ouvrir la porte et d'évacuer le char. Lui-même parvient à sortir, et les équipages du *Vosges* et du *Nantes* se retrouvent dans un fossé. Willig les fait mettre à l'abri et part à la recherche du sous-lieutenant Phelep [7]. Il le retrouve et le conduit avec le sergent De Motta au poste de secours du Cateau d'où les deux hommes seront évacués sur l'hôpital du Touquet, et faits prisonniers quelques jours plus tard (témoignage du caporal Le Moal, aide-pilote du *Nantes*).

Les autres membres d'équipages du *Vosges* et du *Nantes* rentrent au Cateau puis à Wassigny où ils retrouveront la compagnie, le samedi 18 mai au matin. Le lieutenant Willig repart en bicyclette à Ors pour rendre compte au lieutenant Pompier.

Le *Tornade* quant à lui se replie sur Wassigny en emmenant le sergent-chef Henrard, pilote du *Vosges*. Ayant refait ses pleins, il est alors posté à l'entrée du village où, tombant en panne de différentiel, le voici immobilisé. Le lieutenant-colonel Gohlen (4e demi-brigade, 2e DCR) donne l'ordre de l'abandonner, les artilleurs devant le détruire en cas d'abandon de Wassigny, ce qui sera effectivement le cas le lendemain où il sera sabordé.

■ 17-18 MAI : NOUVELLE ATTAQUE DU *MISTRAL* ET DU *TUNISIE* SUR LANDRECIES, ET COMBAT DE ORS

À Ors pendant ce temps (témoignage de Gaudet) :

« *Le lieutenant Pompier et moi restons seuls à Ors, attendant les ordres de l'armée. Dans l'après-midi, arrivent à Ors, successivement, un canon de 47 antichars belge avec son tracteur et son équipage belge, la 5e compagnie de voltigeurs du 95e RI dont le commandant (capitaine Clouet) prend le commandement d'Ors, qu'il organise défensivement, et vers 16 heures, un lieutenant de chars du 27e BCC [lieutenant Alexandre, officier trans., NDLA] envoyé par l'armée pour prendre des renseignements auprès du lieutenant Pompier.*

Vers 17 heures arrivent les généraux Martin [11e CA], Moulin et d'Arras [1re DLC]. Ces deux derniers s'installent près de l'église, au départ du général Martin et montent une attaque sur Landrecies. Pendant ce temps arrivent des éléments du 5e RDP.

218
VOSGES
(1re section, 3e compagnie du 15e BCC)

ÉQUIPAGE LE 10 MAI
Chef de section, chef de char : lieutenant Thiébaut Willig (réserve, École centrale)
Pilote : sergent-chef Henrard (active)
Aide-pilote : caporal Pynaert (active)
Radio : Morand (réserviste) puis Schneider au 18 mai.

LE DESTIN DU *VOSGES*
Le *Vosges* est détruit par un Panzer IV qui le déchenille alors qu'il avance de front avec le *Nantes*, près du Cateau, le 17 mai. Après avoir reçu deux obus dans la tourelle, le char commence à brûler, l'équipage l'évacue par la trappe arrière. Équipage sauf.

Ci-dessus et ci-dessous, trois vues du Vosges détruit, avec trois impacts très visibles sur le capot de conduite. Comme le Nantes (que l'on aperçoit au second plan à gauche, ci-dessous), le Vosges semble avoir perdu avant mai 1940 son inscription de baptème sur la tourelle.

Vers 18 h 30, nous sommes rejoints par le caporal-chef Rollin et le chasseur Salard, aide-pilote et radio du char Indochine, de notre compagnie, qui a été détruit le jour même au Cateau. Le lieutenant Pompier les garde à sa disposition, les chargeant de l'approvisionnement.

À 19 heures environ, arrive le sergent-chef Dalibard, chef dépanneur, qui amène deux tracteurs de ravitaillement et deux side-cars. Je fais faire les pleins d'essence et de munitions immédiatement. Vers 19 h 45 arrivent deux chars H 39 du 14e BCC commandés par le sous-lieutenant de Kermadec (3e compagnie).

Le général d'Arras décide d'attaquer le soir même avec les éléments suivants : un demi-escadron renforcé du 5e RDP aux ordres du capitaine Duplanties, les deux chars du 14e BCC et les deux B1 bis de la 3e compagnie du 15e BCC.

À 20 h 10, je reçois du capitaine Dombey du 5e RDP les instructions suivantes : le lieutenant Pompier attaque Landrecies par la route ouest du canal et emmène le gros des dragons jusqu'au pont qu'il borde par la rive ouest. Je dois attaquer Landrecies par la route de La Folie et emmener des dragons motocyclistes sur le pont en l'abordant donc par la rive est du canal ; je dois assurer l'occupation du pont jusqu'à ce que les cavaliers y soient solidement installés pour la nuit. Les deux chars H 39 doivent progresser seuls le long de la berge ouest du canal. Je me fais confirmer l'ordre par le lieutenant Pompier et me place en position de départ.

Dès que tout le monde est prêt, les chars démarrent dans leurs directions respectives. Les dragons doivent nous rejoindre

en route. Il est 20 h 20 et la visibilité est déjà faible de l'intérieur de la tourelle.

Je fonce au plus vite afin d'utiliser le jour au maximum. Arrivé à La Folie, je fais halte pour attendre les dragons et prendre liaison en vue de combiner notre attaque.

J'attends 10 minutes. Le jour baisse rapidement, et rien ne vient, je fais demi-tour et repars chercher les cavaliers. J'arrive à Ors sans les avoir rencontrés. J'arrête le char à l'entrée du pont, prêt à repartir, et vais trouver le capitaine Dombey. Il me déclare qu'effectivement on ne me donne pas de dragons, qu'ils sont tous partis par la route ouest derrière le Mistral. Il y a dû y avoir un malentendu, dit-il.

Je me refuse alors catégoriquement à m'engager seul, de nuit, dans un bourg dont les défenseurs ont été mis en alerte par l'attaque du matin, pour y tenir un pont, jusqu'à l'arrivée par l'autre rive de chars et de cavaliers avec lesquels je n'ai aucune liaison.

Le capitaine Dombey se range à mon opinion. Je ramène le Tunisie dans Ors en position de défense contre Pommereuil. Il est 20 h 40.

À 21 heures, je réunis tous les éléments de la compagnie présents à Ors et prends les dispositions pour la nuit. J'installe le personnel disponible dans une chambre à proximité du matériel, et j'attends les nouvelles de l'attaque.

Vers 22 h 30 revient le char H 39 de l'aspirant Maillart. Ce dernier m'annonce que le char du sous-lieutenant de Kermadec est enlisé à l'entrée de Landrecies sur la berge du canal. Il me demande d'aller le dépanner. Je refuse d'y aller

Le lieutenant Willig, chef de char du Vosges.

85

avant le jour. Il va alors rejoindre une section de son bataillon commandé par le lieutenant Robin [4e de la 2/14]. Primitivement, cette section devait être engagée avec moi sur Landrecies par la route est mais elle était arrivée à Ors après notre départ à l'attaque, trop tard pour être engagée.

Le 18 mai vers 1 heure, les dragons reviennent, n'ayant pu tenir sous le feu ennemi, et m'annonçant que le Mistral est en panne de terrain dans le fossé qui borde la route à l'entrée de Landrecies. Je décide encore d'attendre le jour pour tenter de dégager et de dépanner mon commandant de compagnie.

Vers 2 heures, le Mistral revient, ayant pu, à force d'efforts, se dégager par ses propres moyens. Le lieutenant Pompier me déclare avoir détruit deux chars ennemis avant de tomber en panne [8].

Je fais placer le Mistral et envoie son équipage se reposer tandis que le lieutenant Pompier prend lui-même quelques heures de sommeil. Vers 3 heures, le général d'Arras fait appeler l'officier commandant les chars B. Désireux de laisser dormir le lieutenant Pompier qui venait de passer des journées et des nuits très fatigantes, je me présente à sa place.

Le général commence par me demander compte de ma décision de la veille de renoncer à l'attaque de Landrecies. Je lui réponds que ma mission consistait à emmener des dragons : du fait qu'il n'y avait pas de dragons, ma mission tombait, que d'ailleurs j'avais rendu compte au capitaine Dombey qui m'avait approuvé.

Nous rejoignons alors le général Moulin qui avait réuni les officiers commandant les divers éléments de combat se trouvant à Ors pour leur donner des instructions en vue d'organiser la résistance. Dans le dispositif adopté, qui devait être en place pour 4 heures, un de nos chars B devait commander le pont et l'autre la route du Cateau.

Je vais alors réveiller les équipages et disposer les chars suivant les ordres reçus. Ils étaient en place pour 4 heures. Je préviens le lieutenant Pompier qui reprend directement la liaison.

À 4 h 30, en exécution de décisions nouvelles, le lieutenant Pompier me donne l'ordre de ramener les deux chars dans les vergers ouest d'Ors, en réserve, et d'y rassembler tous les éléments de la compagnie. Je prends les dispositions nécessaires pour placer et camoufler le matériel. Vers 5 h 15, le lieutenant Pompier nous rejoint. Entre le canal et nous, le village est en état de défense, renforcé de deux canons de 75 tractés, aux ordres du lieutenant Roland, arrivés le matin. Nous attendons.

Vers 8 h 30 on entend des bruits de chars en direction du canal, puis bientôt se déclenche un feu d'infanterie en direction du pont. Le combat semble s'engager sérieusement vers 9 heures, d'une part sur la route de Pommereuil, d'autre part sur le pont. Cependant des bruits de moteur tout proches révèlent qu'un parti de chars important s'avance le long de la berge est du canal, en direction du sud. Un combat violent au canon (chars allemands contre canons antichars français) s'ajoute aux rafales d'infanterie. Nous attendons toujours des ordres.

Vers 10 heures, le lieutenant Pompier m'envoie en reconnaissance dans le village. Les chars allemands tiennent le pont, mais ne peuvent prendre pied sur notre rive. Les cavaliers tiennent bien les issues. L'artillerie n'est pas encore engagée. Je viens rendre compte au lieutenant Pompier qui décide de nous engager. Il poste son char de manière à commander la route de Pommereuil que ne défend aucune artillerie et me donne l'ordre d'attaquer les chars qui tiennent le pont, en liaison avec les cavaliers du 5e RDP.

J'engage alors le Tunisie dans le village en direction du pont. En arrivant sur la place de l'église, je me mets en liaison avec le capitaine d'Arches du 5e RDP qui me donne l'ordre d'attaquer de front. Pour prendre l'alignement du pont, je dois tourner l'église qui forme actuellement écran entre le char allemand et moi. Je m'avance donc.

À peine le Tunisie a-t-il tourné derrière l'église qu'il est pris

à partie par le char ennemi. C'est un PzKpfW IV qui occupe le sommet du pont, l'avant de ses chenilles calées, protégé par la barricade élevée à cet endroit par la compagnie du 95e RI. Il est à 60 mètres environ et m'attaque simultanément au 75 de tourelle et au 37 [9]. Le Tunisie n'a pas le temps de se placer pour tirer au 75, je l'arrête et j'attaque immédiatement au 47. Mon premier obus, au niveau du poste de pilotage, n'interrompt pas le tir ennemi, je reçois à ce moment sur ma tourelle un obus de 75 qui fait tomber tous les épiscopes à l'intérieur et éteint les lumières, retardant le chargement de mon deuxième obus. Un deuxième projectile allemand atteint à ce moment mon canon de 47 et en rend le chargement impossible. Le char allemand tire à une cadence très rapide. Tandis que j'insiste pour charger mon 47, je reçois deux nouveaux obus sur la tourelle, puis un troisième qui éclate à la base du tourelleau, arrachant celui-ci et le projetant sur le sol. Blessé par des éclats au visage et au coude gauche, je tombe au fond du char. Mon pilote fait alors reculer celui-ci à l'abri de l'église.

Je sors aussitôt par la porte latérale et me rends auprès du capitaine d'Arches sur la place pour prendre des ordres. Pendant que je lui explique la situation et l'impossibilité où je me trouve d'attaquer de front contre un char dont le feu m'interdit un nouveau débouché, un éclat d'obus m'atteint à la main droite. Le capitaine d'Arches me donne l'ordre de me retirer, je vais prévenir mon mécanicien et, pilotant mon char de l'extérieur, je le ramène au verger. Il est 10 h 15 environ.

Je vais avertir le lieutenant Pompier de la situation. Il décide de me renvoyer avec les éléments de la compagnie au PC central de Wassigny, je reviens au verger, rassemble les tracteurs et side-cars, et en forme une colonne avec mon char.

Je monte en side et ramène la colonne à Wassigny par le Catillon. Il est environ 10 h 45 lorsque j'arrive, sans incident, à Wassigny. Je remets la colonne au lieutenant Willig, le lieutenant le plus ancien de la compagnie, aux ordres du lieutenant-colonel Golhen qui m'envoie au poste de secours de Wassigny. »

Blessé à la tête et à la main, le sous-lieutenant Gaudet est évacué par le sergent-chef Dalibard vers 13 h 30, après avoir fait ses adieux à son équipage très ému. Il sera fait prisonnier le soir même avec la formation sanitaire qui l'avait hospitalisé à Bohain.

Pendant ce temps, Pompier continue de combattre avec le Mistral dont le pilote, de son 75, détruit deux chars ennemis.

Mais, devant la supériorité écrasante de l'adversaire, la défense d'Ors touche à sa fin. Vers la fin de la matinée, le capitaine

Coll. R. Potié

Sur cette photographie du Tornade prise à Mourmelon en avril 1940, on voit, assis sur le char, le sergent Branca (radio du Cantal) et le sergent-chef Denard (pilote du Bombarde). Avant son transfert au 15e BCC le 18 avril 1940, le Tornade était en service au 8e BCC, son bataillon frère de la 2e DCR au sein duquel il avait reçu un grand « I » blanc peint sur la tourelle. La même lettre, avec en plus un point blanc à droite, a été observée également sur le Tempête (➜ page 69). Il s'agit de toute évidence d'un code radio en vigueur au 8e BCC, qui suit en cela un système mis au point à la 1re DCR.

NOTES

8. Les deux H 39 de Kermadec et Maillart ont donc patrouillé seuls pendant près d'une heure dans Landrecies sans contact avec les dragons mais en détruisant un certain nombre d'automitrailleuses allemandes.

9. Erreur du narrateur. Le Panzer IV est armé d'un 75 court (24 calibres, type 7,5 cm KwK L/24) et d'une mitrailleuse coaxiale de 7,92 mm. Les versions PzKpfW IV Ausf. B et Ausf. C, les plus classiques en 1940, n'ont pas de deuxième mitrailleuse de capot.

86

266 TORNADE
(3ᵉ section, 3ᵉ compagnie du 15ᵉ BCC)

ÉQUIPAGE LE 18 MAI

Chef de char : sous-lieutenant Léon Rival
(active)
Pilote : sergent Kehl
Aide-pilote : chasseur Pariaux
Radio : chasseur Marin.

Le sous-lieutenant Rival.

LE DESTIN DU *TORNADE*

Rescapé de la patrouille vers Catillon-Basuel où sont détruits le *Vosges* et le *Nantes* en panne de différentiel, le *Tornade* est détruit posté à l'entrée du village de Wassigny, par l'équipage le 18 mai (➡ détails dans le texte p. 84).

Le Tornade, sabordé, semble bloqué sur un passage à niveau ou une voie de chemin de fer à l'entrée de Wassigny.

Le Tornade à Étain en octobre 1939 alors qu'il est encore au 8ᵉ BCC. On distingue le numéro du char, le 266, dans l'angle arrière gauche, mais nettement moins visible que sur l'Indochine (➡ page 80).

© ECPAD/France

Coll. R. Potié

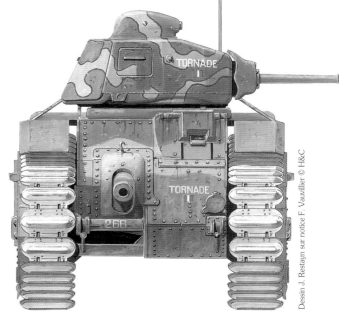

Dessin J. Restayn sur notice F. Vauvillier © H&C

d'Arches décide de rompre le combat, priant le *Mistral* de protéger sa retraite. Les dragons se replient à travers champs en direction de Mazinghien. Sa mission terminée, le *Mistral* arrose une dernière fois Ors de son 75 et regagne Wassigny où il retrouve le *Maroc* de Pérouse encore intact, rentré à 14 h 30 avec le capitaine Deyber (2/8ᵉ BCC) d'un bois à l'est de Roisel où il stationnait avec d'autres chars du 8ᵉ et les échelons du 8ᵉ et du 15ᵉ BCC, ainsi que le *Tunisie* de Gaudet dans l'état que l'on sait.

■ 17 MAI : LA SOLITUDE DU *MAROC*, PUIS LE COMBAT AVEC LE 8ᵉ BCC

Le *Maroc* du lieutenant Pérouse a été envoyé, lui, à 11 heures du matin le 17 mai vers le pont de Hauteville. Tous les autres chars étant utilisés ailleurs comme on a pu le lire précédemment, Pérouse se trouve quasiment seul avec son équipage pour accomplir sa mission. Voici son témoignage :

« *La mission qui m'est assignée est parfaitement solitaire. L'idée du commandement est, semble-t-il, d'établir une ligne* défensive sur le canal de la Sambre à l'Oise. Il faut, dans une première phase, tout au moins en garder les ponts. C'est ce que l'on m'envoie faire pour l'un d'eux. Mes moyens sont dérisoires. Outre le cher Maroc, ils ne comportent qu'un side-car qui, les nôtres se situant toujours on ne sait où, avec l'échelon sur roues, appartient à une unité de cavalerie dont quelques éléments ont été comme nous rassemblés au Cateau. Je pars donc vers l'objectif qui m'est assigné muni des instructions données en quelques mots par un officier d'état-major, instructions simples certes mais qui vont vite se révéler inapplicables, et équipé en tout et pour tout d'une carte routière. C'est tout à fait inconfortable. L'on peut avoir toutes les conceptions que l'on veut sur l'emploi des chars, mais il est bien évident que, un tel engin étant par hypothèse quasi aveugle, il ne peut agir seul dans la nature sans l'accompagnement, ni d'autres engins similaires permettant une couverture réciproque, ni d'unités plus légères qu'il protège, mais qui l'éclairent et l'accompagnent. En l'occurrence, je dois à la fois m'éclairer et me couvrir moi-même. Je parviens sur*

Assemblé par les Forges et chantiers de la Méditerranée, le Tornade porte le camouflage FCM caractéristique à larges bandes. Sur les flancs, ce camouflage est peint en lignes ondulées plus ou moins horizontales (➡ profil en couleurs p. 71), comme on le devine sous le maculage de l'épave du Tornade à Wassigny. Sur la tourelle — qui présente quant à elle un camouflage de style Renault — nous avons supposé que le grand « 1 » blanc du temps du 8ᵉ BCC a été recouvert de peinture au 15ᵉ BCC. Aucune marque distinctive n'est en effet visible sur la photo de l'épave.

une ligne de crête à une certaine distance de l'objectif, et observant comme il se doit ce qui se trouve en face de moi, j'aperçois sur la crête suivante ce qui me paraît être des engins blindés à défilement de tourelles. Deux ou trois coups de canon m'en convainquent. L'adversaire encore fort éloigné riposte, sans plus de résultats que moi d'ailleurs. La situation en tout cas est claire. Le passage à garder a déjà été franchi par les Allemands qui ont établi de notre côté une tête de pont apparemment solide. La mission initiale a donc évidemment disparu, et il faut d'urgence en aviser ceux qui me l'ont confiée. Peut-être des renforts suffisants, s'il en survenait, pourraient-ils le cas échéant, permettre de reprendre le pont. De nouvelles instructions sont en tout cas nécessaires. Démuni de toutes liaisons radio avec Le Cateau distant de quelques kilomètres, je n'ai pour demander ces instructions qu'une seule possibilité. Envoyer le side-car, porteur d'un papier rapidement griffonné. C'est ce que je fais.

Je suis donc désormais entièrement seul dans un pays à peu près complètement évacué par ses habitants, et sais l'ennemi présent en force à faible distance. Je m'embusque dans une agglomération, à un carrefour qui me semble important, et attends, en état d'alerte. La journée est glorieusement belle. Un peu nerveux, mon équipage semble néanmoins entièrement confiant. La situation une fois de plus est comme irréelle. Deux heures plus tard environ arrivent, accompagnés de mon side-car, trois autres chars de notre bataillon [10]. Les instructions sont verbales et quelque peu vagues. Voir ce qui peut être fait pour colmater la situation et bien entendu reprendre le pont si ce n'est pas impossible. Nous reprenons donc la direction de l'objectif assigné. Instruits par mon expérience précédente, nous procédons par bonds entre deux observations. Au moment même où pour procéder à l'une de celle-ci et se concerter, les chefs de char mettent pied à terre, nous sommes violemment attaqués par une unité embusquée à proximité immédiate, et que nous n'avions pas eu le temps de repérer. Au premier coup de canon, l'un de nos chars [11] prend feu et son équipage hélas est tué. Un deuxième a sa tourelle endommagée.

J'ai pour ma part la chance de pouvoir rejoindre en hâte le Maroc et, d'un coup de 47 tiré à très courte distance sur un gros char ennemi quelques fractions de secondes apparemment avant qu'il ne me réserve le même sort, le mettre hors de combat. J'entends encore le cri de triomphe de mon mécanicien à cette nouvelle. La partie cependant est trop forte pour nous.

À la suite de ce bref engagement et des pertes qu'il nous ont causées, la moitié de notre effectif, il est clair que nous ne pouvons à nous seuls, ni résorber la tête de pont ainsi créée, ni constituer une ligne défensive. Nous ne pouvons donc que nous replier pour solliciter, si cela est opportun et surtout possible, de nouveaux renforts. C'est ce que nous faisons. »

DE WASSIGNY À VILLERS-COTTERÊTS

Mais revenons à Wassigny, avec les survivants de la 3e compagnie en cette funeste journée du 18 mai.

Ce jour là, dans l'après-midi, les chars survivants de la 3/15e BCC, permutent leurs équipages respectifs.

Le *Tunisie*, qui a perdu son tourelleau, est affecté au lieutenant Pavaud. Ce dernier, privé de ses hommes [12], garde l'équi-

---

10. En fait il s'agit principalement de chars d'une section du 8e BCC conduite par les capitaines Charlet (EM 2e DCR) et Deyber (2/8e BCC).

11. C'est le *Cochinchine*, du 8e BCC. En fait, seul le sergent-chef Diederlé, qui avait bondi dans la tourelle pour protéger son canon de 47 le retour de ses chefs, est tué par un obus qui pénètre par la porte non refermée du char.

12. Le *Savoie*, commandé par Pavaud, envoyé à 16 h 30 avec l'*Adroit* et l'*Éclair* de la 2e compagnie du 8e BCC face aux ponts d'Hannapes et de Tupigny en soutien de sections des 2e et 3e compagnies du 14e BCC, tombé en panne d'essence, a été sabordé. Hormis Pavaud, l'équipage rejoint les échelons — colonne Roques — où le sergent Canonne trouvera la mort à Brie (Somme) le 18 mai, les autres étant faits prisonniers.

Le Maroc à Saint-Jean-sur-Moivre en avril 1940, avec son pilote à gauche (sergent-chef Sornique) et son aide-pilote à droite (caporal Picoury). Un sigle R.A.S (rien à signaler) a été peint sur le glacis avant du char juste au-dessus du nom Maroc, ainsi qu'un gros point blanc devant le petit drapeau tricolore à droite sur la tourelle : signe de reconnaissance (éphémère) du char au sein de sa section ?

Le Maroc sabordé au Catelet. Les véhicules français détruits que l'on distingue à l'arrière-plan sont les vestiges des colonnes échappées de Wassigny qui n'ont pu traverser Le Catelet.

Le lieutenant Maurice Pérouse en vareuse modèle 1939 écussonnée aux chiffres du 15e, arbore l'insigne du bataillon sur la poche.

Coll. Anciens du 15e BCC

Coll. Anciens du 15e BCC

203 MAROC

(3e section, 3e compagnie du 15e BCC)

ÉQUIPAGE LE 18 MAI

Chef de section, chef de char : lieutenant Maurice Pérouse (réserve)
Pilote : sergent-chef Sornique
Aide-pilote : caporal Picoury
Radio : caporal-chef Masse.

Le camouflage type Renault du Maroc est attesté par les documents d'époque (➠ photo de dos, p. 38). Ici, nous l'avons lavé de ses salissures pour illustrer le détail de l'évolution de ses marquages.

L'équipage du Maroc à Monneren le 12 septembre 1939. De gauche à droite, caporal Picoury, caporal-chef Masse, sergent-chef Sornique. Sur le flanc du char est peinte une grande lettre-code radio blanche « O ». Il en est de même sur les chars de la 2e section, qui ont l'indicatif L (➠ pp. 79 à 83). Ces marques tactiques n'auront qu'une existence éphémère, et de nouvelles couches de peintures les recouvriront bientôt.

Le sergent-chef Sornique, pilote, nous laisse apprécier le détail de son insigne Maroc.

En septembre 1939, la tourelle du Maroc arbore la croix de Lorraine (supposée bleue) ombrée de blanc souvent observée à cette époque sur nombre de chars du 15e BCC.

Durant l'hiver 1939-1940, la croix de Lorraine cède la place à un as de carreau indiquant la 3e section, et que l'on suppose rouge à la 3e compagnie (➠ photographie p. 38). Un petit cercle blanc (semblable à ceux qui servent, dans certains bataillons utilisant les grandes lettres-code de tourelle, à identifier les chars subordonnés de chaque section) apparaît aussi, de manière temporaire, sur le Maroc.

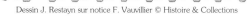

Dessin J. Restayn sur notice F. Vauvillier © Histoire & Collections

LE DESTIN DU MAROC

En fin de matinée du 17, le *Maroc* est envoyé seul en patrouille vers Hauteville pour reconnaître les ponts du canal de la Sambre. Devant la supériorité numérique de l'adversaire, il demande du renfort, qui arrive bientôt, en provenance du 8e BCC. Surpris par des tirs allemands, les B engagent un bref combat où le *Maroc* détruit un char allemand, mais un char français est perdu (*Cochinchine*, ➠ p. 46) et un autre avarié. Puis, de retour d'Hauteville, le *Maroc* stationne de nuit dans un bois à l'est de Roisel avec les chars de la 2/8e BCC, et rentre à Wassigny le 18 à 14 h 30. Un transfert d'équipage intervient alors : le lieutenant Pérouse et ses hommes partent en camion dans la colonne commandée par le lieutenant Pompier qui est détruite dans la nuit du 18 au 19 mai (tout l'équipage sera capturé le 19 mai 1940). Sous le commandement du sous-lieutenant Rival, le *Maroc* combat devant Le Catelet puis est sabordé avec le *Tunisie*, le 19 mai, lors d'une tentative de reprise de la localité menée par le capitaine Deyber, de la 2/8e BCC (➠ détails dans le texte p. 90).

Cartes Michelin au 1/200 000, provenant du lieutenant Devos, officier de renseignements du 15e BCC. L'éventail couvre l'ensemble du parcours du bataillon en 1939-1940, de la mobilisation à l'armistice.

NOTE

13. Ce témoignage, retranscrit par Henri de Wailly à partir des archives du SHAT, a été publié récemment dans la revue *Histoire de Guerre,* dans un article consacré à la capture du général Giraud.

Dans la soirée le général décide de déménager à son tour et monte dans sa voiture accompagné de son officier d'ordonnance et de son sous-officier porte-fanion. Parvenu à une dizaine de kilomètres du Catelet, il est informé de la présence de troupes allemandes et doit se résoudre à abandonner sa voiture. Pendant trois heures, le petit groupe marche à travers champs et, malgré la vieille blessure de guerre qui handicape le général, les trois hommes parviennent au Catelet à la nuit. Là, ils échangent des coups de feu avec quelques soldats allemands puis se réfugient dans un bois. Caché dans un fossé, le général Giraud est récupéré au petit matin du 19, par une AMD Panhard française, tout à fait par hasard à la sortie ouest de Bohain, sur la route de Cambrai. Cette AMD a pour chef de voiture l'aspirant de Mierry, du 2e GRDI.

Après avoir vainement tenté d'échapper à l'encerclement toute la journée du 19, tous les axes étant bouclés, Giraud est fait prisonnier dans la grange d'une ferme déjà pleine de réfugiés, en fin de soirée (vers 22/23 heures) non loin du lieu où il s'était réfugié en compagnie de l'aspirant, de l'équipage et de son aide de camp, le lieutenant Tannery. Il pensait pouvoir rejoindre les lignes françaises et son PC du Catelet dont il n'avait plus de nouvelles mais, souhaitant éviter un bain de sang inutile, il prit la décision de rendre.

page d'origine du *Tunisie* qui, du reste, a refusé de quitter le char, seul Gaudet blessé ayant été évacué. Le *Tunisie,* qui devait soutenir une attaque pour la défense des ponts à Étreux, Hannapes et Tupigny, vers 15 heures avec le *Tonnerre* (8e BCC) est tombé en panne d'essence avant l'objectif et a pu finalement regagner Wassigny après cette tentative avortée.

Afin de donner quelque repos à son équipage si durement mis sur la brèche, et malgré les protestations de ses hommes, Pompier affecte son char *Mistral* à Raiffaud et son équipage de l'*Indochine* détruit, tandis que Rival prend le *Maroc* avec son équipage du *Tornade,* lui aussi détruit.

Le général Giraud reçoit alors une nouvelle instruction du commandant du groupe d'armées n° 1, le général Billotte, lui prescrivant de se replier sur Le Catelet puis sur Cambrai.

Gardant quelques officiers auprès de lui, Giraud se maintient encore à Wassigny durant quelques heures pour, dit-il, maintenir le moral. Pendant ce temps, la plus grosse partie de son état-major se replie sur Le Catelet où elle sera capturée par les hommes de la 6. Panzerdivision. Il donne l'ordre aux troupes encore présentes d'évacuer la ville, ce qu'elles font au sein de différentes colonnes qui se constituent et quittent la ville successivement.

Pompier répartit alors les débris de sa compagnie en deux colonnes.

La **première colonne** part à 19 heures. Elle est composée des équipages de chars encore présents à Wassigny mais désarmés, qui montent dans les véhicules légers disponibles avec pour mission, donnée par le lieutenant-colonel Golhen, de gagner la forêt de Villers-Cotterets par Le Catelet. Cette colonne comprend un side du 4e BCP avec deux chasseurs, une moto solo avec l'adjudant Capron, une voiture de tourisme civile avec le lieutenant Willig, le lieutenant Pérouse, le sous-lieutenant Ferry (ex-*Besançon*) et le caporal-chef Serre, puis deux camions. Le camion n° 30 612 : sergent-chef Henrard, Colment et Sornique, caporaux-chefs Masse et Tenailleau, caporaux Schneider, Le moal, Picoury et Pynaert, chasseurs Venat, Jacquard et Ponsard. Enfin, les équipages des *Mistral, Maroc, Besançon, Vosges* et *Nantes.* Et le camion n° 73 998 : sergent Lhermite, caporal-chef Emsens, caporal Galland, chasseurs Lopvet, Camus et Bohne.

La **deuxième colonne** quitte Wassigny à 20 heures. Sous les ordres du capitaine Deyber (2/8e BCC), elle compte les deux derniers chars de sa compagnie, l'*Adroit* et l'*Éclair,* et seulement deux des chars de la 3/15e BCC cités plus haut, le *Tunisie* et le *Maroc,* avec un side de dépannage (caporal Chauvin, chasseur Leroy) et un groupe de ravitaillement de quatre TRC Lorraine 37 L conduits par les chasseurs Tellier, Vexlard, Cressent, Germann, Courtillet et Soilly sous les ordres du sergent-chef Dalibard en side avec l'aspirant Hubert.

Le sous-lieutenant Raiffaud confirme ne pas être parti avec le *Mistral* dans cette dernière colonne car, épuisé par ces quelques jours de campagne sans sommeil ou presque, après avoir déjeuné à la popote de Giraud et Golhen, il dort toute l'après-midi. Lorsqu'il se réveille, dans la soirée, tous ses camarades sont déjà partis. Il n'y a plus en ville qu'un seul char roulant, le *Mistral,* en piteux état (des fragments de vêtements allemands sont même encore accrochés au train de roulement du char depuis que le sergent Colment, pilote du lieutenant Pompier, a poursuivi des Allemands à Landrecies à travers les murs d'une maison !), avec son équipage — provenant de l'*Indochine* — qui l'attend.

■ 19 MAI : LA CAPTURE DE LA PREMIÈRE COLONNE

Le 18 mai vers 23 heures à Maretz, après un périple sans encombres par Molain, Vaux et Busigny, la première colonne est prise sous un violent tir d'artillerie qui la disperse. Le lieutenant Pérouse (ex-chef de char du *Maroc* à ce moment-là) témoigne : « *Une colonne est donc formée au cours de la soirée du 18.*

Composée des véhicules les plus hétéroclites, fort peu armée, elle est placée sous les ordres du lieutenant Pompier. Instruction m'est donnée d'y prendre place avec mon équipage. Ainsi disons-nous adieu à notre cher Maroc. L'équipée nocturne qui suit est de celle que l'on ne saurait oublier. Sans aucun renseignement précis sur la situation réelle de l'ennemi, nous nous dirigeons d'abord vers Maretz. Les routes commençaient à être encombrées de colonnes lamentables, de réfugiés civils. L'idée s'est répandue, et n'est certes, certainement pas dénuée de fondement, qu'une cinquième colonne de soldats allemands s'est infiltrée parmi les flots de fuyards. Des coups de feu éclatent, tirés par des ennemis, ou par les nôtres, nul ne le sait.

Y-a-t-il de notre côté riposte à des agresseurs réels, ou fusillade spontanée sur des agresseurs imaginaires, qui peut le savoir ? Quoi qu'il en soit, faite d'angoisse et parfois de panique, l'atmosphère se marque par une extrême tension.

Puis, soudain, c'est à Crèvecoeur-sur-Escaut [entre Malincourt et Villers-Outréaux, d'après le témoignage du sergent-chef Lhermite] l'embuscade. La route est truffée de mines. [Lhermite évoque des tirs de véhicules blindés]. Sous les roues des premiers véhicules, celles-ci éclatent au milieu des flammes jaillissant de toutes parts. C'est là qu'à bord de son side-car, en tête de la colonne, périt le lieutenant Pompier dans le plus strict accomplissement de la mission qui lui était confiée [son corps sera retrouvé près du pont du canal à Vaucelles]. Des ordres fusent en allemand, des coup de feu claquent de tous côtés. Thiébaut Willig et moi qui nous trouvons dans une voiture de liaison, pouvons nous jeter dans l'un des fossés qui bordent la route et faire usage de nos seules armes, de modestes et complètement désuets pistolets d'ordonnance. Les rares munitions dont nous disposons ne durent que quelques instants, et nous n'avons plus alors qu'à nous éloigner du lieu de l'embuscade où nous ne voyons plus aucun de nos compagnons... »

Après avoir marché de nuit et s'être caché toute la journée du 19 sous le pont d'une route où défilent les unités allemandes, le lieutenant Pérouse est finalement fait prisonnier vers 18 heures à quelques kilomètres de Marcoing. Willig connaît un sort semblable. Les sergents-chefs Sornique et Henrard et le caporal Pynaert mettent en batterie une mitrailleuse de char et tirent quelques rafales avant que l'ordre de se replier individuellement n'arrive en essayant de rejoindre Malincourt.

La plupart du personnel de la colonne est capturé dans la nuit ou la matinée du lendemain. Seul un groupe de dix chasseurs, pour la plupart du camion n° 73 998 (caporaux-chefs Tenailleau et Emsens, caporaux Le Moal, Schneider et Galland, chasseurs Lopvet, Camus, Ponsard et Bohne) commandé par le sergent-chef Lhermitte, réussissent à rejoindre le reste du bataillon dans la forêt de Compiègne, le 28 mai en passant par Malincourt, Elincourt, Bapaume, Amiens, Estrées, Reims, Prunay, Bouy et Esternay.

■ 19 MAI : LA DEUXIÈME COLONNE AU COMBAT, LA FIN DU *MAROC* ET DU *TUNISIE*

Quant à la deuxième colonne (chars et tracteurs) qui suit, seul l'*Adroit* continue sur l'itinéraire prévu tandis que les autres chars partent vers Élincourt pour gagner Le Catelet par le nord. Le 19 mai à 1 h 30 du matin, l'*Adroit* est pris à partie par des armes lourdes. Au petit jour, il continue vers le nord, retrouve deux des autres chars à Dehéries où des éléments ennemis arrivent. Les trois chars attaquent et reprennent Dehéries et Villers-Outréaux, contraignant les éléments ennemis à refluer vers le sud. L'*Éclair* tombe en panne, l'équipage doit l'abandonner.

Le capitaine Deyber décide de reprendre Le Catelet. L'*Adroit* tombe en panne sèche à son tour, mais le *Maroc* et le *Tunisie* pénètrent dans Le Catelet où ils causent de grosses pertes en matériel à une unité blindée ennemie. Voici le témoignage de Mérigot sur la fin du *Tunisie* : « *À chaque village, nous passons en force, si bien qu'à la longue, voyant l'essence baisser, les munitions s'épuiser, nous décidons de continuer à pied. Voyant un bois nous y fonçons mais soudain un choc. Dans le bois un gros ruisseau où le char est tombé et reste muet. Nous sortons, de l'eau jusqu'au ventre. Nous évitons les Allemands. Nous marchons la nuit, nous cachant le jour. Hélas le 23 mai, l'aventure se termine, nous tombons sur un poste, nous sommes prisonniers... ».*

De tous ces équipages, seul le sous-lieutenant Rival parviendra à s'échapper en se cachant dans une ferme. Il rejoindra le bataillon à Saint-Junien-la-Brégère début juillet après l'armistice où il racontera la fin du *Maroc*, qu'il incendia.

■ 18-19 MAI : LA FIN DU *MISTRAL* AU CATELET

Une « troisième colonne », composée uniquement du *Mistral* en tête suivi d'un convoi de bus bourré de troupes de différentes unités, isolés récupérés ou de différents services sous les ordres d'un capitaine de réserve, quitte Wassigny dans la soirée du 18 mai vers 20 h 30/21 h, direction Bohain. Aux environs de cette localité, le sous-lieutenant Raiffaud, qui est donc en tête, constate la présence de deux ou trois engins blindés ennemis et voit une barricade détruite à l'entrée de la ville. Il en déduit que Bohain est occupé. Il décide donc de ne pas y entrer mais de passer la nuit dans les champs environnants en attendant que le jour se lève. Au petit matin du 19 mai, le capitaine commandant la colonne donne l'ordre de reprendre la route vers Le Catelet en contournant Bohain par des chemins de traverse.

Dans l'intervalle, une AMD Panhard 178 se présente. C'est l'aspirant Alain de Mierry du 4e peloton du 2e GRDI (9e DIM) qui, seul rescapé de son peloton, se propose d'éclairer la route de la colonne jusqu'au Catelet. La tête de la colonne arrive vers 10 heures aux environs du Catelet où deux automitrailleuses allemandes sont détruites. Entretemps, le *Mistral* a récupéré un officier de char sur la route, le lieutenant Magrey du 8e BCC qui renforce l'équipage.

De Mierry témoigne [13] : « *Avec un chef de char B1 bis de la 2e DCR, ils décident d'aller explorer la sortie sud de la ville en direction de Saint-Quentin. Ils doivent, pour cela, traverser une grande place et décident de rouler le plus loin possible l'un de l'autre. Bien leur en prend : bientôt l'ennemi se découvre. Fracas, la Panhard subit un tir croisé d'antichars. À droite un obus entame profondément la tourelle et un autre, plus légèrement, l'autre côté, mais il n'y a aucun blessé.*

Le conducteur-inverseur part immédiatement en arrière de sorte que les obus suivants passent devant la voiture sans l'atteindre. »

Raiffaud qui le suit à distance précise, quant à lui, qu'il s'étonne de voir la Panhard faire demi-tour (sans réaliser vraiment pourquoi car, dans un B1 bis en mouvement, on n'entend pas toujours distinctement) et, continuant d'avancer, se retrouve finalement seul à entrer dans la ville. Il détruit alors une arme antichar camouflée derrière une maison et progresse en direction du pont sur l'Escaut. Le pont atteint, sans le franchir, Raiffaud aperçoit à 200 mètres de l'autre côté de la rivière des soldats portant des casques français. Pensant avoir fait la jonction avec des troupes amies, il s'arrête, ouvre la porte du char et le lieutenant Magrey décide d'aller à leur rencontre. Après qu'il se soit éloigné du char d'une cinquantaine de mètres, deux armes antichars se dévoi-

Coll. R. Potié

265 MISTRAL

(Char du commandant de la 3e compagnie du 15e BCC)

ÉQUIPAGE LE 10 MAI

Chef de char (commandant la compagnie) : lieutenant Jean Pompier (active)
Pilote : sergent-chef Colment
Aide-pilote : caporal-chef Buatois
Radio : caporal-chef Masse.

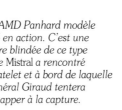

L'épave du Mistral au Catelet. Sur le bouclier du canon de 75 mm, on voit distinctement une protubérance qui ressemble à un obus antichar enchâssé, à moins qu'il ne s'agisse du support-passage de l'antenne de commandement (➡ photo p. 23), invisible ici. A-t-elle été arrachée durant le combat, ou n'a-t-elle jamais été posée, nous l'ignorons.

LE DESTIN DU *MISTRAL*

Le *Mistral* combat puis est sabordé devant Le Catelet sous le commandement du sous-lieutenant Raiffaud, avec le *Maroc* et le *Tunisie* le 19 mai lors d'une tentative de reprise de la localité menée par le capitaine Deyber du 8e BCC.

Sur la tourelle, le nom Mistral est peint en position plus haute qu'à l'accoutumée. Ce détail (visible aussi sur le Tempête, ➡ page 69), caractérise les chars montés par FCM dans cette tranche numérique.

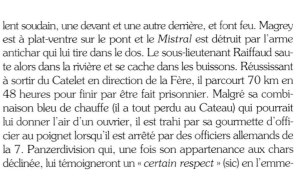

DR

Une AMD Panhard modèle 1935 en action. C'est une voiture blindée de ce type que le Mistral a rencontré au Catelet et à bord de laquelle le général Giraud tentera d'échapper à la capture.

lent soudain, une devant et une autre derrière, et font feu. Magrey est à plat-ventre sur le pont et le *Mistral* est détruit par l'arme antichar qui lui tire dans le dos. Le sous-lieutenant Raiffaud saute alors dans la rivière et se cache dans les buissons. Réussissant à sortir du Catelet en direction de la Fère, il parcourt 70 km en 48 heures pour finir par être fait prisonnier. Malgré sa combinaison bleu de chauffe (il a tout perdu au Cateau) qui pourrait lui donner l'air d'un ouvrier, il est trahi par sa gourmette d'officier au poignet lorsqu'il est arrêté par des officiers allemands de la 7. Panzerdivision qui, une fois son appartenance aux chars déclinée, lui témoigneront un « *certain respect* » (sic) en l'emmenant dans leur propre véhicule.

En ce qui concerne le reste de l'équipage, l'extrait de la citation du sergent pilote Docq (ex-pilote de l'*Indochine*) évoque le dernier combat du *Mistral* en ces termes : « *le 19 mai, est entré seul dans Le Catelet occupé par l'ennemi, a détruit un char et après un vif engagement, a eu son appareil mis hors de combat par le feu de plusieurs engins ennemis.* »

Docq ajoute, dans une correpondance au lieutenant Devos, du 17 août 1945 : « *Après avoir perdu et pleuré mon char comme un enfant son joujou, j'ai réussi avec mon aide-pilote à descendre un petit cours d'eau, moitié marchant, moitié nageant et, le 23 mai, fatigué, ayant sur le dos un simple treillis, je fus fait prisonnier en essayant de passer les lignes allemandes* ».

Tous ses chars détruits par l'ennemi ou mis en feu, leurs équipages faits prisonniers, son chef tué, la 3e compagnie du 15e BCC a cessé d'exister, ce 19 mai 1940. ■ **91**

CHAPITRE CINQ

AU COMBAT AVEC LES
1re ET 2e COMPAGNIES

Le capitaine Vaudremont, commandant la 2e compagnie, le sourire vainqueur, a été saisi sur le vif par le sous-lieutenant Lauvin, sur le chemin du retour de Montcornet le 16 mai 1940.
Ce document exceptionnel témoigne que l'insigne du 15e BCC a bien été porté au combat. Pour Vaudremont, cette broche fabriquée chez Arthus-Bertrand remplace l'insigne nominatif Cambodge (silhouette de char avec lettres ajourées, fabrication artisanale) qu'il portait auparavant au même endroit (➡ photographie p. 107).
Par comparaison avec le même document, on voit aussi que des pattes de collet (du modèle de troupe) ont été apposées sur le veston de cuir au cours de la campagne, cas assez fréquemment observé au 15e BCC.

Retournons à Homblières avec les rescapés de cette première journée de combats où nous avons laissé le commandant Bourgin, le 16 au soir, avec les chars des 1re et 2e compagnies qu'il avait pu ramener (➡ page 70).

LAUVIN TÉMOIGNE : « *Arrivent successivement Nae-gel et Picard. Joie, Naegel nous apporte de l'essence, nous sauvant tous. En effet, je n'ai plus que 30 litres dans mes réservoirs. Picard a dit simplement au capitaine : " l'Aquitaine est détruit " et s'est tu... »*

L'arrivée quasi miraculeuse à Homblières du sous-lieutenant Naegel — l'officier d'échelon de la 2e compagnie — qui apporte aussi des vivres et des munitions, permet de renseigner le commandant et ce dernier peut octroyer une nuit de repos (de 11 heures du soir à 5 heures du matin) à ses éléments de combat. Tout le monde peut manger à sa faim et se reposer un peu

Le lieutenant Devos relate les pérégrinations de Naegel au cours de la journée du 16 mai :

« *Naegel avec ses tracteurs de ravitaillement suit les chars jusqu'à leur base de départ au bois des Bouleaux. Là, il don-ne un dernier ravitaillement en essence aux équipages et ramasse tous leur impédimenta dont ces derniers sont encom-brés depuis leur débarquement. Puis, suivant l'ordre reçu du capitaine Vaudremont, il regagne Le Nouvion. Il apprend alors l'avance allemande sur Vervins et, supposant à juste*

titre que les deux compagnies après leurs opérations ne pour-raient pas sans doute rallier Le Nouvion, il se rend à Wassi-gny où s'est déplacé le PC de l'armée pour y recevoir de nou-velles instructions. Là, il apprend du [lieutenant-] colonel Gol-hen que la 2e DCR doit se replier sur l'Oise et, toujours accompagné de sa caravane de chenillettes, il se dirige vers la Fère, point de défense spécialement assigné au 15e BCC. »

Il n'y trouve personne et, revenant sur ses pas, il a la chance de trouver le 16 au soir les chars rassemblés à Homblières.

Durant son trajet, il a eu une autre chance, celle de trouver à Guise, outre un important ravitaillement en pain, le détache-ment de sa compagnie conduit par l'adjudant Sauvageot qui comprend encore quatre TRC et les camions d'essence et de munitions. Sauvageot, débarqué dans la nuit du 16 à 2 heures du matin à La Capelle, en plein désordre, au lieu d'attendre les ordres, cherche fort heureusement à retrouver son unité et tom-be non moins heureusement à Guise sur Naegel. Les tracteurs de ravitaillement de la 1re compagnie sont, quant à eux, restés dans la région de Wassigny avec la compagnie d'échelon.

■ 17 MAI : DÉPART VERS LES PONTS DE SAINT-SIMON

Dès le jour, les éléments rassemblés des deux compagnies font les pleins. Naegel peut même ravitailler les chars du lieute-nant Dupont (1re compagnie du 8e BCC) de retour de Guise et en panne sèche à l'ouest d'Origny-Sainte-Benoîte.

Vers 8 heures du matin arrive un détachement composé du colonel Roche, du commandant Favier, du lieutenant Baggio, du lieutenant Devos, des différents états-majors de la DCR. Ces quatre officiers, à la recherche des éléments de leur grande uni-té, tentent de les regrouper.

Suivant les instructions reçues du général Bruché, le colonel Roche, commandant la 2e demi-brigade, fixe Saint-Simon, sur le canal Crozat, comme point de regroupement du 15e BCC avec la mission de défendre les ponts de ce village, tandis que la division cherche à obtenir un ravitaillement en essence dans la région de Noyon, pour toutes ses unités qu'elle regroupe.

Le commandant Favier, chef de l'état-major de la 2e DCR qui veut être renseigné sur la situation de l'ennemi, demande l'envoi d'une reconnaissance d'officier en side-car sur les ponts de l'Oise. Or, précisément le matin même du 17 mai, vient d'arriver le sous-lieutenant Picard et l'équipage de l'*Aquitaine*, qui ont laissé leur appareil à Marle, en panne de Naeder (➡ page 63). N'ayant plus de char, Picard est le seul officier disponible pour la reconnaissance. Le capitaine Vaudremont le désigne, il part avec le meilleur side-car de la compagnie (une René-Gillet 750 cm³) et un bon dépanneur, Gardon, comme conducteur. Alors que la reconnaissance s'achève, le side est surpris par une patrouille ennemie près de Ribemont, à l'est de l'Oise. Picard veut faire demi-tour rapidement sur la route mais la René-Gillet tombe en panne et les deux hommes sont immédiatement capturés. La compagnie les attendra en vain.

À 10 heures du matin, la 2e compagnie quitte Homblières, en tête du bataillon, en direction de Saint-Simon. Ne voyant pas revenir Picard, Vaudremont lui laisse dans un endroit fixé à l'avance l'itinéraire à suivre, puis il part en tête de sa compagnie. L'itinéraire est le suivant : Mesnil-Saint-Laurent, Neuville-Saint-Amand, Itancourt, Urvillers, Essigny-le-Grand, Seraucourt-le-Grand, Artemps et Saint-Simon.

En route, la colonne rencontre le capitaine Poupart (3e compagnie du 8e BCC) avec son char. Il défend Mesnil-Saint-Laurent mais sera blessé et fait prisonnier une heure plus tard (vers 7 heures) par une automitrailleuse allemande embusquée à l'entrée sud de Sissy vers lequel il se rendait, ayant quitté son PC de Mézières au bruit de combat. Des éléments du génie de la division, sans liaison avec celle-ci, sont également rencontrés et renseignés sur les mouvements en cours.

■ L'ACTION DU CAPITAINE LAURENT AU PONT DE SISSY

Le capitaine Laurent (1re compagnie) qui ferme la marche est arrêté à la traversée de Neuville-Saint-Amand par le colonel commandant le 13e dragons (chars Somua et Hotchkiss, 2e DLM), à qui le lieutenant Lamoine, du 8e BCC, vient d'apprendre la perte du pont de Sissy. L'officier de cavalerie presse Laurent de se porter immédiatement sur Sissy et promet d'alerter le colonel Roche qui ne manquera pas d'envoyer des renforts. Un coup d'œil à la jauge d'essence : 180 litres, soit 2 heures d'autonomie avec une courte marge.

D'enthousiasme, l'équipage se porte au combat. L'appareil traverse Mézières puis Chatillon. Pas de traces de chars français (ceux-ci sont encore sur les ponts, non dans les villages). À Sissy, Laurent bifurque vers le pont principal — au sud —, détruit deux automitrailleuses allemandes qui le gardent, tire sur un groupe de blindés qui, en fuite, a déjà repassé le pont. Puis il fait demi-tour, rentre dans Sissy et se dirige vers Origny. En cours de route, il écrase une voiture de liaison, disperse une colonne d'infanterie portée, met en fuite une automitrailleuse. Au carre-

Le lieutenant Armand Kreiss, du Grenoble (puis du Guadeloupe), croqué par J. Aberlen.

Le lieutenant Kreiss et, au second plan, le lieutenant Coquet, tous deux de la 1re compagnie, photographiés au camp de la Haute-Moivre.

Une superbe vue frontale du Grenoble durant la drôle de guerre.

225 GRENOBLE
(1re section, 1re compagnie du 15e BCC)

ÉQUIPAGE LE 10 MAI
Chef de section, chef de char : lieutenant Armand Kreiss (réserve, École centrale)
Pilote : sergent-chef Payen
Aide-pilote : caporal Charolle
Radio : caporal-chef Joannin.

LE DESTIN DU *GRENOBLE*
Char sabordé par son équipage suite à une panne mécanique le 17 mai 1940 près des ponts de Saint-Simon (➡ détails dans le texte p. 95).

GRENOBLE

225

Coll. De Meyer

Examinant l'épave du Tonkin, *ce Landser ne se doute pas du sort tragique réservé à son équipage. Détail que l'on retrouve encore ici, une échelle est fixée sur le garde-boue droit de l'appareil. L'ouverture du capot de conduite est ici béante. Avant l'explosion, elle était bloquée par une mauvaise orientation de la tourelle, ce qui condamna le pilote indemne à brûler vif.*

Le char s'est entièrement consumé à l'intérieur, Laissant comme seuls vestiges apparents les grands ressorts de suspension des bogies centraux.

Coll. De Meyer

210 TONKIN
(1re section, 1re compagnie du 15e BCC)

ÉQUIPAGE LE 10 MAI
Chef de char : sous-lieutenant Jean Yardin (réserve, École centrale)
Pilote : sergent-chef Sauvant
Aide-pilote : caporal Lemoine
Radio : caporal-chef Robert (Jacques).

Le sous-lieutenant Yardin photographié à la popote de la 1re compagnie durant l'hiver 1939. Son insigne Tonkin est cousu sur son veston de cuir réglementaire modèle 1935.

Coll. Anciens du 15e BCC

Le camouflage du Tonkin *est du type Renault. L'as de pique de tourelle est une supposition, étayée par la présence — cas particulier — d'un petit as de pique sur le capot avant.*

Dessin J. Restayn sur notice F. Vauvillier © H&C

LE DESTIN DU *TONKIN*
Ce char se renverse accidentellement lors d'une marche nocturne près de Berlancourt, dans la nuit du 17 au 18 mai 1940. Le radio Robert est tué sur le coup puis carbonisé. Le pilote Sauvant, coincé indemne dans l'appareil, meurt brûlé vif (➡ détails dans le texte page 96).

four de la route Ribemont-Regny, le flot des réfugiés s'écoule, normalement. Laurent revient à Sissy, vide d'ennemis mais aussi de troupes françaises. Les renforts promis n'arrivent pas. Un coup d'œil à la jauge d'essence. À peine 80 litres. Un char seul, sans liaison avec quiconque, sans même une motocyclette pour appeler du secours, ne saurait garder 10 km de rivière. Le capitaine Laurent se replie sur Jussy, par Itancourt et Urvillers. Pour un temps, le pont de Sissy reste vide, mais l'ennemi ne tarde pas à s'y réinstaller prudemment.

« *Ce même jour, nous devions être instruits d'une manière tout à fait fortuite, et certaine, sur les véritables intentions de l'ennemi. Vers le milieu de l'après-midi arrive, en effet, à Saint-Simon, la 1re compagnie du 27e BCC qui se replie des ponts entre Moy et Mézières.*

Le lieutenant Pelletier saute de son char et montre à l'officier de renseignements du 15e [Devos, auteur de ces lignes] *toute une liasse de documents saisie par lui, le matin même, dans la voiture d'un officier supérieur allemand, qu'il avait arrêté d'un coup de 37 au moment où elle allait franchir le canal. Il y avait parmi ces papiers, un lot de cartes extrême-*

ment bien renseignées, montrant toute la progression réalisée et les intentions des unités allemandes, et, chose par-dessus tout précieuse, l'ordre d'opération de la Panzerdivision n° 1 pour ce même jour [17 mai] qui indiquait l'axe d'opérations de cette unité : Saint-Quentin - Péronne. Ce n'était donc pas vers Paris que tendait la percée allemande, comme on aurait pu le penser à un moment, lors de la trouée sur l'Oise, mais bien vers la mer. Ces documents d'une si grave importance, furent immédiatement remis à l'état-major de la brigade, qui était sur place, puis au colonel Perré à Guiscard. Ce dernier, malgré tous ses efforts, ne put les faire parvenir au général Giraud qui aurait, sans doute, été en mesure de les exploiter fort utilement et ils ne parvinrent qu'avec un certain retard au GQG. » (Devos).

À Saint-Simon, la 2e compagnie garde les ponts du canal Crozat. La section Pagnon (*Corse, Algérie, Anjou*) sur la route de Clastres, deux chars commandés par Dumontier (*Madagascar, Bordeaux*) sur celle de Flavy. Ces deux sections règlent leur radio et la liaison en phonie est établie. Lauvin témoigne : « les chars sont aussitôt répartis : la section comprenant Pagnon, Vieux et moi-même doit assurer vers l'est la rive nord du canal de Saint-Quentin. Avant d'aller prendre position devant Clastres, j'engage un chargeur de mitrailleuse et tire trois balles en l'air, pour être sûr de son bon engagement ; toutefois j'ai tiré assez près du char arrêté devant et l'un des membres de son équipage, assis sur sa tourelle, se retourne et me lance, dédaigneux : pourrait pas prévenir ?

Nos trois emplacements sont magnifiques. Nous sommes très bien camouflés à cent cinquante mètres l'un de l'autre. Les traces des chenilles ont été effacées. Mon secteur de surveillance est cependant fort large. Placé à gauche, je dois battre depuis le bois jusqu'au château d'eau où se tient le char de Fournier [Bordeaux]. J'ai soigneusement aménagé le champ de tir, veillant à ce que les feuilles de camouflage ne puissent boucher ma lunette, même dans les positions limites de la tourelle. Nous repérons les objectifs possibles, évaluons la distance des bouquets d'arbres caractéristiques, et nous nous répartissons la surveillance. À côté derrière un massif de lilas déplan-

té à propos, le char de Pagnon [Corse] surveille l'ensemble. En contrebas, vers la rivière, Vieux [Anjou] termine le dispositif.

Pendant qu'une omelette monstre grésille sur un réchaud de réquisition, les postes de radio sont accordés et nous mettons déjà au point les consignes pour la nuit. Quelques avions viennent observer, mais ne remarquent rien sans doute, car ils nous laissent tranquilles. Plus tard, il y a destruction en règle du village de Clastres. Les bombardiers sont très bas, mais trop loin pour que nous puissions ouvrir le feu, dommage. Des explosions, des coups de canon vers Saint-Simon. Croyant à une attaque du pont derrière nous, Pagnon appelle par radio. Mais le capitaine ne répond pas. Réitéré, l'appel reste vain. Nous délibérons de détacher un char, quand un message du capitaine, laconique, sybillin, vient augmenter notre perplexité.

Renseignements pris, c'était le char de Kreiss [Grenoble], forteresse devenue inerte, que l'on faisait sauter [septième char du bataillon détruit à ce moment]. Le capitaine nous rend visite vers le soir. Il vient de recevoir l'ordre de gagner Cuy à l'ouest de Noyon (10 km ouest de Noyon). Nous abandonnons nos emplacements et franchissons le pont. Je note l'itinéraire. La perspective de passer la nuit, isolés, sur la rive nord, sans guetteurs, ne nous souriait point, et nous revoyons avec plaisir les camarades. En colonne nous gagnons Guiscard dans la nuit tombée. »

■ NUIT DU 17 AU 18 MAI : DÉPART POUR CUY

Peu avant l'ordre de départ pour Cuy, le capitaine Vaudremont reçoit la visite du commandant Gillis, de l'état-major de la DCR, qui lui donne des renseignements peu optimistes et, hélas, exacts sur la situation.

Relevés par des éléments régionaux [1] peu rassurés d'être là, les deux compagnies et les éléments du bataillon partent vers 22 heures en colonne, la 2e compagnie en tête, vers Cuy qui doit être une étape en vue du regroupement de la division en forêt de Compiègne. Itinéraire : Flavy, Cugny, Le Plessis, Berlancourt, Guiscard, Noyon, Larbroye, Suzoy et Cuy.

Ce trajet de nuit est endeuillé par un pénible accident. Le char *Tonkin* du sous-lieutenant Yardin (officier de réserve, centralien) de la 1re sec-

NOTE
1. Régiments régionaux, nouvelle désignation des territoriaux.

Le fanion de la 1re compagnie du 15e BCC, peint par le lieutenant Sauret en captivité, porte la devise Oncques ne mollimes (jamais nous ne mollimes). Ce fanion existait déjà avant les combats (➡ p. 16). La nuance verte fait référence, non pas à la couleur réglementaire de la compagnie (bleu foncé pour une 1re), mais à la nuance distinctive des chars adoptée en 1921.

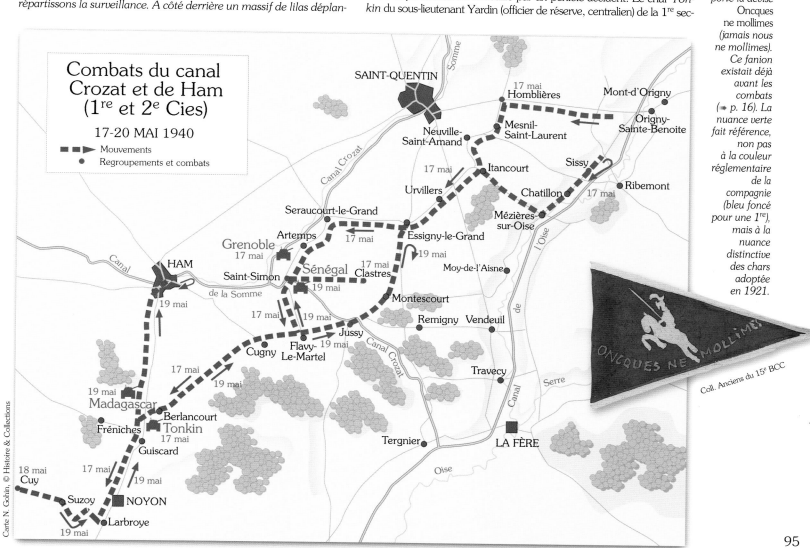

Combats du canal Crozat et de Ham (1re et 2e Cies)

17-20 MAI 1940

Mouvements
Regroupements et combats

Coll. Anciens du 15e BCC

Carte N. Gohin, © Histoire & Collections

Vue de face du Lyon
(➡ tous détails p. 97).
La disposition relative
de la croix de Lorraine
et de l'as est basée sur
celle du Cambodge
(➡ p. 107).

Dessin J. Restayn sur notice F. Vauvillier © H&C

Coll. R. Avignon

Coll. Anciens du 15ᵉ BCC

Le lieutenant Sassi, du Lyon,
croqué par J. Aberlen.

Coll. Anciens du 15ᵉ BCC

L'adjudant Sauvageot, chef
de l'échelon tous terrains
de la SE 2.

Note

2. Le sous-lieutenant Yardin
devait mourir par la suite d'un
œdème au cerveau dont l'origine
était peut-être liée à cet accident.
Par ailleurs, Coquet et Payen sont
évacués pour brûlures au visage
le même jour.

tion de la 1ʳᵉ compagnie, se retourne
et prend feu à la suite d'une chute dans
un virage. Témoignage du sous-lieutenant Lauvin : « *Avant d'arriver sur la
grand'route, je croise un char versé
sur le côté, dans le fossé. On me fait
signe de dégager. À peine ai-je avancé qu'une énorme lueur illumine la
nuit. Le char de Yardin, le Tonkin
vient de prendre feu. Empêchés par les six hommes qui se
trouvaient à bord [a priori le lieutenant Coquet, du Guadeloupe, était également à bord pour une raison inconnue, et peut-
être le sergent Payen, pilote du Grenoble], les sauveteurs n'ont
pu en tirer que quatre, par le trou d'homme du plancher. Le
radio, blessé, est coincé au fond du char. Bloqué à sa place
par le déplacement des obus et des caisses d'outillage, le pilote Sauvant est indemne. Il dit de sauver d'abord le chef de
char, qui hurle dans sa tourelle, écrasé par les obus échappés des casiers. On parvient à tirer Yardin, très commotion-
né [2], le pilote Sauvant, on l'encourage, il parle toujours quand le premier obus éclate. Sauvant appelle un
de ses camarades, l'adjudant, de ne pas l'abandonner là.
Impuissants les sauveteurs doivent s'écarter du char. Le pilote crie toujours, abrité derrière un rempart d'outils.*

*Sa voix est bientôt couverte par l'éclatement de cent cin-
quante obus, qui sautent un par un dans trois cents litres
d'essence en flammes. Sauvant crie encore lorsque nous
devons fuir cette boîte à mitraille. Deux jours plus tard, lorsqu'on viendra rendre à l'équipage les honneurs militaires,
on ne retrouvera du pilote que sa tête. Presque intacte, passant par l'entrebaillement du capot de conduite, qu'une mauvaise orientation de la tourelle l'avait empêché d'ouvrir pour
sortir. Tué sur le coup derrière son poste, le radio est entièrement consumé. Du côté du moteur, le char, 6 cm d'acier
spécial, est ouvert en deux. La tourelle 6 tonnes a jailli dans
un champ. De Guiscard, nous apercevons vers le nord des
gerbes de points qui se suivent. La DCA nocturne. Derrière
nous, le char abandonné flambe toujours, sur un fond de
détonations sourdes. Longtemps sa lueur intermittente
d'immense brasier nous poursuivra.* »

La colonne arrive à Cuy vers 1 heure du matin le 18 mai.
Après avoir garé les chars rapidement sous les arbres contre la
route ou dans le bois — il faut profiter de l'arrivée nocturne pour
demeurer invisible de jour — les équipages peuvent dormir
4 heures. « *Une maison vide. Comme la porte résiste, un coup
de bêche disjoint les contrevents voisins, brise un carreau.
Lit sale, odeur atroce mais tant pis. Sans prendre le temps
d'ôter nos chaussures, nous nous étendons à deux ou trois
sur ces couvertures suspectes, ramenant sur nous un couvre-
pied pourri. Pourtant, dans un dernier sursaut de civilisation,
je déboucle mon casque... Le matin se passe à remettre un
peu d'ordre dans le matériel. Mon équipage a entrepris de
graisser le char, unissant à de pauvres moyens de fortune un
oubli volontaire de la fatigue ; mes hommes rampent sous
l'engin et injectent aux axes de patins desséchés leur ration*

*d'huile. Je les regarde faire et ne trouve rien à leur dire. Mar-
tineau, le servant qui a rejoint l'Algérie depuis peu, s'affaire
avec les autres, tout maculé de graisse.* » (Lauvin).

Une inspection du général Bruché lui permet de se rendre
compte de ce qui reste du 15ᵉ BCC : cinq chars de la 1ʳᵉ compagnie (Bordeaux, Guadeloupe, Sénégal, Rennes, Lyon, ce
dernier ayant besoin de réparations extrêmement urgentes, ne
peut continuer à rouler et il sera évacué les jours suivants sur le
PEB 7), cinq appareils de la 2ᵉ compagnie (Madagascar, Anjou,
Algérie, Cambodge, Corse) et deux chars de la compagnie
d'échelon (Marseille, Nice). On est toujours sans nouvelle de la
3ᵉ compagnie. À Cuy, les équipages s'organisent, mettant à profit cette pause bienvenue. Lauvin témoigne :

« *Les quelques maisons du village sont vides de leurs occupants. Partout la hâte visible des départs incohérents. Dans
une cour de ferme, les poules et les lapins errent bien en
liberté, mais tout à l'heure la porte de l'écurie livrera passage à trois énormes percherons enfermés là depuis des jours
et des jours. Ils bondissent à la mare fous de soif, brisant tout
sur leur passage. Des réfugiés passent, isolés, parfois en auto.
Vite je griffonne un mot et le confie à une fille hâve qui va,
les yeux fixes ; elle prend ma lettre sans rien dire. Je lui donne à boire. Étendu sous les grands arbres qui camouflent les
chars du 8, j'examine plusieurs trophées. Un casque d'aviateur, un superbe parabellum, des insignes. Depuis ce matin,
j'ai mal aux dents, des élancements. Il y a six jours que je
n'ai pu me laver. Dans une maison je trouve de quoi procéder à une toilette sommaire, et pour la première fois me vois
dans une glace. Mes yeux sont brillants, de durs plis de fatigue
imprégnés de crasse marquent mon front et mes joues. Par
quelque égratignure, j'ai du inonder de sang la serviette épon-
ge blanche, autrefois blanche, qui entoure mon cou. Je suis
à faire peur.*

*Mais l'équipage a découvert, non loin de là, de quoi man-
ger. Les poulets rôtissent, et à nous les frites à l'huile de ricin !
J'arrive bientôt devant une table surchargée avec des quan-
tités de flacons déjà vides. À la cave, je trouve bon nombre
de bouteilles de cidre, et, tout heureux, en apporte deux poi-
gnées au char. Julien revient avec des victuailles, dont les
inévitables cerises à l'eau-de-vie. Podesta veut installer sur
mon 47 une chouette empaillée. Poulet suit, les bras chargés de bouteilles. Jamais nous ne pourrons loger tout cela
là-dedans. Il faut trouver une caisse. Martineau s'en charge,
et bientôt calées bien à l'arrière entre les pots d'échappement
et la caisse d'outillage, coincées vers l'avant par l'antenne,
les bouteilles de champagne prennent l'air sur le char à défilement de tourelle... L'après-midi s'avance. Naegel court les
routes avec ses chenillettes, cherchant de l'essence. Sauvageot a trouvé une vieille C 4 asthmatique, et razzie les fermes
voisines. Lorsque vous prenez place dans sa limousine, vous
hésitez entre le chocolat et le sucre répandus en vrac au fond.
Où a-t-il trouvé tout cela ? Mystère. Il dirige une armée de
cuisiniers bénévoles et de bouchers improvisés qui lui obéis-
sent aveuglément. Ce sont les gars de l'échelon. Jamais Sauvageot n'a été pris de court.* »

Le Lyon, photographié à une date inconnue (page ci-contre), sans doute fin 1939, présente alors le plus grand luxe de marques distinctives. Il porte en effet, simultanément, sur la tourelle, la croix de Lorraine et des as de coeur (2ᵉ section), et sur la caisse l'insigne grand format du 510ᵉ RCC et un grand « B » blanc. Ce dernier est certainement un indicatif radio, marque éphémère déjà constatée sur plusieurs chars de la 3ᵉ compagnie. Mais le Lyon est, dans l'état actuel de notre documentation photographique, le seul char du 15ᵉ BCC sur lequel ce code apparaît aussi sur le glacis avant. Autre curiosité, le nom Lyon est peint en lettres cursives sur le barbotin.

La croix de Lorraine (supposée bleue) ourlée d'un ton clair (supposé blanc) est logique compte tenu de la garnison du temps de paix. Elle figurera aussi sur l'insigne métallique de poitrine du 15ᵉ BCC.

Malgré l'extrême saleté de la caisse, on constate sur la vue de côté (photo) du Lyon le camouflage caractéristique du type apposé par les usines Renault. Tous les B1 bis du n° 201 au 233 inclus ont reçu ce modèle de camouflage (à trois tons et bordures floues brun/noir). Soulignons que, si le principe reste le même, la forme des tâches varie d'un appareil à l'autre selon la fantaisie des ouvriers chargés de la peinture.

Dessin J. Restayn sur notice F. Vauvillier © Histoire & Collections

Le lieutenant Sassi, du Lyon.

Coll. Anciens du 15ᵉ BCC

221 LYON
(2ᵉ section, 1ʳᵉ compagnie du 15ᵉ BCC)

ÉQUIPAGE LE 10 MAI

Chef de section, chef de char : lieutenant Albert Sassi (réserve, Polytechnique)

Pilote : sergent Menu
Aide-pilote : caporal-chef Ohlott
Radio : caporal-chef Richer.

LE DESTIN DU *LYON*
Victime d'avaries, le *Lyon* est évacué sur le PEB 7 à Gien le 18 mai 1940 (➡ détails dans le texte page 98).

Coll. Anciens du 15ᵉ BCC

Ce béret de sous-lieutenant avec les chiffres 15 en métal imitation cannetille agrafés dans la laine, trouvé tel quel sans origine familiale connue, pourrait être celui de Phelep, du Nantes (➡ portrait page 84). Il s'agit en tout état de cause d'une confection du commerce, ce qui est normal pour un officier.

Les états-majors de la brigade et de la division sont également rassemblés à Cuy avec les rescapés des 8e, 15e, 14e et 27e BCC tous très durement éprouvés aussi.

Les liaisons avec les unités supérieures, notamment le Groupement cuirassé commandé par le général Delestraint, n'ont pas cessé pendant la nuit, et bientôt on parle de nouvelles opérations pour lesquelles on va constituer des groupements temporaires réunissant les débris de plusieurs unités. L'intention du commandant est de tenter deux manœuvres distinctes qui doivent être menées en corrélation l'une avec l'autre et se rejoindre si elles réussissent. Mais n'oublions pas que le matériel est déjà fatigué et que, pour le ravitaillement, le 15e BCC ne dispose que de tracteurs légers qui, d'ailleurs sous la conduite de Naegel, vont accomplir de véritables prodiges de dévouement. Mais dans la matinée du 18 mai arrive l'ordre, pour les chars, de retourner sur Saint-Quentin.

LES B DU GROUPE AUBERT

Un premier groupe sous les ordres du commandant Aubert (27e BCC), comprenant trois chars B restants de la 1re compagnie (*Bordeaux, Sénégal, Guadeloupe*) sous la direction du lieutenant Sassi sur le *Marseille*, ex-char de commandement du 15e BCC (Bourgin) affecté à la CE (son char *Lyon* ayant été évacué) et deux compagnies H 39 (la 1/14e et la 1/27e BCC), est déjà parti en ce 18 mai dès midi (10 h 30 pour Devos) sur Saint-Simon, s'emparer des ponts de Jussy et Liez, franchir le canal Crozat et progresser jusqu'à l'Oise pour en tenir les ponts entre Origny-Sainte-Benoîte et Achery. Ils arrivent à la hauteur du canal Crozat à la tombée de la nuit et, en raison de l'heure tardive, le commandant Aubert décide de reporter l'opération au lendemain matin.

Le 19 au matin, les chars de ce groupement de circonstance sont répartis en trois colonnes, qui vont connaître des sorts divers. La troisième colonne ne comprend que des chars Hotchkiss (six appareils de la 1/14e BCC). Les deux autres colonnes comptent respectivement un et deux chars B de la 1/15e BCC, dont l'odyssée est relatée ci-dessous.

■ 19 MAI : LE COMBAT DE SAINT-SIMON ET LA FIN DU *SÉNÉGAL*

La première colonne comprend deux chars Hotchkiss de la 1/27e BCC et le *Sénégal* du sous-lieutenant Guy Léon-Dufour. Elle franchit le pont de Saint-Simon et, en quelques minutes, livre le village à l'infanterie qui l'occupe. Les chars continuent ensuite leur progression vers Artemps, mais ils sont rapidement pris à partie par des canons antichars et se heurtent à un terrain truffé de mines pas même camouflées. Au cours d'un dur combat, le lieutenant Dumont (réserviste, centralien) est tué dans son char H 39 transpercé par un obus. Le *Sénégal* est atteint par un projectile qui provoque un incendie. L'équipage de ce dernier, légèrement blessé, est obligé d'abandonner son appareil et ne peut regagner les lignes que grâce au courage du sergent Kapps (H 39 n° 40 547) qui réussit à protéger leur retraite.

Voici le témoignage du sous-lieutenant Léon-Dufour, chef de char du *Sénégal* dans une lettre adressée à son frère Michel le 1er juin 1940.

« *Le 19 au matin, à 7 h 30 arrivent les deux H 39 dont un commandé par un camarade [Dumont, centralien comme Guy Léon-Dufour] et une chenillette pour me permettre de faire les pleins. En même temps, ordre de nous porter sur le pont de l'Oise, à Origny-Sainte-Benoîte, en plein chez les Boches. Seuls sans artillerie, sans ravitaillement. Mission : tenir le pont. J'ai compris que nous étions foutus, que c'était une folie, je n'avais pas de carte. Avant de partir, le colonel du régiment d'infanterie me demande de les aider pour faire un coup de main dans le village. J'accepte évidemment et c'est ce qui nous a sauvés. Il me prête une carte et en avant. J'avais dit à mon équipage, un peu démoralisé, que nous allions avancer un petit peu... Le coup de main réussit. Nos chars permettent aux fantassins de fouiller les maisons, les Boches*

Un Hotchkiss H 39 en action, semblable à celui du sergent Kapps, du 27e BCC, qui vint en aide à l'équipage du Sénégal lors du combat de Saint-Simon le 19 mai 1940.

avaient foutu le camp, laissant des mitrailleuses que les Français ont pris. J'oubliais de te dire que les routes étaient semées de mines qu'ils n'avaient pas eu le temps d'enterrer, et que nous pûmes ainsi éviter. Dès que les fantassins eurent regagné le pont et leurs lignes, je partis, suivi des deux H 39. Je n'avais pas fait 100 mètres qu'en face de moi, sur la route, j'aperçois des barricades et en même temps un obus tape sur le char. Mon pilote et moi commençons à tirer, mais avec une rapidité effarante, un, deux puis trois obus traversent le char, blessant mon pilote à la tête ; en même temps je sens une commotion à la jambe. La grosse plaque de blindage obturant le trou de vision du pilote étant arrachée et ne pouvant continuer dans ces conditions, je commande demi-tour. À ce moment un quatrième obus pénètre pendant le demi-tour. Je regarde les autres chars et aperçois une mitrailleuse boche qui tirait sur l'un d'eux. Je tire un dernier coup de 47 dessus. Et à ce moment, flammes et fumées dans le char. Je me précipite sur la porte et nous sortons tous les quatre. Mon pilote la tête et les bras en sang, mon aide-pilote légèrement touché à la nuque et à la jambe, mon radio indemne, moi souffrant fort de la jambe et du pied gauche, sans blessure apparente.

Nous partons comme des fous, j'avais détruit la mitrailleuse boche car elle ne nous a pas tiré dessus. Nous avons pu traverser le village vidé par le coup de main et les Français nous ont reconnus et n'ont pas tiré sur nous. Mon camarade du premier char H 39 a été tué d'après ce que m'a dit son pilote qui a pu revenir avec un bras en bouillie. Le deuxième char a pu revenir indemne et m'a dit que mon char était en train de brûler, toutes les munitions explosant évidemment. J'ai eu en arrivant au poste de secours, une effroyable crise de larmes en pensant à mon vieux Sénégal et surtout pendant que Schmidt, mon pilote, me suppliait de rester avec lui, me disant qu'il ne voulait pas mourir. On l'a emmené d'urgence, et je ne sais plus ce qu'il est devenu. J'ai écrit à sa femme dès que j'ai pu. Mon chef de bataillon et le chef de bataillon des H 39 étaient là, et j'ai rendu compte de ce qui s'était passé en situant sur la carte le barrage antichars. Puis j'ai été évacué.

Sont restés dans mon char ma veste de cuir (avec portefeuille, 3 000 F environ, toutes pièces d'identité), mon casque qui m'a été arraché, je ne sais pas comment, ma veste de drap, mon sac de couchage, gourde, jumelles, appareil de photo. Je n'avais, en arrivant à l'hôpital de Compiègne, que : souliers, chaussettes, culotte de golf, chemise et combinaison de char, plus une barbe de huit jours, une gueule noire de poudre, l'ordre écrit de ma mission et un stylo-mine. »

Au-delà de son intensité dramatique, particulièrement émouvante, ce témoignage est fort intéressant quant au descriptif de la tenue d'un officier français de char B au combat par ce chaud mois de mai 1940. Léon-Dufour conclut ce récit par un sentiment que l'on retrouvera en permanence : « *C'est de la folie, et contraire à tous les principes élémentaires, de sacrifier de si beaux appareils en les employant presque isolément, sans préparation et sans accompagnement* ». Néanmoins le moral reste bon car il indique également : « *Les salauds sont forts et culottés, mais on les aura quand même. Seulement, il est urgent que nous reconquérions le ciel. Pendant que j'étais là-bas ils en étaient les maîtres absolus et arrogants.* » (Guy Léon-Dufour, mort pour la France le 30 octobre 1945, cité à l'ordre de l'armée pour ce combat).

Le même combat a été rapporté par le sergent René Kapps de l'unique H 39 rentré dans les lignes françaises :

« *19 mai 1940, 4 heures. La citerne à essence est arrivée. Mon appareil fait son plein. Prenant contact avec le lever du jour, je remarque que la journée sera aussi chaude que les précédentes. Un pâle soleil fait irruption des brumes matinales et se lève, majestueux. Nous partons à 5 heures et arrivons à 7 heures à Cugny où est le PC du bataillon. Nous y recevons les ordres détaillés. L'aumônier se tient à la disposition de ceux qui, bientôt, vont peut-être faire le sacrifice de leur vie. 8 h 15, le lieutenant Dumont, ingénieur chez Renault,*

209 SÉNÉGAL
(1re section, 1re compagnie du 15e BCC)

ÉQUIPAGE LE 10 MAI

Chef de char : sous-lieutenant Guy Léon-Dufour (réserve, École centrale)
Pilote : sergent Schmidt
Aide-pilote : chasseur Peillon puis Broca
Radio : chasseur Mortier
Trois chasseurs mécaniciens : X puis Peillon ?, Fournier, ?

L'épave du Sénégal après le combat, déchenillé et repoussé le long du mur afin de laisser le passage à l'armée allemande qui avance... à vélo et en attelages hippomobiles. Illustration de la faible motorisation de la masse de la Heer qui suit, quand tout est joué, le fer de lance moto-mécanique des Panzerdivisions.

LE DESTIN DU *SÉNÉGAL*
Char détruit par arme antichar le 19 mai au combat de Saint-Simon, chef de char et pilote blessés (➡ détails dans le texte page ci-contre).

L'équipage du Sénégal. Au centre, en manteau d'officier modèle 1932, le sous-lieutenant Guy Léon-Dufour ; à gauche son pilote, le sergent Schmidt (lorrain d'origine qui, pour échapper ultérieurement à l'enrôlement dans l'armée allemande, prendra de la caféine à outrance afin de simuler des problèmes de cœur qui finiront par lui être fatals). Schmidt et le chasseur à droite ont la veste de travail croisée des ouvriers des corps de troupe (effet distribué, dans les chars, à tout le personnel non officier, détails ➡ p. 168), dont les pans courts sont enfilés dans le pantalon de toile.

m'apprend que le char B1 bis Sénégal nous accompagnera à partir de Saint-Simon. Nous passerons par Saint-Simon, Artemps, Seraucourt, Essigny, Moy-de-l'Aisne, Sissy et le pont d'Origny-Sainte-Benoîte sur l'Oise. Axe de repli et de dépannage, Essigny et Itancourt. 8 h 35, je charge mon ami Robert Rincel, de Nantes, de dire à ma famille au cas où je ne reviendrais pas, que je suis parti au combat avec un bon moral et la conscience en paix.

8 h 40, moteur en route. Je saute sur le siège extérieur de ma tourelle et en avant ! À Flavy-le-Martel évacué, notre sec-

tion oblique à gauche sur Saint-Simon. À présent dans la zone de combat, je dis à mon mécanicien de fermer son volet avant. Je rentre à mon poste et verrouille la porte de tourelle. Nous naviguons aux épiscopes, ainsi à l'abri de toutes surprises et prêts à combattre. En arrivant à une centaine de mètres du canal de Saint-Quentin, nous apercevons à l'entrée de Saint-Simon, le char Sénégal du lieutenant Léon-Dufour. Une chenillette blindée qui nous suivait s'arrête à sa hauteur et commence à en faire le plein, tandis que je protège cette opération en me portant en avant, surveillant le pont. Le lieutenant Dumont vient à moi, et verbalement me donne de nouveaux ordres : " Nous allons faire rentrer à Saint-Simon occupé par les Allemands une compagnie du 108e RI dans le pays, tu nettoieras sur 500 mètres la route de Tugny, pendant que moi, en liaison avec les fantassins, je leur prêterai main-forte pour asseoir leur position dans les endroits suspects. Le char B nous couvrira sur la place. Ensuite pour continuer notre mission, nous repartirons par la route d'Artemps, dans l'ordre suivant : char B, char Dumont, char Kapps. "

Il ajoute : " Notre mission, je ne te le cache pas, est dangereuse et très audacieuse car, depuis Saint-Simon, nous pénétrons dans le dispositif allemand où tout ce qui bougera devra être détruit, et cela sur 35 km environ ! Néanmoins nous irons à la limite de nos munitions, ou presque, car il convient de prévoir un repli pour lequel il faudra assurer notre protection. Dans cette éventualité, il ne faut pas compter sur un ravitaillement en essence, et nous n'en aurions pas assez pour nous replier. " Étonné, je réplique : " Mais si le ravitaillement n'est pas prévu, nous allons au suicide ! " Il me répondit par une mimique ponctuée d'un grand geste des bras, et ajoute calmement : " L'ordre a été donné, n'y pensons pas. Advienne que pourra ! " J'avais lu dans ses yeux comme un découragement du fait de l'imprécision de cette mission, et il ne désirait pas me la faire partager. 9 h 15, l'heure H vient de sonner. Les fantassins, chefs en tête, en tenue légère, manches retroussées, grenades en mains, au ceinturon, dans les musettes, s'engagent dans le sillage de nos chars. J'admire ces hommes marchant à côté de nous, à découvert, alors que nous sommes verrouillés dans nos cuirasses. Mon char occupe, comme prévu, la dernière position. Aisément le pont du canal est franchi. Par l'épiscope arrière de la tourelle, je vois les fantassins qui suivent, résolus. Nous arrivons sur la place du village au cœur du pays. Je repère les lieux et fait manœuvrer Le Cozic [le pilote du H 39 de Kapps] en direction de Tugny. Puis nous roulons à faible vitesse, tourelle débloquée. Des mitrailleuses ennemies crépitent et j'entends distinctement le choc des balles sur le blindage, au flanc droit. J'envoie quelques rafales de mitrailleuse, j'expédie quelques obus explosifs sur des points suspects, puis après 8 minutes de nettoyage, je reviens sur la place.

Là, deux fantassins, sans tenir compte du danger, passent devant mon char et me désignent de la main, une maison entourée d'une cour. Ayant compris, je commence à arroser portes et fenêtres de rafales de mitrailleuse, mais elle s'enraye. Je continue au canon, et au cinquième explosif, la détente ne fonctionne plus. Qu'importe, la maison est occupée par nos fantassins.

Revenu sur la place et attendant l'ordre de départ pour la seconde partie de notre mission, j'en profite pour vérifier la mitrailleuse dont le chargeur était défectueux. J'en place un autre. Quant au canon, l'affaire est bien plus grave. J'ai repéré la cassure du doigt d'armement, ce qui empêche le marteau de rester armé automatiquement et rend la détente inutilisable. La seule solution pour pouvoir tirer sera de prendre

le marteau à pleine main et de le laisser tomber sur le percuteur. Seulement je prendrai le recul du tube sur la main !

9 h 40. Le Sénégal agite son fanion, nous répondons que nous sommes prêts. Aussitôt il démarre lentement, et prend la rue qui mène à Artemps. Le char Dumont roule à 10 mètres derrière lui et le mien à 10 mètres de ce dernier. Après 100 mètres franchis dans cette rue, je m'aperçois que la chaussée et les trottoirs sont truffés de mines noires, circulaires, posées en quinconce, ressemblant en plus petit aux chargeurs de mitrailleuse Reibel.

Le Sénégal ouvre le feu, crache des 75 et 47, tout en avançant avec précautions. Je le vois tressauter chaque fois qu'il tire le gros calibre. Le char Dumont est en léger débordé et engage à son tour le feu sur des armes encore mal définies, qui semblent embossées à 300 mètres dans un léger virage. Je distingue des flammes courtes dans ce secteur. De l'arrière du char B s'échappe une fumée, il continue pourtant de tirer, puis il entame un demi-tour complet, monte sur le trottoir, et, là, s'immobilise, la chenille gauche cassée. De petites flammes sortent du compartiment moteur et me font penser qu'il a été sévèrement touché. Le char du lieutenant Dumont se trouve donc devant, face à des armes certainement antichars, car n'importe quoi ne met pas hors de combat un B de 32 tonnes ! Mon chef de section sollicite son canon à un rythme accéléré. Me déplaçant sur sa gauche et en position de tir, j'ouvre le feu à mon tour. À présent, grâce à la lunette du canon, je distingue avec netteté les flammes des armes automatiques et des canons antichars. Je tire le mieux que je peux avec la détente cassée.

Un temps assez long s'écoule et, soudain, j'ai la désagréable impression d'être seul à tirer.

Je jette un rapide coup d'œil par l'épiscope droit. Du char Dumont s'élève une légère fumée bleue qui me donne à penser qu'il prend feu à son tour. Fausse alerte, cette fumée disparaît. Ces mines, devant et autour de moi, me paraissent insolites. Je tire dedans, je les troue, aucune ne saute ! Pourtant il faut que j'avance en plein dégagé. Si je reste seul à combattre, il faut passer devant ! Je crie à Le Cozic : " En avant ! et surtout ne touche pas les mines ! " Et lui manœuvre très doucement et adroitement. Soudain une secousse formidable ébranle mon char. Sur le coup, je pense que nous avons reçu une torpille aérienne, mais je me rends à l'évidence ; mes deux pieds sont dans la rue alors que mon corps, lui, demeure dans le char ! Le trou d'homme, dans le plancher, exactement à la verticale de la tourelle et sur lequel, le chef de char se tient naturellement a été arraché. Au cours de ma chute un précieux matériel est tombé. Lunettes de visée, chargeurs, outillages divers, objets personnels. Plusieurs mines sûrement télécommandées, ont explosé ensemble, autour et par-dessous mon char. L'épiscope de tourelle a été cassé. Je ressens une gêne à l'œil gauche, quelque chose a dû s'y loger. Le moteur a calé. Mon mécanicien est recroquevillé sur son siège, heureusement indemne. Sans un mot, sans hésitation, il remet le moteur en route avec un parfait sang-froid. Je lui crie : " En avant ! ". À présent, pour remplir mon rôle et tirer, je dois me tenir jambe écartée, puisqu'un trou béant remplace la trappe sur laquelle je me plaçais. Je vois, non sans effroi, la rue défiler lentement au-dessous de moi, avec des mines intactes ! Que deviendrais-je si elles explosaient ? Je passe le char du lieutenant Dumont. Deux obus l'ont transpercé de face, l'un à l'arrondi du poste du pilote, l'autre un peu en-dessous de la tourelle. Des impacts comme faits à l'emporte-pièces.

Sans rien savoir de l'équipage, je m'entends murmurer : Pauvre Dumont ! Pourtant dans la situation présente, toute sensibilité n'est pas de mise. C'est avec la vitesse et la précision de tir que je dois me manifester. Si je ne détruis pas ces armes ennemies, c'est elles qui m'auront. D'autre part, dans les deux chars immobilisés, il se peut que des hommes veuillent sortir de leur prison blindée, mais qu'ils hésitent à le faire de crainte d'être mitraillés. Le char Sénégal, ce mastodonte, est à l'agonie. De hautes flammes sortent à présent du moteur. Il est temps d'agir. Je ne peux pas laisser mes frères d'armes

Coll. Anciens du 15e BCC

Képi du 15e BCC
ayant appartenu
au lieutenant Sallerin,
de la compagnie d'échelon.
Pendant des années, les
officiers de chars de combat
ont porté le képi de leur arme
d'origine. Puis, le 15 mai
1930, un képi distinctif
leur est attribué : ce dernier
est en fait identique à celui
des officiers de chasseurs
à pied (bandeau de velours
noir, calot et turban de drap
bleu foncé/noir) mais
il comporte le bouton
spécifique des chars de combat
décrit le même jour.
Peu pratique en campagne
et impraticable à bord
des appareils, le képi
est néanmoins porté
sur le terrain en 1939-1940
par un certain nombre
d'officiers de chars
(par exemple le lieutenant
Coquet, ➠ page ci-contre).

brûler vifs ou être tués en tentant une sortie désespérée. La rage au cœur, je hurle à Le Cozic : " Avance de 10 mètres et stoppe ". Puis, aussitôt, je tire au canon à cadence accélérée. Je prends des explosifs, des boîtes à mitrailles très dispersantes, des percutants. Quand, subissant le recul du canon, ma main me fait trop mal, je tire des rafales de ma mitrailleuse. Mon mécanicien, maintenant, m'aide à alimenter en obus, c'est plus rapide, puis il me crie : " Sergent on part, on va se faire tuer ! ". " Attends encore un peu. " Et je tire de plus belle. De ma main droite endolorie, je me crispe de plus en plus pour prendre le marteau et le relâcher vite. Mais mon réflexe est devenu trop lent pour que je ne sente pas le coup brutal de l'acier brûlant s'enfoncer dans ma chair déjà meurtrie ! Malgré la ventilation provoquée par le moteur toujours en marche, les gaz dégagés par le tir nous prennent à la gorge.

Ma main est maintenant très douloureuse et enflée. Il faut cependant que je tire avec précision, toujours à 300 mètres dans ce virage. Soudain de cet emplacement, deux Allemands se sauvent en traversant la rue, je tire une rafale de mitrailleuse. Le Rozic me relance : " Sergent, partons. J'ai peur ! ". Je réponds : " Encore quelques coups, je vide la fin des casiers. " Nous avons du mal à respirer. Je transpire abondamment. Bien que le char ne soit plus étanche, les gaz sont de plus en plus nocifs, ma main perd de sa motricité et mon œil me fait très mal. Les casiers à obus sont enfin vides. J'en ai envoyé plus de 70 chez l'ennemi. Ne voulant à aucun prix entamer notre réserve de sécurité, je décide de faire demi-tour. Avec d'infinies précautions mon pilote vire, puis je tourne ma tourelle à 180° pour protéger notre repli.

En repassant devant le char d'Emmanuel Dumont, je vois que la porte avant du mécanicien est grande ouverte. Puis, près du char B, que la porte latérale gauche est également ouverte, alors que l'intérieur est la proie des flammes. Avec soulagement, je pense que les équipages ont pu se sortir pendant mon action, et rejoindre nos unités. Il était temps car le B qui crache une fumée noire, visible à plusieurs kilomètres, entame la lente litanie des explosions de ses obus.

Avant de quitter Saint-Simon, je jette un dernier coup d'œil. Du coquet pays entrevu au début, avec ses rues larges et propres, ses villas riantes égayées de fleurs, il ne reste plus qu'un amas de maisons éventrées, de poteaux électriques coupés et enchevêtrés dans leurs fils, des conduites d'eau crevées, une atmosphère de désolation amplifiée par l'incendie d'un gros char dont les obus explosent chaque minute ! Tout à côté, un char immobile garde jalousement son secret, face à l'ennemi. Je repasse sur la place de l'église à présent déserte. Les fantassins, observant la tournure des événements, ont pris l'axe de repli. Ils ont même dressé un barrage constitué de tables, buffets, lits, meubles et objets de grand volume, juste avant le pont de Saint-Quentin. Je dis à mon mécanicien de franchir ce dernier obstacle en douceur. Il enclenche la première, grimpe sur le barrage qui s'écrase en partie, fait une lente bascule, et nous nous retrouvons sur la terre ferme, sans nous douter que notre vie avait été menacée une nouvelle fois. Et cette fois, par nos propres frères d'armes ! En effet les fantassins du 108e RI avaient regagné leur base de départ. Entendant le bruit de la canonnade, les explosions, voyant la fumée noire, ils pensaient que tous les chars avaient été détruits. Et sachant que seuls les équipages français avaient pu s'échapper de justesse, ils croyaient qu'il n'y avait plus un seul français vivant à Saint-Simon. Pourtant le char 40 547 du sergent René Kapps et de son mécanicien Yves Le Cozic y était toujours, et allait se replier.

Trois canons antichars de 25 étaient braqués sur nous, au passage du barrage, n'attendant que l'ordre de faire feu ! Les officiers scrutaient la nationalité du char, la cocarde tricolore peinte devant, étant devenue invisible. Puis ils virent que la tourelle était orientée vers l'arrière, position inhabituelle pour un blindé ayant des velléités offensives. Ainsi je fus identifié, et on m'assura, un moment après, que si mon canon avait été dirigé dans le sens de la marche, nous étions tirés et détruits ! Notre émotion passée, nous examinons le char. L'aile gauche a disparu. Elles sont très épaisses et on y arri-

208
GUADELOUPE
(3e section, 1re compagnie du 15e BCC)

ÉQUIPAGE LE 10 MAI
Chef de section, chef de char : lieutenant Robert Coquet (active)
Pilote : sergent Fauchet
Aide-pilote : caporal-chef Raynaud
Radio : caporal Dufaure

Nous n'avons trouvé à ce jour qu'une seule photographie du Guadeloupe, de loin et peu exploitable (➡ page 160 au second plan). L'as de carreau est supposé et le camouflage est du type Renault.

Dessin J. Restayn sur notice F. Vauvillier © H&C

LE DESTIN DU *GUADELOUPE*

Ce char fait toute la campagne jusqu'à Saint-Junien-la-Brégière. Transféré au 8e BCC, il sera finalement remis aux Allemands après l'armistice, en même temps que le Cambodge, et contrairement à la promesse qui avait été faite aux équipages de ne pas livrer le matériel.

me pioches, pelles, chaînes de remorquages, coffres à outils, pince, bref tout un matériel lourd. Qui plus est, elles sont fixées à la caisse par deux axes de 8 centimètres or ces axes ont été sectionnés net au ras du blindage. Je ne sais pas si c'est un antichar rasant, ou des mines qui l'ont arrachée mais c'était puissamment destructeur ! Chenilles et caisses sont marquées et entamées, il n'y a plus de pot d'échappement. Il me tarde de revenir à Cugny au PC du bataillon. C'est là que je vais savoir. Les rescapés y sont rassemblés. J'apprends que le lieutenant Dumont a été tué net d'un obus reçu en pleine poitrine. Que Pierre Maze son fidèle mécanicien a été touché par un second obus, au bras gauche. Ainsi mes pressentiments étaient exacts quand j'avais murmuré, les larmes aux yeux, pauvre Dumont. Repassant devant son char immobile, je ne savais pas encore qu'il conservait dans son flanc, le corps d'un héros mort au combat face à l'ennemi.

Pierre Maze, blessé par un deuxième projectile, réussit, de son bras valide, à ouvrir son volet après bien des efforts, et à s'extirper pendant que je faisais feu de toutes pièces. Cruellement atteint, Maze a du subir l'amputation du bras. Le lieutenant Guy Léon-Dufour, du 15e BCC, commandant du Sénégal, gravement blessé au pied droit, m'appelle à lui, ainsi que Maze, un garçon formidable, lucide, têtu, et qui bien que n'étant pas désigné pour cette opération, avait réclamé et obtenu de piloter son chef de char habituel, le lieutenant Dumont. Et tous deux m'embrassent et me déclarent : " Lorsque nos deux chars ont été touchés et que, te postant devant nous, tu as effectué ton tir, aussi rapide qu'efficace, nous avons pu enfin sortir de nos appareils. Tous les cinq, nous te devons la vie. "

J'étais extrêmement ému. » Pour cette action, le sergent Kapps reçut la médaille militaire... 21 ans plus tard.

Le Sénégal est relevé par le *Marseille* (lieutenant Sassi) qui était resté à Cugny comme char PC. Sassi gagne le pont de Saint-Simon et réussit à détruire l'arme antichar qui avait causé de si grands ravages à ces trois chars. Dans l'après-midi, un char lourd allemand se présente à la barricade, mais à la vue du B1 bis, il refuse le combat et se replie en arrière.

Coll. Anciens du 15e BCC

Le lieutenant Coquet, du Guadeloupe, en képi et bottes de caoutchouc, au cours d'une manœuvre en avril 1940. Sur son veston de cuir, à droite sur la poitrine, il arbore l'insigne du 15e BCC, comme on le voit aussi pour Vaudremont (➡ pages 92, 102 et 150) et quelques autres officiers du bataillon. Blessé dans l'accident du Tonkin au cours de la nuit du 17 au 18 mai, Coquet sera remplacé par Kreiss comme chef de char du Guadeloupe.

NOTE

3. Dans *SteelMasters* n° 17, Roger Avignon donne des détails supplémentaires sur le bilan de l'action : « *Au cours d'une progression de 6 km dans un dispositif allemand fortement organisé, ils détruisent avant Essigny trois automitrailleuses, des armes automatiques et, au-delà, une pièce antichar et son tracteur, plusieurs voitures de liaison, des motocyclistes et des fantassins (et même la compagnie médicale de la 1ʳᵉ Panzerdivision dont le chef, le médecin-colonel Maisch est gravement blessé près d'Essigny).* »

Jean Yves Mary rapporte quant à lui (*Hors-série Militaria* n° 8, p. 161) que cette incursion a priori anodine a jeté le plus grand trouble chez l'ennemi : « *Vers 14 h 30, ils sont à Essigny-le-Grand, à 8 km du canal, mais les comptes-rendus allemands amplifient singulièrement l'affaire en lui prêtant des vertus qu'elle n'a pas, car la conjugaison de l'action des 2ᵉ et 4ᵉ DCR laisse penser que l'objectif est de dégager Saint-Quentin. Devant cette menace, von Kleist ordonne à Guderian qui vient d'arriver vers 15 heures à son nouveau PC de la forêt d'Holnon, à 5 km à l'ouest de Saint-Quentin, de contre-attaquer avec toutes les forces. Pour parer au plus pressé, Guderian presse Schaal d'engager toute la 10. PzDivision pour dégager Essigny. Pendant que la 10. PzD s'apprête à intervenir, Guderian qui prend l'attaque très au sérieux, envisage trois possibilités de réaction (JMO du XIX.AK) :*

- constituer une force de flanquement et continuer à avancer ;

- poursuivre l'attaque vers Bouchavesnes pour garder l'initiative ;

- contre-attaquer avec toutes les PzD vers le sud.

*Avec son tempérament, Guderian, conforté par l'arrivée de comptes-rendus plus optimistes, choisit la seconde solution mais on se prend à rêver qu'il ait pu opter pour la troisième et détourner tout le XIX.AK pour repousser quatre malheureux chars. Ceux-ci, inconscients du remue-ménage qu'ils provoquent, se replient vers 16 heures, à court de munitions et regagnent les lignes françaises sans perte... »

102

■ 19 MAI : LE COMBAT DU PONT DE JUSSY

La deuxième colonne du groupement Aubert est constituée par le *Guadeloupe* du lieutenant Kreiss (char dont le précédent chef le lieutenant Coquet, avait été blessé au cours de l'accident du *Tonkin* et donné au lieutenant Kreiss précédemment sur le *Grenoble*, sabordé), le *Bordeaux* du sous-lieutenant Fournier, tous deux de la 1/15ᵉ BCC et deux chars H 39 de la 1/27ᵉ BCC menés par le lieutenant Jean Petit (mécanicien Justin Leduc), le sergent Messager étant chef de char du second Hotchkiss.

La colonne franchit le pont de Jussy sans encombres et se dirige vers Essigny et Urvillers. Elle fait une progression de l'ordre de 6 km à travers le territoire ennemi mais, sans le soutien d'une infanterie pourtant annoncée, décide tant qu'il en est encore temps de rebrousser chemin et de revenir sur sa ligne de départ.

Le lieutenant Kreiss témoigne : « *Mission suicidaire vue la distance !* [20 km à l'intérieur des lignes allemandes]. *Avant le départ au petit matin, le commandant Bourgin (commandant notre 15ᵉ BCC) serra la main de Fournier les larmes aux yeux. L'aumônier nous donnera une sorte de bénédiction (au sens strict du terme).*

En tant que commandant du petit détachement, je dis aux autres : " On s'arrêtera lorsque l'on aura consommé la moitié de l'essence ". Nous franchissons le pont de Jussy sans difficulté, puis traversons le canal de Saint-Quentin, frontière avec les lignes allemandes. Nous nous dirigeons vers le nord sur Essigny-le-Grand et Urvillers (route de Montcornet). Arrêt à Essigny pour attendre l'infanterie promise à 8 km à l'intérieur des lignes allemandes.

Nous tirons sur tout ce qui passe à proximité : deux motards lointains (manqués), deux autres plus proches (tués à la mitrailleuse), une voiture de liaison (deux ou trois coups de 47). Après un long moment (4 heures), toujours pas d'infanterie. Les radios ne fonctionnant pas non plus et une fumée jaune se dégageant près de nous, je crains les gaz et nous faisons demi-tour.

Sur la route du retour en repassant par Montescourt, le pont sous le chemin de fer est rempli de matériel (véhicules, bidons d'essence, charrues...) jusqu'à la voûte.

Heureusement, les Allemands s'attendent à la venue d'autres chars avaient mis une batterie antichars à la sortie de ce pont. C'est l'inverse qui se produit. Nous l'apercevons avant le pont et la neutralisons. Je m'engage le premier sous le pont, écrasant tout ce matériel.

Les chenilles patinent, forte odeur d'essence, je passe et derrière moi les trois autres. Retour sans histoire sauf un canon de 25 mm français qui manque de nous tirer dessus, nous prenant pour des Allemands. Notre crainte, passer en conseil de guerre pour mission non accomplie ! Mais c'est plutôt le soulagement de nous voir rentrer vivants et plus tard une citation à l'ordre de l'armée. À défaut d'offensive (les fantassins de la Charente n'ont pas bougé), on nous demande de garder le pont de Jussy, ce que je fais, embossé dans une grange ou une sorte de hangar avec vue sur le pont, seul le canon dépassant, faisant pour passer le temps tirer sur la maison d'en face. »

Décrivant avec sobriété son action du 19 mai, le lieutenant Kreiss fait peut-être preuve de modestie. [3]

Le 19 mai à 18 heures, le commandant Aubert donne à ses trois colonnes l'ordre de se replier sur le canal Crozat où les chars valides tiendront solidement les ponts, remplissant la même mission le lendemain 20 mai jusqu'au soir. Puis, sur l'ordre de la DCR, ils se retirent à Guiscard.

LES B DU GROUPE VAUDREMONT

Mais revenons deux jours en arrière, dans l'après-midi du 18 mai : une bonne demi-journée après le départ de Cuy des éléments du groupement Aubert, un deuxième groupement, fort de 12 chars B1 *bis* sous les ordres du capitaine Vaudremont, reçoit l'ordre de quitter à son tour cette localité.

Le groupe Vaudremont doit partir sur Ham et regagner les ponts de Ribemont et d'Origny-Sainte-Benoîte (pour le lieutenant Devos, la mission de ce deuxième groupement est de nettoyer le terrain entre Somme, canal Crozat et Oise et de progresser jusqu'à Mesnil-Saint-Laurent, au sud-est de Saint-Quentin). Stupéfaction des équipages qui se demandent pourquoi on leur a fait quitter Homblières pour aller à Saint-Simon, puis Saint-Simon pour gagner Cuy, soit plus de 60 km en 24 heures, pour à présent leur faire refaire le trajet en sens inverse aussitôt arrivés ?

Le sous-lieutenant Lauvin traduit cette perplexité : « *Le colonel Roche, installé un peu plus loin, nous demande. Cela sent une mission. En effet le colonel, fatigué, les traits durs, montre sur la carte — il a une carte, lui — le chemin que nous allons suivre. Le capitaine Vaudremont, toujours froid, clair, lucide, regarde et mesure les distances. Approche soixante kilomètres et profondeur d'attaque quarante kilomètres. Nous retournons à Saint-Quentin ! Les bras me tombent du corps, tant de fatigue inutile. L'ordre de la DCR est un ordre. Nous irons. On convient du départ pour le milieu de la nuit. Ham doit être attaqué demain matin. En retournant à Cuy, le capitaine dit l'impossibilité de cette mission. Jamais nous n'aurons assez d'essence, même en faisant les pleins sur la base de départ. En arrivant devant Saint-Quentin, nous devons passer par radio le message : " Mission accomplie ! ". Alors le colonel Roche demandera au général Giraud de monter une attaque d'infanterie pour aller nous rejoindre (quarante kilomètres !). D'autre part, la portée de nos postes n'est que de 10 km. Qui nous écoutera ? Le capitaine nous dit qu'il fera tout ce qu'il sera possible de faire. Il sait que chacun est avec lui, et nous le lui répétons encore.* »

Vers 19 heures en ce 18 mai 1940, un officier de liaison de cavalerie à la 9ᵉ armée, le commandant Dezazard de Montgaillard vient confirmer les ordres (« *Éclair de raison dans cette démence, un commandant de cavalerie vient nous voir, magnifique de calme et de cran ironique* ». Lauvin). Il laisse au capitaine Vaudremont la disposition de l'heure de départ, pourvu que le groupe se trouve à Ham vers 8 heures du matin.

Le capitaine préfère donner un peu de repos aux équipages, l'après-midi étant occupée à faire les pleins et l'entretien des chars et donne 0 h 30 pour le départ de Cuy.

« *Naegel repart encore à l'essence* [assisté de l'abbé Baudier]. *L'aumônier de la division, l'abbé Baudier, est ici le grand chef de l'essence. Il ne se promène plus qu'en camion et court les routes jour et nuit, sans arrêt, nous ramenant le précieux liquide. Un jour pendant que l'aviation bombarde, l'aumônier reste debout au milieu de la route, devant ses camions, faisant abriter ses hommes. Un éclat de bombe le tue net.* » (Lauvin).

Le commandant de liaison de la 9ᵉ armée, qui croit à une simple infiltration de blindés ennemis vers Saint-Quentin, se prépare à partir en voiture derrière les chars pour regagner Bohain, nouveau PC du général Giraud. Mais finalement, sans doute renseigné sur l'importance des infiltrations ennemies, cet officier ne

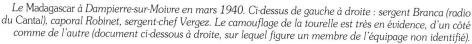

Le Madagascar à Dampierre-sur-Moivre en mars 1940. Ci-dessus de gauche à droite : sergent Branca (radio du Cantal), caporal Robinet, sergent-chef Vergez. Le camouflage de la tourelle est très en évidence, d'un côté comme de l'autre (document ci-dessous à droite, sur lequel figure un membre de l'équipage non identifié).

Le Madagascar est le seul char du 15e BCC dont nous possédons une photo en couleurs. Elle a été prise par les Allemands sur la route de Ham à Guiscard.

206 MADAGASCAR
(3e section, 2e compagnie du 15e BCC)

ÉQUIPAGE LE 10 MAI
Chef de section, chef de char : lieutenant Dumontier (active)
Pilote : sergent-chef Vergez
Aide-pilote : caporal Robinet
Radio : caporal Narbonne
Trois chasseurs mécaniciens : Gosselin, Fouty, Minier.

À gauche, le lieutenant Dumontier, chef de char du Madagascar, soigne son style. Il est le seul officier du bataillon (autant que les documents photographiques permettent d'en juger), à s'être permis une fantaisie aussi voyante : un splendide veston en cuir croisé à col ouvert (muni de pattes de collet pointues) et ceinture en cuir assortie, acheté dans le commerce et dont la coupe n'a rien de commun avec le modèle 1935 réglementaire.

suivra pas les chars dans leur progression (sic Vaudremont).

Le capitaine Vaudremont dispose alors, on l'a vu, de 12 chars B1 *bis* : tous ceux de la 2e compagnie réduite à cinq appareils (*Cambodge, Corse, Madagascar, Anjou* et *Algérie*), le *Nice* de la CE, le *Rennes* de la 1/15e BCC monté par le capitaine Laurent, et cinq chars du 8e BCC (des lieutenants Dupont, Hugo, Lamoine, Bordeaux et Rosenwald ; ces deux derniers étant inca-

pables de tirer, leur tourelle ayant été endommagée par des obus ennemis à la défense de l'Oise). Vaudremont dispose en outre des tracteurs de la 2e compagnie.

Itinéraire : Noyon-Guiscard (où doivent se joindre les chars du 8e). À Guiscard, pleins d'essence à compléter. Réglages de radio, selon les ordres du lieutenant Cantoni, officier radio du colonel Roche.

103

Coll. R. Potié

LE DESTIN DU *MADAGASCAR*

Le *Madagascar* est touché le 16 mai à Montcornet (➡ récit page 64) par des obus antichars : l'un d'eux entre dans les fentes de l'épiscope du tourelleau. Puis, le 19 mai, il est à nouveau atteint par un antichar à Ham qui perce le barbotin et détériore le démultiplicateur. Le *Madagascar* peut regagner les lignes, mais s'immobilise définitivement au retour, au sud de Ham sur la route de Guiscard. Il ne peut être remorqué, et les fantassins de Ham (141e RIA) à qui la consigne de le détruire a été passé en cas d'avance ennemie, ne le brûlent pas. Pourtant, il eut suffit d'une simple allumette, un bidon d'essence ayant été placé à cet effet. Le *Madagascar* tombera ainsi aux mains de l'ennemi, inutilisable mais non détruit.

Coll. R. Potié

Coll. P. Taghon

On retrouve sur le Madagascar *(photo en haut à gauche) la présence de l'échelle déjà évoquée pour le Bourrasque (➡ p. 67), le Tunisie (➡ p. 75) et le Tonkin (➡ p. 94). Le fait que le Madagascar apparaîsse plus tard (photo de droite) déchenillé et ses chaînes déplacées à l'avant, atteste d'une intervention, effectuée par les Allemands, pour dégager la route de cette masse désormais inerte. Le char a été traîné sur le bas-côté et placé à l'extrémité de la voie ferrée qui longe la chaussée en contrebas.*

Il n'y a aucun incident jusqu'à Guiscard où la compagnie Vaudremont arrive au petit jour le 19 mai. Le départ sur Ham a lieu vers 6 heures dans l'ordre : section Pagnon, capitaine Vaudremont, capitaine Laurent, section Dumontier, section Dupont, chars endommagés des lieutenants Bordeaux et Rosenwald. Les armes sont chargées par mesure de précaution, mais cela entraîne un premier incident avant Ham.

Laissons la parole au sous-lieutenant Lauvin : « *En route ! Ma section en tête, avec Pagnon pour ouvrir la marche, je le suis de près, tandis que Vieux termine la colonne. La compagnie s'échelonne en arrière. Dieu que j'ai mal aux dents ! Le soleil est magnifique et me sert de boussole. Pas un nuage, nous filons plein nord. Le jour inonde la campagne déserte. Une voiture brûlée. Debout dans l'Algérie, je tourne lentement mon tourelleau, vérifiant les appareils de vision.*

Nous augmentons nos distances, la route va passer par une crête. Déjà le char de Pagnon s'y profile. Regardant vers l'arrière, je vois que la compagnie nous suit en colonne. Naegel a disparu avec ses chenillettes, cherchant de nouveau de l'essence. Explosion sourde ! L'Algérie s'arrête. Regardant vite vers l'avant, je vois le Corse stoppé, lui aussi environné

de fumée. Qu'y a-t-il ? Demande quelqu'un. Je crie : c'est une bombe d'avion ! Pourtant le char semble intact. La porte droite du Corse s'ouvre enfin et l'on sort un homme la tête ensanglantée. Dans le fossé où on l'a étendu, Pagnon et Jannin, le pilote, se penchent sur lui. Je fais ouvrir et nous allons voir. Le jeune aide-pilote [caporal-chef Collignon] a le crâne fendu, et nous regarde sans rien dire. Il vit encore.

Ce n'était pas une bombe d'avion. Arrivant sur la crête en vue de Ham, Pagnon a chargé ses canons. Tandis qu'il s'affairait dans le char, l'aide-pilote a glissé sur un lit d'obus en vrac, et s'est rattrapé à la mise à feu du 75, dont le recul lui a ouvert le crâne. Le coup a du tomber dans Ham, ou au-delà. »

Le colonel Roche, qui suit, le prend dans sa voiture et le porte à un poste de secours. Le lieutenant Pagnon, chef de char, a heureusement pris un chasseur supplémentaire, Huin, qui remplace Collignon. La compagnie repart et arrive vers 7 heures à Ham.

« *Nous arrivons devant Ham, accueillis par quelques fantassins français qui tiennent la rive sud du canal. Au fond, rafales de FM et réponses des Allemands. De temps en temps un 75 aboie et des 77 répondent* [4]. *Les Allemands sont là*

*Abandonné sur un axe principal,
la route de Ham à Guiscard,
le Madagascar a été abondamment
photographié par les Allemands.
Nous ne publions ici qu'une sélection
des documents disponibles.*

*Sur la photographie ci-dessus, on discerne en avant du persiennage
d'aération du moteur, une large trace blanche qui est peut-être
un « J », mais plus probablement la réapparition partielle
d'un grand carré blanc de 2ᵉ compagnie comme on
le voit sur l'Algérie (➡ page 117)
ou le Cantal (➡ page 131),
deux appareils appartenant
à la même compagnie.*

*Le Madagascar a reçu
le camouflage type
Renault mais, sur
les photos
d'époque,
celui-ci est très
masqué par les
coulées de boue
et de poussière
mêlées à la graisse
des chenilles.
La présence d'un grand
« 7 » blanc rend flagrante
son appartenance à la
2ᵉ compagnie. On retrouve
ce chiffre sur la tourelle,
sur les flancs et, seul cas
où nous pouvons l'observer
de manière indiscutable,
sur la plaque arrière.*

Dessin J. Restayn sur notice F. Vauvillier © Histoire & Collections

depuis hier. On a vu arriver leurs automitrailleuses à la fin du jour. Une vingtaine. »

Le capitaine se présente au chef d'escadrons Pénicaud, commandant le 18ᵉ GRDI (groupe de reconnaissance de la 23ᵉ DI) et au chef de bataillon de Buyer du II/141ᵉ RIA chargé de la défense de Ham (rive sud). Ils lui signalent que le front, tenu solidement par les Allemands, court le long du canal de la Somme.

■ 19 MAI : LE COMBAT DE HAM ET LA FIN DU *MADAGASCAR*

Les Allemands se sont emparés de Ham (partie nord) la veille. Mis au courant de la mission, les deux commandants déclarent qu'ils ne peuvent, faute d'effectifs, suivre les chars. Seuls quelques motocyclistes et fantassins pourraient accompagner la compagnie de chars dans Ham. Du côté français, un seul canon de 75 monté en antichar devant le pont du canal, représente l'artillerie. Le colonel Roche vient également au PC du GRDI et précise la mission. La compagnie doit occuper Mesnil-Saint-Laurent, Neuville-Saint-Amand et Itancourt. L'itinéraire à suivre est : Roupy, Seraucourt, Essigny et Urvillers. Arrivé, le capitaine doit alors signaler par radio son installation face à l'est. Après envoi

de ce message, il doit attendre l'infanterie amie provenant d'une attaque que doit monter le colonel Roche, après entente avec le général Giraud. Mais les deux commandants (de Buyer du II/141ᵉ RIA et Pénicaud du 18ᵉ GRDI) réitèrent leur opinion qu'il sera difficile de trouver rapidement de l'infanterie pour monter une attaque. Dans ces conditions, d'accord avec le capitaine Laurent et le chef de bataillon du II/141ᵉ RIA, le plan suivant est élaboré par le capitaine Vaudremont :

1) Aller d'un seul bond jusqu'à l'objectif si la résistance ennemie est faible et le permet.

2) En cas d'une résistance très forte, aller jusqu'où le permettraient les réservoirs (en tenant compte du retour) puisqu'il n'y a pas d'éléments ravitailleurs. De là, on préviendrait par radio de l'emplacement atteint.

3) La section Dupont garderait la partie nord de Ham pour empêcher l'ennemi de couper la retraite à la compagnie.

Le colonel Roche a fixé l'heure H à 8 heures. La compagnie part bien à cette heure mais est stoppée en premier lieu par le barrage de voitures que le GRDI a construit sur le pont : « *il est fait de remorques de chars enchevêtrées, enchaînées et cade-*

4. Les récits français de 1940 font souvent référence aux canons de 77 allemands. C'est une inexactitude patente, ce calibre n'étant plus en service. La composition type de l'artillerie d'une DI allemande est, en 1940, de 36 pièces de 10,5 cm lFH modèle 1918 et 12 pièces de 15 cm court. Le régiment d'artillerie d'une Panzerdivision est quant à lui limité à 24 pièces de 10,5 cm.

Fusiliers éclaireurs
motocyclistes d'un GRDI
à la défense d'un pont.
Cette belle scène d'action
dessinée par Paul Janin
illustre tout autant l'épisode,
le 19 mai 1940,
du franchissement
de la barricade de cavalerie
devant Ham par les chars B
de Vaudremont, que
quelqu'autre acte d'héroïsme
accompli quotidiennement
par les cavaliers durant
la campagne de mai-juin 1940.
À maintes reprises dans
leurs témoignages cités
au fil de cet ouvrage,
les hommes du 15e BCC
ne cachent pas leur admiration
pour « ceux de la cavalerie ».

NOTES

5. Remarque postérieure du même Lauvin : « *En mai 1940, pas un équipage de char n'avait encore tiré à munitions de guerre... De la 2e compagnie certainement...* »

6. Essai effectué à Hombourg fin 1939, ➡ encadré p. 26.

7. Vaudremont signale que c'est à l'initiative d'un chef de char (non précisé) et il évoque cet épisode en signifiant qu'on ne leur demande pas leur avis, car tous veulent désigner leurs voisins et ne pas y aller eux mêmes. Ils font le travail exigé, pas très complètement d'ailleurs.

8. Allusion au dessin très particulier de la roue métallique du 47 mm AC français modèle 1937 (➡ photo p. 118). Contrairement au 25 mm AC français et au 3,7 cm PaK allemands, le 47 AC était en mesure de percer les B1 bis, et les Allemands les ont utilisés autant que possible.

nassées, témoigne Lauvin. Les cavaliers qui ont établi ce solide obstacle poussent les hauts cris quand on nous transmet par radio l'ordre d'avancer. Nous allons tout casser ! Ils préfèrent le démonter sous le feu des Allemands, soit ! Ma rage de dents continue. Pendant l'opération, j'entends quelqu'un crier (mon moteur est stoppé, économie) "Kom, Kom". C'est un vieux fantassin, barbu à souhait, qui exhorte à la reddition un auditeur invisible posté sur la rive du canal. Les cris continuent et je vois bientôt paraître à ma droite devant le char, un Allemand déséquipé, mains en l'air. Un autre suit, puis un troisième, d'autres encore, encouragés par les "Kom, Kom" du vieux barbu. Finalement j'en compte douze quand Julien me crie " il y a un officier avec ". Aussitôt je fais ouvrir et sors du char pour l'interroger, tandis que Podesta veille à la tourelle.

Mais non. Il n'y a point d'officier, pas même de gradé. Ce sont des " Landsleute " verts, blonds, pâles, fatigués, mais bien bâtis, qui gardent prudemment les mains en l'air. Au milieu de la rue, chacun les entoure et discute avec le voisin. Il y a bientôt tout un groupe compact, en vue des Allemands. Heureusement la présence des deux chars qui surveillent le barrage a fait taire les rafales de mitrailleuses, sans quoi nous pourrions regretter cette stupide inconséquence. J'interroge l'un des hommes. Ni mon aspect, ni le ton employé ne doivent être rassurants, car il tremble. Il ne sait rien sur les arrières des Allemands. C'est l'un de ceux qui ont passé le canal cette nuit, debout sur la porte de l'écluse, pour s'infiltrer le long de la rive sud. Maintenant il est épuisé, et la vue des chars l'a décidé à se rendre. Il me montre son livret matricule, dont il extrait la photo de sa femme pour me la donner ! Elle est bien jolie, mais je lui dis de garder cela. »

Le capitaine Vaudremont complète ce témoignage : « D'autres veulent s'enfuir par le canal à la nage, en chemise. Ils sont, bien entendu, repris, et c'est un spectacle comique que de voir ces grands jeunes gens en chemise, les bras levés, avançant vers les chars d'un air terrorisé. Aucun mal ne leur est fait et ils peuvent s'habiller. La progression reprend. Deux cents mètres plus loin, elle est à nouveau interrompue. »

Lauvin reprend : « Le barrage est enfin franchissable au gré des cavaliers et nous passons sur les pavés arrachés. Mais voici un second barrage, établi cette fois par les Allemands, constitué par de vieilles autos empilées, et qui nous attend là-bas, à un carrefour battu par trois rues convergentes. Peut-être sera-t-il moins simple à franchir que le premier ?

À tout hasard, Pagnon envoie un 75 dans la belle maison en briques d'en face, à trois cent mètres pour voir ce que ça donne[5] et s'avance vers le barrage. Je suis à petite distance. Vieux apparaît au virage, derrière nous, s'arrête et surveille. Tout-à-coup, je reçois par radio le message laconique : il y a des mines. Oh ! Oh ! Examinant le barrage à la lunette, je finis en effet par trouver quelques Tellermines posées à même le trottoir de droite et vaguement cachées par les tonneaux. Une ficelle réunit les percuteurs et va se perdre dans la mai-

son d'à-côté. Pagnon recule et prend du champ. Je fais de même, à côté de lui, tandis que l'ordre nous est transmis de détruire les mines au canon.

Pendant que mon camarade entreprend de bombarder les autos à grands coups de 75 et de 47, je me souviens qu'on a vu des Tellermines projetées en l'air qui n'éclataient pas en retombant[6]. Il ne s'agit pas ensuite de passer dessus et j'empoigne ma mitrailleuse. Pan, pan, deux balles dans la Tellermine de gauche. Tiens, je suis à cinq centimètres trop bas. Voici les deux trous. À deux cent cinquante mètres, ce n'est pas mal. Voyons la deuxième. Pan, pan, rien. Attention au percuteur pour le troisième. Pan, pan, explosion formidable ! Toute la partie droite du barrage a sauté. Le trottoir est profondément ouvert. De l'entonnoir jaillissent des geysers d'eau échappés de conduites crevées.

Une borne fontaine est entrée par la fenêtre dans la maison d'en face. Toutes les portes des environs se sont ouvertes à l'envers et des débris pleuvent de partout ! Pendant ce temps, Pagnon a mis le feu aux autos, dont l'essence se répand dans la rue. De temps en temps, des mines dissimulées dans les autos et dessous, sautent. Nous avons bien fait d'être prudents. Maintenant le barrage disparaît entièrement derrière un épais rideau de fumée, troué de flammes et de jet d'eau. Il faut attendre.

Mais que fait Pagnon ? Passant lentement en marche arrière à ma gauche, il double également Vieux et disparaît au virage. Je suppose qu'il a des ennuis de radio et va prendre les ordres. Attendons. La fumée se dissipe un peu. J'apprendrai plus tard que toutes les armes de Pagnon s'étaient enrayées, ce qui expliquait son retrait. Quatre prisonniers allemands, demandés par radio, viennent avec quatre Français visiter le barrage sous la protection des chars[7].

L'un des Allemands rapporte une mine non explosée, trouvée dans un entonnoir. Il passe contre mon char, portant son engin à bras tendus, comme une galette. Je le suis soigneusement à la lunette, car s'il a du cran, il peut encore me faire sauter en percutant sa mine sur ma chenille, mais il n'essaye pas, regardant d'un œil oblique ma tourelle qui tourne lentement à sa suite : ordre à tous les équipages, en avant ! Mais que fait donc Pagnon ? Je dis d'attendre une minute. Mais l'ordre est réitéré, impérieux. Je rugis : En avant ! et chacun crie cet ordre dans le char, comme s'il le concernait personnellement. [Il est 9 heures 30].

Bien à droite, dis-je dans l'aviophone. Mais déjà Julien, une chenille sur le trottoir, fonce vers le barrage en rasant les maisons. Martineau ferme le volet de plancher, par où s'éjectaient les douilles jusque-là. J'ai vu dans la fumée trois routes s'offrir après l'obstacle. Or je n'ai pas de carte, et j'ignore le plan du pays. Je sais seulement que je monte vers le nord. Essayons de faire un circuit fermé.

Le char plonge dans un entonnoir, tangue, se redresse. Nous sommes au milieu des flammes : À gauche ! Pendant le virage, j'arrose à la mitrailleuse toutes les fenêtres du carrefour. Enfin l'Algérie s'engage dans une rue étroite : Doucement ! Vacarme. Des flammes. Coup de tourelleau en arrière. Un char me suit. Le Cambodge. Il arrose au-dessus de moi toutes les fenêtres à la mitrailleuse. Merci mon capitaine !

Un long virage à droite cache le reste de la rue : Doucement ! Attention ! Flamme aveuglante. Pluie d'étincelles. Les oreilles sont mortes. Mes dents. Le tourelleau vire dans un bruit de crécelle. C'est devant. Je dégringole à la lunette. Une flamme. Coup de marteau dans la tourelle. Vu ! Mais Julien m'a devancé. Au moment où j'allais tirer, le coup de 75 explose contre la grille du parc qui vient d'apparaître au bout de la rue. Les pilastres s'effondrent. Une roue de canon est projetée en l'air. Le char a vécu. Mais Podesta me tire brutalement par la jambe : Attention à droite ! À droite ! Canon, trottoir ! Stop, attention au démarrage en cinquième. On a rechargé le 75 et j'engage un nouveau chargeur. Deux balles d'essai. Dans la rue les rafales continuent. Des débris pleuvent toujours : Attention ! Vivement je tourne ma tourelle vers la droite, prenant dans le champ de ma lunette l'intérieur du virage. Une main au volant, l'autre à la mise